Houtuopin Shidai
Fanpinkun Yanjiu

杨平璋 著

# 后脱贫时代反贫困研究

## ——基于**协同治理**的视角



中央民族大学出版社
China Minzu University Press

**图书在版编目（CIP）数据**

后脱贫时代反贫困研究：基于协同治理的视角 / 杨平璋著 . —北京：中央民族大学出版社，2021.3（2022. 10 重印）

ISBN 978-7-5660-1828-1

Ⅰ . ①后… Ⅱ . ①杨… Ⅲ . ①扶贫—研究—中国 Ⅳ . ① F126

中国版本图书馆 CIP 数据核字（2020）第 197652 号

**后脱贫时代反贫困研究——基于协同治理的视角**

著　　者　杨平璋

策划编辑　赵秀琴

责任编辑　陈　琳

责任校对　肖俊俊

封面设计　舒刚卫

出版发行　中央民族大学出版社

北京市海淀区中关村南大街 27 号　　邮编：100081

电话：（010）68472815（发行部）　传真：（010）68933757（发行部）

（010）68932218（总编室）　（010）68932447（办公室）

经 销 者　全国各地新华书店

印 刷 厂　北京鑫宇图源印刷科技有限公司

开　　本　787×1092　1/16　印张：21.25

字　　数　253 千字

版　　次　2021 年 3 月第 1 版　2022 年 10 月第 2 次印刷

书　　号　ISBN 978-7-5660-1828-1

定　　价　97.00 元

# 目　录

# 第一章　绪　论

## 一、研究概述

反贫困治理是国家治理的重要组成部分，摆脱贫困是人类社会的一项长期的艰巨任务，以及全世界人民的共同目标和追求。贫困，从本质上讲属于国家及社会的治理问题，而非单纯的个人收入及个体贫困问题，它并非单纯的经济现象，而是融政治、经济、文化、社会、生态等因素于一体的复合现象。开展反贫困研究既表现为对现实问题的密切关注，也表现为对乡村治理的积极回应。自从有了人类社会，贫困问题一直伴随经济社会的发展而在一定范围内长期存在。从一定意义上讲，人类社会的发展史就是一部不断摆脱贫困、与贫困做斗争并走向繁荣的历史。早在我国先秦时期，"民本、仁爱、兼爱、和合、大同"等思想就贯串于中国古代反贫困治理的生动实践当中，如汉朝设立的"常平仓"，南北朝设立的"义仓"，唐朝出现的"悲田养病坊"，宋元时期出现的"义庄""义田""义塾"等，就着眼于对孤、寡、残、疾等弱势群体进行寄养与赈济。在中国古代，民间救助、国家救助、社会救助、慈善救济、灾荒赈济等就已经成为反贫困治理的主要形式，个人关系、近亲邻里、宗教组织、国家机构即为反贫困治理的重要载体；到了近代，在内忧外患的背景下，更多的有识之士开始从政治组织、经济发展、社会结构、文化价值等视角关注贫困与反贫困问题。比如，孙中山先生所提及的“民生主义”中的“均富”思想，就着眼于幸福安宁、互敬互爱、生活宽裕、同富共享的“大同社会”的构建；以梁漱溟、晏阳初为主要代表的“乡村建设派”则主张用改良主义的办法推进中国农村“政、教、富、卫”合一，以解决中国农民的“愚、贫、弱、私”等问题，从而极大地促进了更多的有识之士对中国贫困与反贫困的研究。在国外，对于发达国家，目前贫困问题主要表现为相对贫困及发展型贫困，一般通过推行“救助+开发”政策降低贫困发生率、开展反贫困治理。比如，英国是老牌的福利国家，早在17世纪，通过在全国征收济贫税、颁布《救济法》、成立国民救济委员会等，对贫困地区、贫困群众及低收入人口予以津贴补助，实施差异化济贫政策，推行济贫分类管理；美国则通过“法规先行，政策随后”方略有针对性地开展贫困区域治理，早在20世纪60年代就开始推行“向贫困挑战”计划，到80年代推行公共福利方案，并明确了不同时期的扶贫开发重点，确保诱导性扶贫开发政策有效推行；澳大利亚通过建立、健全贫困人口识别机制、责任考核评估机制等开展贫困审计，促进反贫困治理的精准、有效推行；日本将改造农田基础设施、推进农业技能教育、培育新型职业农民等作为消除贫困的主要途径。对于发展中国家，如印度则针对粮食短缺、生态恶化、机制匮乏、农业技术推广滞后等问题，分别于20世纪60年代及2004年先后推行了两次“绿色革命”，从而在反贫困治理中开启了民众科学运动，等等。长期以来，不管在国内还是国外，无论是发达国家还是发展中国家，都始终把消除贫困、实现人类永续发展作为一项持续的行动，把政府的有效组织视为扶贫开发的根本保障，把提高社会总供给水平作为反贫困治理的根本途径。

“圣人不利己，忧济在元元”[①]，消除贫困，实现共同富裕更是社会主义的本质要求、中国共产党人的伟大使命，也是人类的共同使命。中华人民共和国成立以来，尤其是改革开放40多年来，中国致力于解决农村贫困问题，始终把消除贫困视为重大战略任务，坚持不懈地开展反贫困斗争，走出了一条中国特色反贫困治理道路，实现了治贫领域的发展奇迹，创造了人类减贫史上的“中国奇迹”。“中国的贫困人口从1978年的7.7亿人减少到2018年底的1660万人，贫困发生率从97.5%下降到1.7%”[②]，并即将在2020年实现现行标准下农村贫困人口全部脱贫、贫困县全部摘帽，解决区域性整体贫困，实现真正脱贫，全面建成小康社会。改革开放以来，在反贫困斗争中，我国大体经历了由救济式扶贫、发展式扶贫、开发式扶贫、综合性扶贫到攻坚式精准扶贫的反贫困治理变迁。从中华人民共和国成立至1977年集中体现为救济式扶贫，这一阶段着眼于消除不平等的社会结构，建立农村“五保”供养、特困户救济、农村基层合作医疗等制度体系，通过社会优抚、社会保障、临时性救助等，重在解决生存性贫困问题。1978年至1985年集中体现为发展式扶贫，这一阶段以农村经营体制改革为推力，重在解放、发展农村生产力，推行全国性扶贫政策，推进区域性、发展性扶贫。1986年至2000年集中体现为开发式扶贫，这一阶段强调发挥贫困地区自身的资源优势，通过成立专门的扶贫机构，设立专项扶贫资金，划定贫困县及贫困标准，有计划、有组织、大规模地开展扶贫开发，以解决贫困问题，推进反贫困治理由“输血”向“造血”转型。2001年至2012年集中体现为综合性扶贫，这一阶段以改善贫困地区生产、生活条件，提高贫困人群生产、生活质量及综合素质为目标，着力构建部

---

① 习近平. 摆脱贫困[M]. 福州：福建人民出版社，1992：60.

② 许汉泽. 新中国（中华人民共和国）成立70年来反贫困的历史、经验与启示 [J]. 中国农业大学学报（社会科学版），2019（5）：45-52.

门联合、政策综合、项目联动的“大扶贫”格局。2013年至2020年集中体现为攻坚式精准扶贫，精准扶贫理念的提出是农村反贫困治理的一场深刻革命，新形势下的脱贫攻坚可以通过践行“扶持对象精准、项目安排精准、资金使用精准、措施到户精准、因村派人精准、脱贫成效精准”的“六个精准”理路逻辑，实施“发展生产脱贫一批、易地搬迁脱贫一批、生态补偿脱贫一批、发展教育脱贫一批、社会保障兜底一批”的“五个一批”治理途径，“扶贫对象不愁吃、不愁穿，保障其义务教育、基本医疗和住房”的“两不愁、三保障”战略底线，以及“不脱贫不调整，不摘帽不调离”“五级书记抓扶贫”的“军令状、责任书”治贫体系，等等，达成合力、更有效力、富有活力。经过长期努力，中国贫困的性质正发生着由绝对贫困向相对贫困、由生计型贫困向发展型贫困、由单一贫困向多维贫困的根本性的转变。伴随这一转变，中国的反贫困治理理路需加快实现从“授人以鱼”到“授人以渔”的根本性转变，反贫困治理策略需加快实现由“行政—区域”导向向“协同—行动者”导向的治理转型，反贫困治理逻辑需加快实现由宏观性、粗放型、漫灌型、单一型向微观型、精准型、滴灌型、综合型发展。

在后工业社会，贫困问题更为国际社会所普遍关注，世界各国及联合国把反贫困治理作为增加人民福祉、推进现代文明建设必须克服的世界性难题，以及衡量国家文明进步的重要指标。2000年9月，联合国千年峰会通过的《联合国千年宣言》提出要构建新的全球伙伴关系以减少极端贫困，并达成千年发展的目标共识；2015年，联合国可持续发展峰会以“减贫”为首要目标议程，倡导“人的安全”理念，提出到2030年要彻底消除一切形式的全球贫困、极端贫困，促进包容性发展，等等。这充分彰显了国际社会对反贫困治理的坚定信心和决心。在我国，党的十八大以来，以习近平同志为核心的党中央，把到2020年实现“农村贫困人口如期全面脱贫、贫困县全部摘帽、解决区域性整体贫困”作为全党、全国的中心任务，把反贫困治理视为关乎党和国家政治方向、根本制度和发展道路的大事、要事。紧扣现代治理，对标共同富裕，聚焦“至贫先富”，助力“弱鸟先飞”，将扶贫开发工作提升到新的战略高度，提出了精准扶贫策略，形成了新的反贫困治理思想。通过建立“五级书记抓扶贫”的责任体系，压实“一线总指挥”的治贫责任，坚持实事求是的扶贫路线，开展分类施策的扶贫设计，推行点面结合的扶贫策略，以“绣花功夫”推进脱贫攻坚，因地制宜，敢啃硬骨，攻坚拔寨，促进中国的反贫困治理发生历史性变革、取得历史性成就。习近平总书记指出，“反贫困是古今中外治国理政的一件大事”，开展反贫困治理“决不让一个少数民族、一个地区掉队”，需“善为国者，遇民如父母之爱子、兄之爱弟，闻其饥寒为之哀，见其劳苦为之悲”[①]。这意味着推进反贫困治理既要有“共同富裕路上，一个不能掉队”的刚性规定，也要有“小康不小康，关键看老乡”的柔性管理，既要夯实外生赋权基础，又要强化内生增能功能，既要提升反贫困治理组织力，推进党政重构，又要强化脱贫攻坚协同力，着眼社会互构。

从总体看，我国2020年以后即“后脱贫时代”的农村反贫困治理仍然任重而道远。进入“后脱贫时代”，乡村贫困形式更多体现为多维贫困与相对贫困、流动性贫困与转型性贫困、支出性贫困与消费性贫困，贫困人群必将呈现出多维度、多样化的对美好生活的向往。反贫困治理并不随被建档立卡的贫困户的脱贫、摘帽而终结，农村贫困将进入以“相对贫困”及“转型性贫困”为主要特征的新阶段，农村贫困问题将在一定范围内以不同形式长期存在。一方面，由于农村贫困人口的脆弱性及兜底保障的有限性，之前未被纳入扶贫对象的“临界线人员”及脱贫人口可能

① 雷明. 论习近平扶贫攻坚战略思想 [J]. 南京农业大学学报（社会科学版），2018（1）：1-11.

会因不确定因素而趋向致贫、返贫，低于“2300元现行标准”的贫困人口可能会以新的贫困形式呈现；另一方面，由于贫困及贫困线划分是动态概念，在社会转型、治理变革及扶贫重点转移中，贫困概念的界定、贫困指标及贫困线的调整也可能产生新的贫困人群。据此，贫困形式的多维性、相对性与动态性决定了反贫困治理主体的多元性、协同治理的必要性。著名经济学家阿玛蒂亚·森的“权能贫困理论”认为贫困者的贫困不只表现为生活贫困和收入贫困，饥饿与饥荒、无助与乏力，即资源的匮乏只是贫困的外在表现，能力贫困、权利贫困及可行能力的不足为贫困者致贫的内在根源。据此，2020年后的反贫困治理，需要致力于新时代贫困性质变化、反贫困治理战略与策略、治理政策转型及防止返贫机制研究，更加关注转型性贫困、突发性贫困、因疫贫困等问题。既要突出主体性条件建构的维度，也要凸显反贫困治理技术的维度，还要彰显文化价值建设的维度，推进反贫困治理协同同构，努力构建反贫困治理共同体。应更加注重贫困人群获得感、安全感、幸福感等指标维度的考量，促进“赋权”与“增能”协同发展，消除贫困、实现共同富裕与解决社会主要矛盾要同步推进，乡村振兴、乡村治理与反贫困治理要系统推进。转变反贫困治理策略，提高制度供给能力，推进反贫困治理协同发展，促进反贫困治理供给侧结构性改革，解决权利贫困、能力贫困、精神贫困等问题是2020年以后推进反贫困治理的现实选择。需要在“志智双扶”中强化思想价值引领，刘易斯的“社会排斥致贫论”认为“贫困是由于贫困者脱离了社会主流文化，受到社会主流文化的排斥，表现出自己独特的价值观念和生活方式且这种亚文化在贫困内部固化传递”[①]；需要在巩固反贫困成果中推进“反贫困”向“治贫困”转型、城乡减贫一体化深度融合，促进反贫困治理与乡村振兴战略有

① 焦婷. 国外反贫困经验对我国精准扶贫的启示[J].边疆经济与文化，2017（2）：21–22.

机衔接；需要在制度变迁中遵循现代化发展逻辑，强化社会资本建设，推进乡村治理的现代化转型，重塑乡村社会经济发展与乡村治理、治理技术与文化价值的关系，构建共生、共建、共享的反贫困治理共同体。

国内外的扶贫开发理念与实践为深入开展反贫困治理研究奠定了理论基础，提供了实践平台，赋予了研究课题。推进后脱贫时代反贫困治理需重新审视反贫困治理的目标定位，着眼于人的全面、自由发展，强化乡村社会塑造能力；需在协同治理推行，体制、机制供给，主体性条件构建，文化价值观培育，以及“绿色崛起”、精神扶贫等要素的建构上持续深入。近两年多以来，笔者本着“学而知之”的为学精神、“以学为乐”的治学态度及“为学养德”的工作作风，基于协同治理的视角，开展后脱贫时代反贫困研究，初步形成了关于反贫困治理的一些粗浅见解，故在精准脱贫攻坚战如火如荼的进行中、在全面建成小康社会即将到来之际推出此专著，以期进一步拓展我国反贫困治理的视野，为推进当下精准脱贫攻坚及后脱贫时代反贫困治理提供有益探索。

## 二、内容框架

本书基于国内外反贫困治理、协同治理的理论与实践，在系统总结国内外反贫困治理经验尤其是党的十八大以来我国由精准扶贫向精准脱贫战略转换的基础上，从协同治理的视角开展后脱贫时代反贫困研究。研究反贫困治理理论如何生成、需要构建什么样的治理架构、如何深刻领会精准扶贫的思想内涵、需要给予现行反贫困治理哪些关注；基于中国传统文化思想精髓、马克思主义经典理论、现代社会治理理论探讨协同治理理论的渊源，从矛盾论、竞合论、组织论等视角探讨协同治理范式的内涵、内在机理、核心要义及要素构建；开展反贫困治理与协同治理契合性分析，探讨如何推进“精准赋权”与“协同增能”，如何实现从参与式扶贫到协同式扶贫的转化；研究协同治理范式下反贫困的理念变革、策略转向，探讨如何推进反贫困治理的协同化、社会化、现代化，探讨整分合意识转向、人民性价值依归、治理型范式转型等；在协同治理范式下探讨反贫困治理的运作模式，提出推进产业化、市场化、组织化反贫困治理等相关的治理理路；着眼于协同治理范式下反贫困推进体系、评估体系构建研究，着力构建结构合理、科学、规范、层次清晰的反贫困治理运作机制及考评机制。

本书共分为十一章，主要内容包括：

第一章，绪论，为概括、梳理部分。该部分从宏观视野、国内外视角对反贫困治理研究的概论、内容框架、思路和方法进行概括性梳理，提出人类社会发展史从一定意义上讲就是一部不断摆脱贫困、开展反贫困斗争并走向繁荣的历史。贫困绝非只是个人问题，而属国家治理、社会治理及乡村治理问题。在后工业时代，中国通过进行反贫困斗争的伟大实践创造了反贫困治理的“中国奇迹”。进入后脱贫时代，中国的反贫困治理将面临以“转型性贫困”及“相对贫困”为主要特征的转型，需突出主体性条件建构，强化思想价值引领，在巩固现有脱贫攻坚成果的过程中推进反贫困治理与乡村振兴战略等重大载体的有机衔接，加快实现“反贫困”向“治贫困”转型，构建共生、共建、共享的反贫困治理共同体。

第二章，反贫困治理理论的生成，为反贫困治理理论的阐述部分。该部分主要针对反贫困治理的理论基础、精准扶贫思想的内涵、反贫困治理的理论框架进行概括性阐述。认为精准扶贫思想集中体现为实事求是的精准扶贫路线、分类施策的精准扶贫设计、点面结合的精准扶贫战略，并就“六个精准”的理路逻辑、“五个一批”的治理途径、“四个问题”的系统辩证、“绣花功夫”的深刻内涵等进行了深刻阐述。认为后脱贫时代反贫困治理需强化价值、能力、支持的支撑体系构建，聚焦技术、资源、文化、制度的相互作用及有效供给。需从中国传统文化思想精髓、马克思主义经典理论、现代社会治理理论等视角挖掘反贫困治理的理论资源，推进合作型反贫困、精细化“看真贫”、攻坚型“扶真贫”、治理型“真扶贫”。

第三章，反贫困治理的现实关注，为实践探讨部分。主要对精准扶贫的现状与特点、成就与贡献、经验与启示，反贫困治理的现实困境，后脱贫时代的治贫考量进行系统分析。认为党的十八大以来，我国的反贫困治理是国家治理在贫困领域的集中体现，始终坚持以人民为中心的扶贫逻辑、以制度为保障的扶贫设计，体现了攻坚拔寨的治贫使命，以及党政责任与联动责任并存、主导职能与主体治理同构、本土化治理与国际化范式相统一。深入推进反贫困治理，需走出反贫困治理“演独角戏”的困境，避免规划设计中的“盲从症”“赶超风”倾向，责任落实中的“稻草人”“纸老虎”现象，组织实施中的华而不实现象，权威资源供给中的“塔西佗陷阱”等问题。在后脱贫时代，需要密切关注相对贫困、转型性贫困、发展型贫困、能力型贫困等贫困性质的变化，推进与乡村振兴、农村基层社会治理、国家治理现代化深度融合的治理结构调试，着眼于促进乡村治理、反贫困治理的动力机制与动力源研究。

第四章，协同治理的理论渊源，为协同治理思想的缘由部分。试图从儒家、道家、法家、墨家等中国传统文化的思想精髓中阐述协同治理“百姓昭明、协和万邦、协同万物”的要义，从马克思主义合力协作论、人民本位论、制度方法论中阐述协同治理的“历史变革、人民本位、矛盾运动”思想，从现代社会治理理论中阐述协同治理“合作治理，社会互动，共建、共治、共享”的内涵。比如儒家主张的“身家国同构，天地人合一”思想，道家主张的“推天道以明人事”“民之难治，以其上之有为，是以难治”思想，法家主张的“法者，所以爱民也；礼者，所以便事也”思想，墨家主张的“兼相爱，交相利”“万事莫贵于义”思想，等等，都具有早期的“协和万物”“万物并育”之内涵，与协同治理理念颇有相似之处；马克思主义“历史合力论”指出了协作的人民性、时空性、目标性；现代公共治理着眼于协同治理；等等。构建以人民为中心的协同治理格局，旨在推进协作生产力的提升。

第五章，协同治理范式的内涵，为协同治理思想的阐述部分。主要从矛盾论视角、竞合论要义、组织论功能方面阐明协同治理的内在机理，从协同生产力打造、协同生产关系结构建构、协同文化培育、协同效应形成方面分析协同治理的核心要义，从主导型治理架构构建、网络化治理形态形成、协作型治理方式推进、社会型治理模式探索、建构型治理体系集成方面研究协同治理的范式。认为协同治理是基于解决公共需求有效供给不足、公民渴望参与而治理渠道有限的矛盾而产生的。开展协同治理，要推进序参量的有效生成、有序竞争与精诚协作，强化“他组织力”和“自组织力”作用的协同发挥。

第六章，反贫困治理与协同治理契合性分析，为关联性探讨部分。主要从赋权与增能的理论逻辑、参与型治理的理念范式、反贫困治理的价值诉求、合作型反贫困的联动机制等方面探讨反贫困治理与协同治理的内在关联，认为贫困的根源在于权利贫困和能力贫困。开展反贫困治理，需精准赋权与协同增能，推进权能结构的塑造与生成，注重思想价值引领，促进多元广泛参与，加快实现从参与式扶贫开发到协同式反贫困治理的范式转变。

第七章，协同治理范式下反贫困治理的理路探究，为治理理念的探讨部分。该部分主要从治贫行动协同化、反贫困治理社会化、精准治贫现代化维度探讨协同治理范式下反贫困治理的理念变革及逻辑理路。认为治贫行动协同化在于构建“政府 — 市场”“国家 — 社会”等新型伙伴关系，需有效推进政府、市场、社会的协同互动，促进专项治贫、行业治贫、社会治贫协同发展；反贫困治理社会化是对反贫困治理国家化的有力配合，必须坚持贫困问题社会化导向，加强社会化治贫主体培育、治贫组织建设、治贫机制创新，推进农村反贫困治理的社会资本重构；推进精准治贫现代化，需强化协同论导向，坚持本体论定力，着眼方法论研究，推进现代化治贫环境的形成、治贫主体的集成、治贫客体的塑成、治贫技术的生成。

第八章，协同治理范式下反贫困治理的策略转向，为治理路径的探讨部分。该部分主要从整分合原理入手探讨反贫困治理整分合意识转向问题，研究如何推进整体性反贫困治理目标确立、系统性反贫困治理任务分解、组织化反贫困治理综合协同；从“我是谁、为了谁、依靠谁”的价值向度诠释反贫困治理人民性价值依归，明确价值依据，研究如何强化反贫困治理价值驱动；从“政府逻辑 — 市场逻辑 — 治理逻辑”探讨反贫困治理范式转型，研究如何盘活反贫困治理的“存量”、壮大反贫困治理的“增量”、拓展反贫困治理的“流量”。认为开展反贫困治理，需整体把握“共同富裕”的根本原则，科学分解“全面建成小康社会”的目标任务，组织综合“国家现代治理”动力机制并开发动力源；需有效促进反贫困治理“自变量”增量与“因变量”增量的统一，切实走出反贫困治理“中心 — 边缘”的结构困境。

第九章，协同治理范式下反贫困治理运作模式探讨，为模式选择的探讨部分。主要从产业化、市场化、组织化视角，并通过实证案例探讨如何开展反贫困治理协同模式选择。对于产业化协同治贫模式，研究如何推进特色产业协同发展、产业政策协同构建、产业脱贫区域协同协作等问题，探讨“扶贫产业园+”、三次产业融合发展等反贫困治理模式；对于市场化协同治贫模式，研究如何在反贫困治理领域引入市场机制，推进市场化治贫主体的培育、市场化治贫要素的建设、市场化治贫资源的整合及市场化治贫制度的优化，研究“PPP+扶贫”“政府购买服务+扶贫”“资产收益+扶贫”等治理模式，在政府的主导下开展市场化运营；对于组织化协同治贫模式，对“党建+扶贫”、“党代表+扶贫”、农民专业合作组织、“能人经济+”合作组织等反贫困治理模式问题进行深入的探讨，强化扶贫开发联合体行动，以走出“分散闭塞性”的困境。

第十章，协同治理范式下反贫困治理推进体系构建，为体系构建的探讨部分。主要对反贫困治理体系要素的构建进行全方位的分析，认为推进后脱贫时代反贫困治理，需着力推进反贫困治理体系和治理能力现代化所需的运作体系、支撑体系、目标体系的构建。对于反贫困治理运作体系的构建，研究如何协同建构反贫困治理的规划方案、推进组织、运作过程；对于反贫困治理支撑体系的构建，研究如何协同推进反贫困治理的资源供给、环境塑造、治贫对象的能力培育；对于反贫困治理目标体系的构建，研究如何“确标”——重塑内容目标、如何“寻标”——重塑治理目标、如何“兑标”——重塑效能目标。

第十一章，协同治理范式下反贫困治理评估体系构建，为评估框架构建部分。科学地评估反贫困治理效能，既要立足当前，更要着眼长远，要全面对接反贫困治理的目标体系，理性地审视反贫困治理的方式和方略，彰显效率、效益、效果，凸显共建、共治、共享。研究如何构建包括政治效用、经济效用、文化效用、社会效用、生态效用、能力效用在内的反贫困治理效能评估指标体系；研究如何推进反贫困治理第三方评估体系的构建并探讨其运行机理与构成，方法、技术与路径，运作流程与规范等问题；研究如何构建反贫困治理责任考核评估体系，开展政策方案、价值规范、综合审计评估并推进考核评估的运用等。

## 三、思路和方法

本专著在问题的研究上按照提出问题（思想理论提出、治贫实践关注）、分析问题（契合性分析及理念变革、策略转向探讨）、解决问题（运作模式、推进体系、评估体系构建）的思路展开。基于理论分析与实证研究、宏观视野与微观探讨，以及协同治理的视角，采取自上而下、自下而上、由表及里的整合式、探究式的方法和路径，立足前人的研究，广开研究思路，收集大量素材，开展后脱贫时代反贫困研究。对我国的扶贫开发尤其是精准扶贫的现实发展、现实困境，后脱贫时代的治贫考量等进行了系统的分析，着眼于协同治理范式下反贫困治理的理路探究、策略转向，以及运作模式、推进体系、评估体系等问题的探讨。技术路径如下：

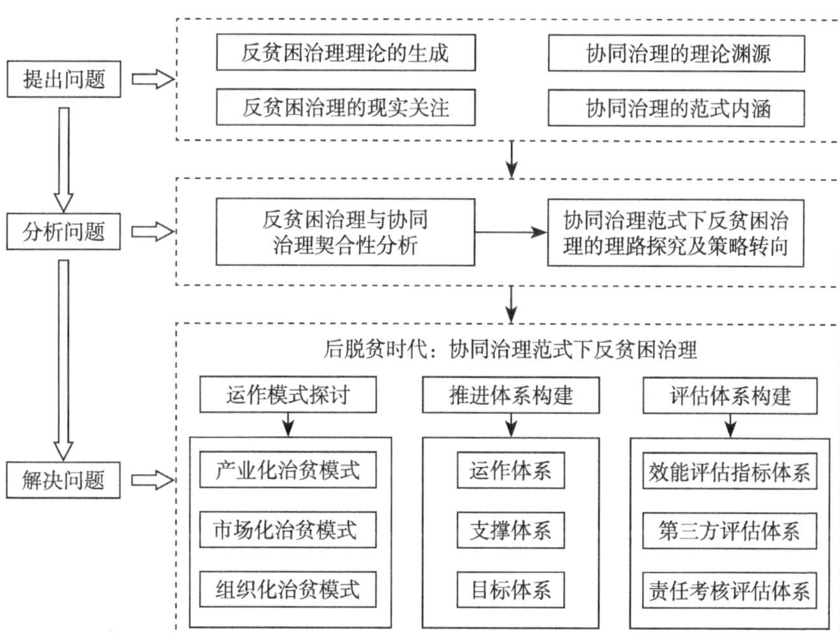

# 第二章 反贫困治理理论的生成

贫困是人类社会面临的共同挑战，反贫困是人类的一项持续性的行为。在我国，扶贫济困、乐善好施之思想自古有之。从战国时期屈原的“长太息以掩涕兮，哀民生之多艰”，到唐朝陈子昂的“圣人不利己，忧济在元元”、杜甫的“安得广厦千万间，大庇天下寒士俱欢颜”，到明朝张居正的“致理之要，惟在于安民；安民之道，在察其疾苦而已”等经典名句，无不蕴含着丰富的扶贫济困、乐善好施的思想。摆脱贫穷、消除贫困既是古今中外治国安邦的大事，也是社会主义的本质要求，更是新时代坚持和发展中国特色社会主义的内在要求。新时代反贫困治理聚焦精准扶贫，攻坚式精准扶贫体现了新时代反贫困治理思想。推进新时代精准扶贫及后脱贫时代反贫困治理，需摆脱粗放式的扶贫困境，走出“年年扶贫年年贫”的怪圈。在反贫困治理实践中，要针对不同贫困区域、不同贫困对象，通过精确识别、精准施策、精确帮扶、精确管理、精准发力，解决扶贫开发中的低质、低效等问题，做到扶贫开发精准发力、精准扶贫精准执行；要逐步由解决“绝对贫困”“收入贫困”向解决“相对贫困”“转型性贫困”转变，推进由“集中性减贫战略”向“常规性治贫方略”转型。

# 第一节　反贫困治理的理论基础

反贫困治理思想不是空穴来风，既具有深厚的历史积淀，也具有缜密的现实逻辑，还具有独特的理论创新，同时也体现着全面建成小康社会的现实演绎、实现共同富裕的哲学思考，更体现着中国特色社会主义的本质要求及中国传统思想、文化的内在追求。中国共产党在反贫困治理的实践中始终坚持中国传统扶贫济困思想的创新性发展及创造性转化。中华人民共和国成立以后，毛泽东同志提出的实行合作化，逐步消除贫困，使全体农村人民共同富裕起来的"共同富裕论"思想；改革开放以后，邓小平同志提出的"农民没有摆脱贫困，就是我国没有摆脱贫困"①的"摆脱贫困论"思想；进入21世纪后，江泽民同志倡导的扶贫攻坚"他扶"与"自扶"有机统一、由"救济式扶贫"向"开发式扶贫"转化的思想，以及胡锦涛同志关于"生产发展、生活宽裕、乡风文明、村容整洁、管理民主"的新农村建设思想……这些既是扶贫思想形成过程中的重要体现，也是反贫困治理理论的重要积淀。后脱贫时代反贫困治理要充分汲取中华优秀传统思想、文化的精髓，丰富中国特色社会主义扶贫思想的内涵，多维思想建构、多维治贫实践为反贫困治理思想的形成提供了重要的思想渊源及理论支撑。

---

① 邓小平.邓小平文选（第3卷）[M].北京：人民出版社，1993：237.

## 一、从中国传统文化、思想精髓看反贫困治理

有史以来，中国优秀的传统文化中有着丰富的反贫困治理思想。如先秦《周礼》中有“荒政十二策”之说，强调“以荒政十有二聚万民”，政令之首在于敬天保民；南宋董煟的《救荒活民书》中有“厚下恤民，仁政减灾”之思想，主张“厚下”恤民，以“仁政”减灾；明代林希元的《荒政丛言》中提及“极贫之民便赈米，次贫之民便赈钱，稍贫之民便转贷”；还有清代汪志伊的《荒政辑要》中有“劝富救贫、识人救荒”之道，将“产微力薄，家无担石，或户倾业废，孤寡老弱，鹄面鸠形，朝不谋夕者”定为极贫，将“田虽被灾，盖藏未尽，或有微业可营，尚非急不及待者”定为次贫，并针对不同的贫困者给予不同的救济和扶助……都体现着丰富的扶贫济困思想。

### （一）对“天下为公”的大同社会的构想

大同社会是中国古代先民对中国“乌托邦”式理想社会的称谓。中国的大同社会思想源远流长，《礼记·礼运》中提及：“大道之行也，天下为公。选贤与能，讲信修睦，故人不独亲其亲，不独子其子，使老有所终，壮有所用，少有所长，鳏寡孤独废疾者，皆有所养。男有分，女有归。货恶其弃于地也，不必藏于己；力恶其不出于身也，不必为己。是故谋闭而不兴，盗窃乱贼而不作，故外户而不闭，是谓大同。”“遐想唐虞三代之世，天下有无相恤，患难相救，门不闭户，道不拾遗，男女别途，选举尚德。”[①] 这些表达的是中国古代先民对一种“天下为公”的理想社会的设计，也反映了为更多人所憧憬的理想的生活状态。随后，在变革社会的实践中，无数仁人志士为构建大同社会进行了积极、有益的探索。比如，洪秀

① 侯彦杰.“大同”思想的中国特色社会主义语境阐释[J].理论探讨，2019（6）：62–66.

全借助《天朝田亩制度》设计了“有田同耕，有饭同食，有衣同穿，有钱同使，无处不均匀，无人不饱暖”的“天下为公”思想，阐发了太平天国的革命纲领，以构建所谓的“太平世界”；康有为秉持“大同之道，至平也，至公也，至仁也，治之至也”[①]的思想和理念，以及天赋人权、平等自由、博爱仁爱的信条和追求，描绘了“大同社会”的美好蓝图；孙中山先生倡导“大道之行，天下为公”“政权公之于天下”等民生主义施政理念，致力于“民有、民享、民治”的大同世界的构建，目的就是让人人各执其业、各尽其事，让家家各得其所、富足祥和……这种天下为公、世界大同，以和为贵、协和万邦的大同社会思想蓝图，描绘了爱众亲仁、众生和谐、平等互助的社会场景，也成为当今全面建成小康社会及实现现代化治理的重要的思想依据，为新时期开展反贫困斗争及后脱贫时代反贫困治理提供了重要的思想渊源。

### （二）对“天下为家”的小康社会的崇尚

“小康”作为一种社会模式的思想自古有之，表现为广大百姓对富足、殷实、幸福、安宁的理想的社会生活状态的追求。古代典籍《诗经》中最早指出：“民亦劳止，汔可小康。惠此中国，以绥四方。”[②]此处的“小康”即为安康、安宁之意，指出了幸福、安康为民之所望，民之安康为国安所需，赐予民众恩惠，方可安抚四方。儒家经典中有许多关于小康社会的构建的重要阐述，比如《礼记·礼运》中有描述：“今大道既隐，天下为家，各亲其亲，各子其子，货力为己。大人世及以为礼，城郭沟池以为固，礼义以为纪，以正君臣，以笃父子，以睦兄弟，以和夫妇，以设制度，以立田里，以贤勇知，以功为己。故谋用是作而兵由此起，禹、汤、文、武、

---

① 刘世红.革命的催化剂：康有为“大同之学”的再解读[J].华南师范大学学报（社会科学版），2011（6）：65-71.

② 程俊英.诗经译注［M］.上海：上海古籍出版社，1985：550.

成王、周公，由此其选也。此六君子者，未有不谨于礼者也。以著其义，以考其信，著有过，刑仁讲让，示民有常。如有不由此者，在势者去，众以为殃，是谓小康。”在古人看来，在“天下为家、各亲其亲、各子其子”中，“货力为己”虽在一定范围内被允许，但是不能违背道德和伦理，而应始终把“礼教”作为构建小康社会的根本，倡导通过礼仪来维系、构建生活宽裕、不愁吃穿、和谐、有序的社会秩序。比如《论语·季氏》中提及“有国有家者，不患寡而患不均，不患贫而患不安。盖均无贫，和无寡，安无倾”[①]，指出了“等贵贱，均贫富”的重要性。再比如《论语·公冶长》中讲“老者安之，朋友信之，少者怀之”，指出了为政之要，要让年老者安心，让朋友相互信任，让年少的得到关怀。后来孟子倡导实行井田制，设计了小康标准：“五亩之宅，树之以桑，五十者可以衣帛矣；鸡豚狗彘之畜，无失其时，七十者可以食肉矣；百亩之田，勿夺其时，数口之家，可以无饥矣。”这些都有着丰富的小康社会思想的内涵。在孔孟之家看来，小康社会既是一个相对的概念，也需要基于现实的发展及对条件的考虑，体现为一种以退为进的理想社会形态的构建，这种思想沉淀对后人持续进行构建小康社会的探索及推进反贫困治理起到了思想及理论方面的启迪作用。

### （三）对“天下情怀”的忧乐精神的尊崇

中华民族自古以来就是一个具有强烈的忧患意识及使命担当的民族，中华忧乐精神强调“乐以天下，忧以天下；先忧后乐，乐不忘忧”，道出了为什么而乐、因什么而忧，要乐得其道、忧得其所。“忧”与“乐”既对立，又辩证统一，“忧乐共存、先忧后乐”蕴含着丰富的哲学智慧，延伸出“与天下同其安乐”的价值伦理追求。在中华伦理文明的思想宝库

① 杜建华. 浅析大众传媒与公平正义之关系[J]. 发展，2011（1）：82.

中，早在春秋战国时期，就有着“天下情怀”的忧乐思想。从老子“祸兮福之所倚，福兮祸之所伏”（《道德经》）的哲学理念、孔子“人无远虑，必有近忧”（《论语·卫灵公》）的忧虑情怀、孟子“生于忧患，死于安乐”（《孟子·告子下》）的忧患意识，到唐代杜甫“安得广厦千万间，大庇天下寒士俱欢颜”的安民忧乐思想，到北宋范仲淹在《岳阳楼记》中提到的“先天下之忧而忧，后天下之乐而乐”的政治思想，再到明代黄宗羲“盖天下之治乱，不在一姓之兴亡，而在万民之忧乐”的忧乐思想，无不体现着中华民族的忧乐思想及忧乐精神。这种“居庙堂之高则忧其民，处江湖之远则忧其君”的忧乐思想既是中华民族宝贵的精神财富，也体现着历朝历代在施政中的价值取向，更体现了诸多仁人志士对人民的忠诚，以及自身的责任与担当。推进后脱贫时代反贫困治理要秉持家国情怀，涵养新时代忧乐精神。扶贫济困思想的集成、反贫困治理理念的创新，正是对自古以来中华忧乐精神的延续和拓展，为精准扶贫思想的集成及反贫困治理理论的形成提供了根本依据。

## 二、从马克思主义经典理论看反贫困治理

### （一）马克思主义反贫困理论

马克思主义反贫困理论集中体现为对扶贫济困中的现象与本质、解决问题中的方式与方法、反贫困治理实践中的目标与路径的重要阐述。马克思早在青年时期就认为，人类所有不幸的根源在于贫困。所以，让人类摆脱贫困、实现人的全面而自由的发展是他的毕生追求。马克思在《共产党宣言》中也指出：“在那里，每个人的自由发展是一切人的自由发展的条件。”指出了社会形式的发展要以每个人的全面而自由的发展为基本原则和目标导向。在马克思主义看来，反贫困的目标就是彻底消灭贫困，让劳

动者真正成为自己的主人。据此，开展人类反贫困治理，要着眼于人的全面解放。

1. 走社会主义反贫困道路

马克思主义反贫困理论认为，贫困的根源主要在于社会制度性贫困及贫困者对社会资本拥有的缺乏，摆脱贫困首先要着眼于社会制度的建构。马克思在《1844年经济学哲学手稿》中还描述了异化劳动现象："劳动为富人生产了奇迹般的东西，但是为工人生产了赤贫。劳动生产了宫殿，但是给工人生产了棚舍。劳动生产了美，但是使工人变成畸形。"① 在马克思主义看来，不解决制度性贫困问题，将始终难以消除"异化劳动"的怪象，异化劳动的消除是摆脱贫困的基础。他在《资本论》中也指出："贫苦的无产阶级脱离贫困的唯一道路是通过暴力革命推翻资产阶级的统治，彻底消灭剥削与压迫，实现生产力的解放与发展，并最终建立起共产主义制度。"② 从而指出了开展反贫困治理需涵养斗争精神、奋斗精神，持续推动社会革命、自我革命，通过解决制度性贫困消除两级分化，达到共同富裕，切实走出"生产的东西越多，越造成劳动者贫困"的困境。

2. 坚持依靠发展解决贫困问题

马克思、恩格斯在《共产党宣言》中阐明，无产阶级取得了政权后，要尽可能快地增加生产力的总量。他在1857 — 1858年的《经济学手稿》中也讲道：在社会主义社会，"生产力的发展将如此迅速，以致尽管生产将以所有的人富裕为目的。…… 那时，财富的尺度绝不再是劳动时间，而是可以自由支配的时间。以劳动时间作为财富的尺度，这表明财富本身是建立在贫困的基础上的"③ 。根据马克思主义观点，贫困问题不仅仅是制

---

① [德]马克思，恩格斯.马克思恩格斯选集（第3卷）[M].北京：人民出版社，1995：43.

② 李少荣.马克思主义反贫困理论的发展及其指导意义 [J]. 理论探讨，2006（1）：46–48.

③ [德]马克思，恩格斯.马克思恩格斯全集（第46卷）· 下 [M].北京：人民出版社，1980.

度性问题，也是经济社会可持续发展的问题。开展反贫困治理，既要解决制度性贫困问题，也要着眼于解决可持续发展的问题。社会主义社会必须加快发展生产力，必须始终依靠发展生产力从根本上解决贫困问题，以增加“可自由支配的时间”，促进人的全面发展。

3. 通过全面提升人的素质摆脱贫困

马克思主义反贫困治理始终把全面提升人的素质作为重点。马克思指出：“要改变一般的人的本性，使它获得一定劳动部门的技能和技巧，成为发达的和专门的劳动力，就要有一定的教育或训练。”[①] 据此，开展反贫困治理，要依靠人的素质的全面提升，消除贫困要从根本上消除智力及心力上的贫困。

### （二）马克思主义共同富裕理论

马克思主义共同富裕理论是反贫困治理的根本依据。马克思指出，实现共同富裕是社会主义的根本目的，也是共产主义的目标导向。诸多马克思主义经典著作中都直叙“社会生产将以所有人的富裕为目的”。

1. 实现共同富裕需立足生产性

根据马克思主义理论，实现共同富裕要以社会生产力的高度发达为前提，但生产力的发展具有其内在规律性，“人们不能自由选择自己的生产力，任何生产力都是一种既得的力量，是以往活动的产物”[②]，从而指出了所谓的“共同富裕”一方面表现为在不违背生产力发展规律的基础上高度发展起来的“共同富裕”，另一方面表现为建立在先进生产关系基础上的“共同富裕”。恩格斯也指出：“通过社会生产，不仅可能保证一切社会成员有富足的和一天比一天充裕的物质生活，而且还可能保证他们的体力和

① [德]马克思.资本论（第1卷）[M].北京：人民出版社，2004.

② [德]马克思，恩格斯.马克思恩格斯选集（第1卷）[M].北京：人民出版社，1995：532.

智力获得充分的、自由的发展和运用。”① 从而指出了促进物质生产力和精神生产力有机统一的重要性。

2. 实现共同富裕需强化制度性

马克思在《资本论》中表示，伴随着资本主义社会生产致使的资本家原始资本积累的加剧，社会生产结构日趋稳定，劳动者也日趋贫困，两级分化日趋加大。基于此，在马克思看来，实现共同富裕需要满足两个方面的根本前提：一是推动社会生产力高度发展，二是建立社会主义和共产主义生产资料公有制。为此，建立生产资料公有制，必须消灭私有制，消除两级分化，真正“把资本变为公共的、属于社会全体成员的财产”②。

3. 共同富裕具有相对渐进性

根据马克思主义理论，“贫”与“富”是矛盾的统一体，有“贫”才有“富”，无“富”就无所谓“贫”，贫穷与富裕总是相生、相对的。马克思曾经很形象地比喻：“一座小房子不管怎样小，在周围的房屋都是这样小的时候，它是能满足社会对住房的一切要求的。但是，一旦在这座小房子近旁耸立起一座宫殿，这座小房子就缩成可怜的茅舍模样了。这时，狭小的房子证明它的居住者毫不讲究或者要求很低。并且，不管小房子的规模怎样随着文明的进步而扩大起来，但是，只要近旁的宫殿以同样的或更大的程度扩大起来，那么较小房子的居住者就会在那四壁之内越发觉得不舒适、越发不满意、越发被人轻视。”③ 马克思主义理论认为，“共同富裕”是一个相对性概念及历史发展过程，总会产生“边际现象”，即边际上的“贫”与边际上的“富”，贫富差距总会在发展中产生，也终需在发展中被解决。共同富裕的实现程度会随着社会生产力的发展而发展，新时

① [德]马克思，恩格斯.马克思恩格斯全集（第3卷）[M].北京：人民出版社，1965.

② [德]马克思，恩格斯.共产党宣言[M].北京：人民出版社，1949.

③ [德]马克思，恩格斯.马克思恩格斯全集（第6卷）[M].北京：人民出版社，2016.

代反贫困思想体现的正是对马克思主义共同富裕理论智慧的汲取和延伸。

### （三）马克思主义群众理论

马克思主义群众理论是反贫困治理思想的直接来源。根据马克思主义理论，历史是群众缔造的，是大众“合力”的结果，劳动群众始终是社会财富的创造者及社会变革的决定力量。“历史并不是把人当作达到自己目的的工具来利用的某种特殊的人格”“思想根本不能实现什么东西。为了实现思想，就要有使用实践力量的人”“历史不过是追求着自己目的的人的活动而已”[①]。可见，马克思主义理论认为，关于“人民群众主体地位”的重要论断决定着反贫困治理必须坚持“以人民为中心”的发展思想，让人民共享发展成果，必须发挥劳动人民的主体作用，建构主体性条件，始终把劳动群众作为反贫困治理的根本力量。

#### 1. 满足群众愿望是开展反贫困治理的根本所在

马克思主义始终把满足人民群众的需求作为推进一切社会实践活动的出发点和落脚点。群众需要、人民意志和人类行动具有高度一致性。马克思指出：“人们不能自由选择自己的生产力——这是他们的全部历史的基础，因为任何生产力都是一种既得的力量，以往的活动的产物。”[②]也就是说，在变革的社会中，人民是不能随心所欲地自由选择这样或那样的生产方式的，现成的生产力和生产关系都是前辈劳作的产物。推进反贫困治理要充分总结前人的经验，吸取前人的教训，以满足最广大群众的真切需求为基点，以维护最广大人民的根本利益为前提，在实现人民对美好生活的向往的过程中将反贫困治理向深层次推进。

---

① [德]马克思，恩格斯．马克思恩格斯全集（第2卷）[M].北京：人民出版社，2005：118-119.

② 曾溢．发展代价的哲学思考与现实意义[J].现代营销（学苑版），2012（4）：4-5.

2. 促进群众参与是反贫困治理的坚实基础

马克思说："历史活动是群众的事业，随着历史活动的深入，必将是群众队伍的扩大。"① 恩格斯说："自从阶级产生以来，从来没有过一个时期社会上可以没有劳动阶级而存在的。…… 没有一个生产者阶级，社会就不能生存。"② 从而指出了推进任何社会实践活动都始终离不开群众的支持和参与，要善于教育、引导群众。革命理论一旦被群众掌握，并转化为群众的广泛实践，必将产生强大的物质力量。

3. 赢得群众的认同是反贫困治理的评价尺度

根据马克思主义理论，人民群众是实践主体性、价值主体性及认识主体性的统一，实践主体性赋予实践活动主体性地位，价值主体性决定实践成效必须接受实践的检验，认识主体性强化群众首创精神的发挥。马克思指出："人应该在实践中证明自己思维的真理性，即自己思维的现实性和力量，亦即自己的思维此岸性。"③ 这意味着推进任何社会实践活动，都需要把维护群众的根本利益作为工作评判的最高标准，把人民群众视为工作价值的最高裁决者，做到合目的性与合价值性、合规律性与合规范性统一。

## 三、从现代社会治理理论看反贫困治理

### （一）治理精细化理论

"精细化"思想自古有之，早在我国春秋时期，老子在《道德经·第六十三章》中就讲到了"图难于其易，为大于其细。天下难事，必作于

① 周丽静. 浅谈人民群众在历史发展中的作用[J]. 美丽中国，2016（45）：295-296.

② 姜迎春. 论马克思异化劳动理论的人学价值[J]. 南京师范大学学报（社会科学版），2014（2）：18-25.

③ [德]马克思，恩格斯. 马克思恩格斯选集（第3卷）[M]. 北京：人民出版社，1995：7.

易；天下大事，必作于细”，当中就蕴含着精细化管理的哲学思想。被誉为“科学管理之父”的泰勒提倡通过生产流程的标准化、程序化、科学化推进精细化管理，从而凸显构建精细化管理系统工程雏形。“二战”后，日本依托企业文化再造，推陈出新，提出了“精益生产”“全民质量控制”“科学关联、技术关联”“技术包容、生产跃变”等精准化管理理念，体现了向精细化转型的治理模式嬗变。中共十八届五中全会也明确提出“推进社会治理精细化，构建全民共建、共享的社会治理格局”。第一，社会治理精细化要体现国家治理现代化。社会治理精细化体现的是社会治理创新的再次升华，它是推进社会治理现代化的内在要义及提升治理效能的重要途径。社会精细化治理坚持把人作为社会治理的核心及治理价值的归宿，推进精准化社会管理与公共服务，通过精准识别人的需求、精准区分不同群体的利益、精准提供管理与服务实现人的全面发展及社会的全面进步。第二，反贫困治理要凸显社会治理。反贫困治理中的精准扶贫思想与社会治理精细化理论一脉相承、互联互通，是社会治理精细化理论在反贫困治理中的应用和体现。精细化社会治理着眼于在系统化运作、具体化运用、程序化运行中通过标准化、数据化等手段实现良好的社会治理；党的十八大以来的精准扶贫策略贵在精准、重在精准、成败之举在精准，坚持把“精、准、细、严”的精准化思想内化为反贫困治理的生动实践，尤其通过提升反贫困治理人员的精细化职业意识及职业技能，推进扶贫开发精准化，助推反贫困治理现代化。

### （二）多维贫困理论

多维贫困理论认为，贫困问题是一个多维向度问题，贫困是由多方面因素造成的，开展贫困界定与反贫困治理应从“赋权”“增能”等多方向度去衡量，从多维视角去考量。著名经济学家阿玛蒂亚·森曾经讲道：“当前一个拥有较多财富却没有能力的人与一个财富存储较少却有能力的人相比，前者更容易陷入贫困而且是长期的贫困。”[①] 在阿玛蒂亚·森看来，当人们缺乏获得劳动及劳动产品的机会而造成“权利失效”“权利丧失”时，或面对各种风险和挑战，无法抵御而处于无助状态时，必然陷入饥荒与贫困。这种饥荒与贫困集中表现为经济上的不安全、权利上的无效用、生活上的不确定及自我实现上的无期待。据此，推进反贫困治理，在理念上需要从单一收入维度到多维贫困维度的指标体系的构建上去理解贫困性、辨析贫困现象、推进脱贫攻坚。多维度贫困差异的存在决定了必须推进多维反贫困治理。当前的攻坚式精准扶贫理念汲取了多维反贫困理论的核心要素，开展反贫困治理既要着眼于外在“赋权”，又要强化内在“增能”。一要转变反贫困治理理念。当前，中国的扶贫开发进入了新的历史阶段，区域性、整体性贫困问题即将得到解决，差异性、攻坚性反贫困治理仍需就绪。据此，进入后脱贫时代，在反贫困治理观念上，要加快实现由往常的“收入贫困观”向“能力剥夺贫困观”转变、从以低收入测定贫困的“一维贫困观”向以低权能测定贫困的“多维贫困观”转变。二要提升贫困测量的精准性。推进多维贫困的测量与分解是多维贫困理论的核心要义，要求基于贫困差异，立足精准识别，聚焦致贫难点，把准治贫关键，有针对性地开展多维贫困测量和精准反贫困治理。三要强化反贫困治理的动态性。多维反贫困治理是一个动态概念，需强化动态化管理，推进精准扶贫，既要体现指标权重的动态性，又要确保贫困准入及贫困退出的动态性，真正做到“在多维中精准，在精准中多维”。

### （三）参与式发展理念

参与式发展理论形成于20世纪60年代，起始于社区发展，强调管理及服务对象的积极、广泛参与是实现可持续发展的内在要求。参与式发展的

---

① 杨烁文，吕秀琴，陈晓. 多维贫困理论对精准扶贫政策的影响[J]. 现代商贸工业，2017（20）：114-115.

一个核心理念强调，人始终是发展过程的主体，发挥人的主观能动性始终是发展过程的重心，只有突出发展过程中人的重要性，才能体现发展的合目的性及合规律性。参与式反贫困治理是参与式发展理论在反贫困治理领域的重要呈现，是对传统扶贫发展模式的超越，突破了“传统 — 现代”“权威 — 服从”“恩赐 — 笑纳”“救济 — 接受”的传统性管理型思维模式，提倡的是“赋权与增能”“共享与互动”的现代性治理型思维模式。一要发展主体全过程参与。在传统的反贫困治理中，弱势群体及贫困人群往往处在“去权化”或“无权化”的边缘地带，既无权参与，也无能为力，既无意参与，也无从表达。在现代参与式发展治理中，“参与”反映的是基层群众被“赋权与增能”的过程，使其在实现由管理和服务的客体到自我发展的主体的变革中，以更加积极、主动的状态全面融入反贫困治理。精准扶贫的开发实践证明，如果没有赋予基层群众民主评议决策的权利，就难以做到精准识别贫困户及精准建档立卡，如果没有把贫困农户纳入扶贫产业链及扶贫开发中，就难以差异化、精准性地选择、推进扶贫项目。二要坚持以解决问题为导向。传统扶贫思想认为，只要经济发展了，贫困问题自然会得到解决。而现代反贫困治理思想认为，贫困问题不局限于经济发展范畴，经济上的贫困问题可以通过发展经济来解决，体制、机制、人文精神及人的思维上的贫困则需要通过多维反贫困治理来解决。为此，开展多维治理必须坚持问题导向，坚持问题导向要坚持两点论和重点论的辩证统一，既要系统性、全局性、针对性地看问题，又要建构性、参与性、合作性地破难题。

### （四）社会互构理论

社会互构理论认为，当今的社会进入了一个社会互构的时代，个人与社会关系的定位始终是“个人 — 社会”范式构建的主题。在个人主义范式下，贫困发生的根源在于贫困者个人，摆脱贫困的重要方法一方面是开展社会救助，做好国家抚恤，强化救灾、救济等，另一方面是强化贫困者的个人责任，提升其个人能力及认知水平；在社会结构主义范式下，贫困的根源存在于超越个人的结构性要素，社会分配体制、社会保障制度、区域经济发展水平、劳动力市场构成等的匮乏往往是导致区域性贫困、群体性贫困、突发性贫困的重要原因，解决贫困问题重在改变社会结构。我们不难看出，前者会达到临时性、兜底性、安抚性的效果，但贫困者始终难以摆脱贫困状况；后者会促进区域性、整体性脱贫，但也难以避免两级分化和催生新的贫困人群。提出社会互构论，旨在跳出“个人与社会关系”的二元对立，重构“个人主义与社会结构”范式，将个人与社会的关系理解为一种“互构共变”的关系，促进二者的弥合。在后脱贫时代反贫困治理中，要着眼于“个人 — 社会”范式的建构，需围绕“个人与社会的关系”这一核心问题，跨越社会结构与个体能动之间的鸿沟，展示不同治理主体间的互构关系、互构类型、互构过程、互构机制等，夯实治贫责任基础，既要扶穷、扶贫，又要扶志、扶智，既要“输血”帮困，更要“造血”发展。

## 第二节　精准扶贫思想的提出

2013年11月，习近平总书记在湖南湘西花垣县十八洞村考察时首次提出了“精准扶贫”的概念，他强调：“扶贫要实事求是，因地制宜。要精准扶贫，切忌喊口号，也不要定好高骛远的目标。”“不栽盆景，不搭风景，不能搞特殊化，但不能没有变化。”“不仅要自身实现脱贫，还要探索可复制、可推广的脱贫经验。”① 2014年1月，通过中央顶层设计，精准扶贫战略迅速落地，自此，“精准扶贫”一跃成为社会各界热议的关键词及脱贫攻坚的核心词。实行攻坚式精准扶贫，坚持党的核心领导，体现了中国特色社会主义制度的优势，是提升扶贫开发效果的必然选择，从而开启了新时期反贫困治理的新境界，为推进后脱贫时代反贫困治理奠定了坚实的基础。

## 一、实事求是的精准扶贫路线

实事求是是马克思主义认识论和实践论的根本观点，体现着马克思主义世界观和方法论的辩证统一。推进精准脱贫攻坚战，必须实事求是地看真贫、扶真贫、真扶贫。为推动习近平精准扶贫思想全面贯彻落实，2013年12月，中共中央办公厅、国务院办公厅印发了《关于创新机制扎实推进农村扶贫开发工作的意见的通知》，指出，要“建立精准扶贫工作机制，国家制定统一的扶贫对象识别办法……按照以县为单位、规模控制、分级负责、精准识别、动态管理的原则，对每个贫困村、贫困户建档立卡，建设全国扶贫信息网络系统”。目的就是通过对贫困对象的精细化锁定、对贫困区域的目标性确定、对项目资金的精准化安排，以及措施成效的精确化体现，推进因人施策扶贫、因地制宜治贫、实事求是脱贫。2014年4月至5月，国务院有关机构出台了《关于印发〈扶贫开发建档立卡工作方案〉的通知》（国开办发〔2014〕24号）、《关于印发〈建立精准扶贫工作机制实施方案〉的通知》（国开办发〔2014〕30号）文件，指出要通过对贫困户和贫困村的精准识别、精准帮扶、精准管理和精准考核，引导各

① 十八洞村的记忆——再访习近平总书记“精准扶贫”战略思想首倡地[EB/OL]. http://www.xyshjj.cn/newspaper/2017-11-13-1-3104043.html.

类扶贫资源优化配置，实现扶贫到村、到户，逐步构建精准扶贫工作长效机制，推进对贫困户、贫困村、贫困县和连片特困地区的精准化建档立卡工作，从而逐步形成以精准识别、精准帮扶、精准管理、精准考核为主要内容的精准扶贫工作体系及实事求是的精准扶贫路线。践行实事求是的精准扶贫路线，精准识别是前提，精准帮扶是核心，精准管理是根本，精准考核是关键。

### （一）实事求是确定扶贫对象

实事求是确定扶贫对象是推进精准脱贫攻坚战的前提。一方面，通过精准识别贫困户定位真实的贫困人群，采取科学、有效的方法，比如通过实施“一入，二看，三算，四比，五评”步骤寻找真正需要帮助的人。习近平总书记指出：“要打牢精准扶贫基础，通过建档立卡，摸清贫困人口底数，做实做细，实现动态调整。”① 目的就是走出“年年扶贫年年贫”的困境。另一方面，通过精准圈定贫困范围定位真实的贫困区域，以实际行动整合力量解决贫困区域的实际问题。习近平总书记还指出：“在扶贫的路上，不能落下一个贫困家庭，丢下一个贫困群众。”这就要求确定贫困对象，必须精准到人、落实到户，始终做到公开、公正，精准识别、动态管理、进退有序。

### （二）实事求是找准致贫原因

问题是时代的声音、创新的起点，问题意识是打开精准扶贫空间的总钥匙。有效实施精准扶贫的关键在于找准致贫原因，瞄准致贫问题是攻破贫困堡垒的前提和基础。习近平总书记指出：“中国在扶贫攻坚工作中采取的重要举措，就是实施精准扶贫方略，找到‘贫根’，对症下药，靶向

① 习近平. 更好推进精准扶贫、精准脱贫，确保如期实现脱贫攻坚目标[EB/OL]. http://www.xinhuanet.com/politics/2017-02/22/c_1120512040.htm.

治疗。”[①]“找准‘贫根’”“靶向治疗”正是坚持问题导向进行反贫困治理的重要体现，是提高反贫困治理实效的逻辑起点及根本路径，也体现着马克思主义世界观和方法论的辩证统一。这意味着推进攻坚式精准扶贫乃至后脱贫时代反贫困治理，都要强化“靶向治疗”意识，需从找准贫困村、贫困农户的“贫根”出发，分村、分屯、分户分析贫困类型、致贫原因，实事求是地找准问题的症结，把握标准，精准施策，打破“脱贫难度越大，减贫人数递减”的规律。

**（三）实事求是确立扶贫目标**

反贫困治理的目标体现为现实目标与价值目标的统一，现实目标立足“看真贫，扶真贫，真扶贫”，价值目标着眼于反贫困治理对象的主体性条件建构，实现贫困地区、贫困人群的主体性、能动性，以及治理性价值目标与现实依归。习近平总书记强调，推进精准扶贫，“要量力而行、真实可靠、保证质量，不要勉为其难、层层加码，要防止急躁症，警惕‘大跃进’，确保脱贫质量”[②]。推进扶贫目标确立，要脚踏实地、实事求是，科学地确定脱贫时间，因地制宜地推进项目，合理、有效地盘活资金，务实地推进责任落实，不好高骛远，不哗众取宠，不揠苗助长，不盲目攀比，不任意提前，不搞“数字脱贫”“运动式扶贫”“资料扶贫”，防止扶贫兑现中的急躁症、脱贫攻坚中的浮躁症、精准脱贫中的拖延症。要强化反贫困治理目标管理的内在逻辑，整合发展性目标，推进政策性目标组合。尤其是进入后脱贫时代，国家的反贫困治理范式必将由以消除绝对贫困为主要目标向以解决相对贫困及转型性贫困问题为主要目标转变，要

---

① 中共中央文献研究室．携手消除贫困，促进共同发展[G]//中共中央文献研究室．十八大以来重要文献选编（中）．北京：中央文献出版社，2016：720.

② 中共中央党史和文献研究院．习近平扶贫论述摘编[M].北京：中央文献出版社，2018：116.

变“数量型”扶贫为“质量型”治贫，更要打牢攻坚克难“落实桩”，注入实事求是“强心剂”。

### （四）实事求是摘掉贫困帽子

“脱贫摘帽”必须实事求是，“脱贫”与“摘帽”互为前提、互为条件、互为因果，辩证统一，统一于实事求是地脱贫摘帽，客观、实在地脱贫攻坚。习近平总书记指出：“脱贫攻坚工作要实打实干，切实防止形式主义，不能搞花拳绣腿，不能搞繁文缛节，不能做表面文章。”在习近平总书记看来，“脱贫摘帽”不是终点，“农村贫困人口如期脱贫、贫困县全部摘帽、解决区域性整体贫困”只是阶段性的目标和任务，反贫困治理的最终目标指向是由“脱贫”向“致富”飞跃，最终实现共同富裕。尤其是在2020年后的“后脱贫时代”，更需考虑贫困地区、贫困人群“脱贫摘帽”后的可持续生计发展问题，更需考虑乡村社会人的全面发展问题，让脱贫者不返贫，使治贫更深入。通过“赋权”与“增能”，真正让贫困地区、贫困群众共享改革发展的成果。

## 二、分类施策的精准扶贫设计

分批、分类扶贫理念是习近平精准扶贫思想的重要构成，是贫困地区推进脱贫攻坚的基础工具及实现反贫困治理目标的前提条件。习近平总书记指出：“坚持中国制度优势，注重六个精准，坚持分类施策，因人、因地施策，因贫困原因施策，因贫困类型施策，通过扶持生产和就业发展一批，通过易地搬迁安置一批，通过生态保护脱贫一批，通过教育扶贫脱贫一批，通过低保政策兜底一批，广泛动员全社会力量参与扶贫。”[①] 不难看

① 习近平总书记在2015减贫与发展高层论坛上的主旨演讲[EB/OL]. http://www.xinhuanet.com/politics/2015-10/16/c_1116851045.htm.

出，在习近平总书记看来，开展精准扶贫，关键在于针对贫困人群及致贫原因的差异性推进分类施策，实施差异化反贫困治理，以解决好“扶持谁”“谁来扶”“怎么扶”“如何退”的基本问题。推进攻坚式精准扶贫，需做到扶持对象精准、项目安排精准、资金使用精准、措施到户精准、因村派人精准、脱贫成效精准，做到分类施策、精准发力。“六个精准”的理路逻辑、“五个一批”的治理途径、“四个问题”的系统辩证、“绣花功夫”的深刻内涵赋予了新时代中国特色反贫困治理的新实践及全新的发展内涵，对探索后脱贫时代反贫困治理具有重要的启迪作用。

### （一）“六个精准”的理路逻辑

古人云：“不矜细行，终累大德；为山九仞，功亏一篑。”其蕴含着笃实的风范及精准化思想。习近平总书记指出：“扶贫开发贵在精准，重在精准，成败之举在于精准。”“要在精准扶贫、精准脱贫上下更大功夫。”习近平总书记关于扶持对象精准、项目安排精准、资金使用精准、措施到户精准、因村派人精准、脱贫成效精准的“六个精准”扶贫思想，从理路逻辑上指出了推进新时代精准扶贫工作，需要在扶贫政策的制定上出实招、在精准政策的执行上做实功、在脱贫攻坚的目标上见实效。“六个精准”既是精准扶贫思想的逻辑起点，也是脱贫攻坚的目标靶向，更是检验“看真贫，扶真贫，真扶贫”的“试金石”。第一，精准识别帮扶对象是前提，是基础。要对帮扶对象的致贫原因、帮扶条件、帮扶范围、帮扶事项进行全面、精准的识别，确保扶贫开发有的放矢、精准发力。第二，精准做好项目安排是关键，是要求。要积极探索发展式扶贫开发模式，着眼于发展特色产业，优化扶贫产业结构，做到“治标”与“治本”结合、“输血”与“造血”并举、脱贫与发展共进。第三，精准使用资金是保障，是责任。要重点解决重复建设、扶贫资金“撒胡椒面”、监管不到位、使用效益低等问题，确保每一分扶贫资金都被花在刀刃上。第四，精准安排措施到户是路径，是手段。要坚持因地制宜、对症下药、因人而异、因户施策，做到“一户一策”或“一户多策”。第五，精准因村派人是动力，是探索。反贫困治理结构的形成和维护依赖于良好的反贫困治理组织及精干型的乡村治理人才。通过抓好“选、派、配、管、用”的驻村干部选派环节，强化因村、因地、因人选派，以精准选派确保精准发力。第六，精准实现脱贫成效是落脚点，是目的。精准扶贫始终表现为过程与结果的统一，需坚持把提高脱贫质量放在首位，精准设计扶贫成效指标体系，强化脱贫攻坚成效考评，让治贫成效赢得认可、接受检验。

### （二）“五个一批”的治理途径

贫困问题的多维性决定了反贫困治理的多元性，致贫因素的复杂性及多样性决定了构建反贫困治理体系的必要性和重要性。习近平总书记关于通过扶持生产和就业发展一批，通过易地搬迁安置一批，通过生态保护脱贫一批，通过教育扶贫脱贫一批，通过低保政策兜底一批的“五个一批”精准扶贫思想，充分体现并验证了多维反贫困治理。其中，“扶持生产和就业发展一批”“教育扶贫脱贫一批”“低保政策兜底一批”是从扶贫开发的内部治理着眼，“易地搬迁安置一批”“生态保护脱贫一批”是从反贫困治理的外部环境入手。“扶持生产和就业发展一批”旨在因地制宜进行产业扶持，因时而异进行项目规划，因人而异进行反贫困治理；“易地搬迁安置一批”旨在摆脱“环境决定论”的影响，避免在反贫困治理中大量沉淀成本；“生态保护脱贫一批”旨在通过构建公平、稳定、连续、灵活的生态补偿机制，促进生态环境保护与反贫困治理的协同发展；“教育扶贫脱贫一批”遵循“扶贫先扶志，扶贫必扶智”的攻坚拔寨理念，着眼于扶贫对象赋权与增能，阻断贫困的代际传递；“低保政策兜底一批”着眼于构建反贫困治理社会安全网络机制，实行政策性保障兜底，充分体现“在扶贫的路上，不能落下一个贫困家庭，丢下一个贫困群众”的施政价值。

1. 从单一扶贫到多维治贫

精准扶贫既不同于传统经济条件下的救济式扶贫及输血式扶贫，也不同于区域经济发展条件下的开发式扶贫和连片式扶贫，其精准性核心要义体现为“正确的扶贫政策针对真正贫困的人群，务实扶贫举措消除绝对贫困”。在传统的经济条件下，贫困更多体现为经济贫困的一维概念，消除贫困往往在微观层面聚焦消除经济贫困，难以走出“年年扶贫年年贫”等怪圈。伴随中国经济社会的转型和发展，人民对美好生活的向往呈现出多样化趋势，贫困的表现形式也呈现出多层次性、多样性的特点。推进反贫困治理，不仅要在微观层面“授之以鱼”，更要在中观及宏观层面“授之以渔”。“五个一批”精准扶贫思想充分体现了单一扶贫向多维性治贫的治理变迁。

2. 从单一扶农到多元扶贫

“五个一批”精准扶贫思想体现为对过去规模化、粗放式扶贫开发模式的深刻反思，以及对现代反贫困治理的积极回应，既关注“面”，更着眼于“点”，在“面”上做文章，在“点”上求突破，以实现单一扶农向多元扶贫的治理变迁。精准扶贫的现实价值和根本标志在于推动贫困人群的内源性发展、实现贫困地域的内源性发展、调动贫困人群的内生动力。需着眼于多元反贫困治理，采取多种有效的扶贫手段，通过多种有效的扶贫方式，建构多元反贫困治理体系，促进贫困地区的内源性发展。

**（三）“四个问题”系统辩证**

习近平总书记的精准扶贫思想，就其内容架构来说，集中体现在着力解决好“扶持谁”“谁来扶”“怎么扶”“如何退”这四个核心问题上。对这四个核心问题的解答体现着马克思主义世界观和方法论的辩证统一、两点论与重点论的辩证统一、合目的性与合规范性的辩证统一。其中，“扶持谁”“谁来扶”反映的是世界观，研究“是什么”的问题；“怎么扶”“如何退”体现的是方法论，研究“怎么办”的问题。在习近平总书记看来，推进精准扶贫工作，必须在明确“是什么”的前提下，才能确定“怎么办”，在推进“怎么办”的过程中进一步明确“是什么”。“扶持谁”“如何退”体现重点论，“谁来扶”“怎么扶”体现两点论；“扶持谁”“如何退”需突出合目的性探讨，“谁来扶”“怎么扶”需着眼合规范性研究。第一，聚焦重点精准发力。推进精准扶贫工作，需坚持正确的世界观导向，精准聚焦扶贫重点，着眼于消除贫困。通过精准识别、精细化管理、建档立卡、网络化统筹解决“扶持谁”的问题。解决好“扶持谁”的问题，就是要瞄准扶贫对象，把精准扶贫落到实处。第二，压实责任形成合力。阿马蒂亚·森的权能贫困理论认为改变贫困处境的治本之策在于精准“赋权”与合作“增能”。推进攻坚式精准扶贫，需要立足方法论、体现两点论、着眼规范性，通过广泛的社会动员层层压实责任，解决“谁来扶”的问题。解决好“谁来扶”的问题，就是要强化目标考核，形成治贫合力，做到基层党政主要领导“不脱贫不调整，不摘帽不调离”。第三，分类、分批协同治理。分类、分批体现着两点论和重点论的统一、合目的性和合规范性的统一，通过因地制宜、因户施策、合乎需求解决“怎么扶”的问题。解决好“怎么扶”的问题，就是要优化整合扶贫资源，实施分批治理、分类施策。第四，脱贫摘帽问责与问效。新时代精准扶贫目标明确、任务明确、责任明确，始终坚持以考评结果为导向，贵在精准，重在实效，通过进行摘帽标准验收，逐级、逐户销号解决“如何退”的问题。解决好“如何退”的问题，就是要建立摘帽机制，实现有序退出，既要防止“拖延病”，也不能有“急躁症”，要严把程序关、标准关。习近平精准扶贫“扶持谁”“谁来扶”“怎么扶”“如何退”四个核心问题思想，为后脱贫时代深入推进反贫困治理明确了行动方向。

### （四）"绣花功夫"的深刻内涵

习近平总书记强调，推进精准扶贫，需要下一番"绣花功夫"。凡事要下足"绣花功夫"的比喻用法很形象地体现了马克思主义唯物辩证法的整体与部分的统一、联系与发展的统一。马克思、恩格斯曾说过："当我们深思熟虑地考察自然界或人类历史或我们自己的精神活动的时候，首先呈现在我们眼前的，是一幅由种种联系和相互作用无穷无尽地交织起来的画面。"[①] 这说明事物的发展体现为各种因素的普遍联系和相互作用，推进任何事物的发展，都要有"修炼功夫"的定力、"肯下功夫"的自觉。习近平总书记用"绣花"二字形象地概括了攻坚式精准扶贫，其内涵深刻，立意深远，讲究的是精细化管理、精准化运作。也就是说，推进反贫困治理要像绣花一样精细用心、精心推进、不浮不躁、不虚不假、保持定力、步步为营。

1. "绣花"的定力及视野

古人云："不谋全局者，不足以谋一域；不谋万世者，不足以谋一时""善弈者谋势，不善弈者谋子"，指出了在工作中推进全局性思考、精准性思维的重要性。"绣花"需要整体谋划、统筹协调、分步实施、环环相扣。推进反贫困治理犹如绣花、织锦，既要有未雨绸缪的视野，也要有攻坚拔寨的定力，既要有一针一线的精准，也要有胸有丘壑的全局意识，还要有久久为功的耐力。要善于抓好总体设计，只有脑中有全局、心中有大局，才能手中有布局；只有心中有局、脑中有识、眼中有事，才能行中有节、做中有法。

2. "绣花"的精神与精准

练好"绣花功夫"重在精神专注，贵在精准、精干，也就是要有"绣

---

① ［德］马克思，恩格斯．马克思恩格斯选集（第3卷）［M］．北京：人民出版社，1995：359.

花”的技艺及“绣花”的精神。“绣花”从来不表现为一蹴而就、一气呵成的喜悦，而是一个日积月累、久久为功的过程，必须假以时日，一针一线，绵绵用功；“绣花”所体现的绝不是做表面文章，而是要进行精细化管理、精准化治理，精确定位，严格考核，辩证施治。开展反贫困治理，要像绣花一样一针一线往前走、步步为营向前推、撸起袖子加油干，不“造盆景”、不“垒大户”、不玩虚功、不要滑头，真正达到精准扶贫、精准脱贫、防止返贫的目的。

3.“绣花”的使命与担当

“绣花”从来不是空架子，而是要将一针一线落到实处，一步一步地接近目标。进入后脱贫时代，在反贫困治理中，更要体现“一针一线一世界，一锦一缎一霓裳”的“绣花功夫”，要有“望尽天涯路”的追求、“众里寻他千百度”的执着及“不达目的不罢休”的韧劲，不断激发内生动力，释放群众自我脱贫的热情，提高贫困群众自我发展的能力，变群众“要我脱贫”为“我要脱贫”，彻底斩断“病根”、拔出“穷根”。

## 三、点面结合的精准扶贫战略

习近平精准扶贫战略思想体现了破立并举、点面结合的马克思主义哲学观，根植于中国反贫困治理的生动实践，继承了中华人民共和国成立以来尤其是改革开放40多年来的扶贫开发经验，以全面脱贫为准则，以共同富裕为目标，以“六个精准”为核心，以“四个问题”为聚焦点，实施分批、分类方略，具有历史继承性、高效的实践性、独特的开创性及强烈的时代性。中华人民共和国成立以来，中国的扶贫开发战略大致经历了5个发展阶段：1949 — 1977年为救济式扶贫阶段，1978 — 1985年为发展式扶贫阶段，1986 — 2000年为开发式扶贫阶段，2001 — 2012年为综合性扶贫阶段，2013—2020年为攻坚式精准扶贫阶段，2020年以后将进入“后脱贫时代”。其中，救济式扶贫为生存型扶贫，主要聚焦农村特困户、五保户、孤寡老人等救济对象，通过发放救济粮等生活资料开展“输血式”扶贫。发展式扶贫为生计型扶贫，主要推行以家庭联产承包责任制为主要内容的农村经营体制改革，通过解放、发展农村生产力推行全国性扶贫政策，推进区域性、发展性扶贫。开发式扶贫为诱发型扶贫，主要通过明确目标、明确对象、明确措施、明确期限，以扶贫促区域开发，融开发于区域扶贫。1986年，全国划定了18个贫困片区，划分了273个贫困县开展重点扶持，以解决整体贫困问题。综合性扶贫为参与型治贫，以发展种养业为扶贫开发重点，通过劳务输出、农业产业化等大力实施科技扶贫，推动多种所有制经济组织参与扶贫开发，着力构建部门联合、政策综合、项目联动的“大扶贫”格局。攻坚式精准扶贫为治理型脱贫，强调以结果为导向，着眼于看真贫、扶真贫、真扶贫。2020年以后，中国将进入后脱贫时代，国家反贫困治理将进入以解决相对贫困、发展型贫困、转型性贫困等为主要特征的新阶段。习近平精准扶贫思想正是顺应新时代脱贫攻坚要求及世界性反贫困治理需求而产生的，开展精准扶贫是跨越“中等收入陷阱”及推进反贫困治理转型的战略抉择。

**（一）一体化治贫格局的构建**

多层治理理论认为，在多层治理架构的建构中，需要协同不同的行为主体，建立一个具有广泛代表性和相应权威性的协调机制，促进纵向和横向维度的交叉协同，推进一体化治理。精准扶贫开发工作以推进反贫困治理的精准度为目标，以促进政府组织、社会组织、市场力量及扶贫对象的协同合作为基础，既要与全面建成小康社会的目标一同推进，又要与乡村振兴战略等一同落实。必须始终坚持“大扶贫”的工作导向、“一盘棋”的联动治理，构建反贫困战略组织体系，以战略思维谋全局，以全局思维抓布局，以系统思维聚合力，着力打造省、市、县、乡、村“五级一体化”的反贫困治理格局。

1. 权威治理与规则治理的统一

推进反贫困治理，必须强化党的领导权威并发挥制度和规则的作用，强化部门协同并发动干部、群众的力量，强化东西协作并发挥区域联动治理的作用，强化社会合力并发挥社会力量的作用。一方面，通过在反贫困治理领域强化党的权威构建及机制生成，充分发挥基层党组织在反贫困治理中的作用，使党的反贫困治理政策内化成为干部、群众的自觉行动。另一方面，以政治动员为根基，以价值动员为导向，以舆论动员为策略，以组织动员为保障，以资源动员为选择，释放反贫困治理活力，激发干部、群众的积极性、主动性及创造性，在联合行动中消除贫困。

2. 责任生成与能力构建的统一

反贫困治理是党和国家对贫困地域和贫困人群的“治理型责任”的体现。推进新时期反贫困治理，既要通过建立责任机制、划分权责体系、明确责任分工来强化国家及社会的治理责任，以解决好“谁来扶”的问题，也要通过强化责任和伦理，推进赋权和增能来开展思想扶贫、扶志脱贫、立责脱贫。一方面，通过确定、强化贫困县党政正职的脱贫攻坚责任，采取“不脱贫不调整，不摘帽不调离”的办法，促进贫困地区党政领导聚焦脱贫主业。另一方面，通过价值观引导，移风易俗、成风化人，让贫困主体回归为自我脱贫的责任人。确保到2020年现行标准下的农村贫困人口全部脱贫、贫困县全部摘帽，解决区域性整体贫困，从而为深入推进后脱贫时代反贫困治理奠定良好的基础。

**（二）系统化治贫体系的形成**

系统化构建精准扶贫开发体系是反贫困治理的基础，协同化推进精准扶贫是多维反贫困治理的关键。精准扶贫战略具有多元协同特征及多中心协同特征，需充分发挥政府、市场、社会、公民个人等公共治理主体的作用，推动各治理主体协同参与、协同协作，构建系统化的精准治贫体系，促进扶贫资源有效整合。

1. 精准扶贫是推进基层现代治理的重要动力

基层现代治理是以基层治理政权为主导、社会自治力量嵌入而形成治理合力的基层现代化治理状态。推进新时代中国基层治理现代化，需实现基层政府与基层社会自治的良性互动与发展。推行系统化精准扶贫设计，将在治理主体上突破政府一元化的治理格局，在治理方式上突破“统治”与“管理”的概念束缚，凸显协商治理、合作共治等发展内涵，也将在治理格局上改变过去政府“单打独斗”的做法，推动多部门的“联合作战”。在精准扶贫中构建多元治理格局，重塑基层反贫困治理结构，有助于推进反贫困治理体系及治理能力的现代化。

2. 精准扶贫是实施乡村振兴战略的先行举措

根据党的十九大报告，要按照“产业兴旺、生态宜居、乡风文明、治理有效、生活富裕”的总要求实施乡村振兴战略。实施乡村振兴战略，必须聚焦产业振兴、人才振兴、文化振兴、生态振兴及组织振兴。其中，产业振兴是重点，人才振兴是根本，文化振兴是灵魂，生态振兴是支撑，组织振兴是保障。而乡村振兴的前提和基础是全面精准脱贫，实施精准扶贫战略，必须着眼于产业振兴、人才振兴、文化振兴、生态振兴及组织振兴。21世纪以来，我国农村的发展经历了由“新农村建设”到“美丽乡村建设”，再到“乡村振兴”的重大战略演变，由“以工补农、以城带乡”到“城乡统筹”“城乡发展一体化”，再到“城乡融合发展”的理论升华及治理转变。据此，进入后脱贫时代，要将乡村振兴战略思想和原则融入反贫困治理，要将反贫困治理行动放到乡村振兴等重大战略中考量。

### （三）理性化治贫行动的推行

反贫困治理的理性化体现了社会的进步，理性化治贫行动考量着反贫困治理的价值合理性选择。马克斯·韦伯将理性分为价值理性和工具理性，价值理性强调动机选择、理念尊崇及能力生成，工具理性突出路径选择、方法运用及手段效用。据此，我们认为，一个具有合理性及合规范性的社会实践活动的良性运行及诱发的社会资本的有序形成，取决于价值理性与工具理性的有机统一。习近平精准扶贫思想始终坚持反贫困治理的价值理性与工具理性的有机统一，强调既要突出思想价值的引领，也要着眼于技术、方法的突破。马克思主义认为，人的主体性是人作为社会活动的主体的内在规定性，并非沿袭其天赋与遗传，而要在社会实践中不断强化，在主客体与环境的相互作用中充分体现。据此，习近平总书记也指出，“脱贫致富终究要靠贫困群众用自己的辛勤劳动来实现”“扶贫不是慈善救济，而是要引导和支持所有有劳动能力的人，依靠自己的双手开创美好明天”[①]。验证了精准扶贫“授人以鱼不如授人以渔”的重要性，以及人的主体性条件建构的重要性。新时代反贫困治理始终强调要致力于培养理性化治贫主体、精准化治贫客体、科学化治贫技术、现代化治贫环境，以激发内源动力、强化脱贫意愿。第一，扶心扶志强心智。《墨子·修身》有言：“志不强者智不达，言不信者行不果”，指出了只要志向坚定，智慧就会得到不断激发。习近平总书记认为：“脱贫致富贵在立志，只要有志气、有信心，就没有迈不过去的坎。”据此，我们认为，治贫重在治人而不在治物，推进反贫困治理不能只见物而不见人。治人是治贫的根本，扶贫先扶人，扶人先扶志，扶志要扶心。通过扶心、扶志来强心智，让贫困农户学有榜样，见贤思齐，干有方向，蔚然成风。第二，扶知扶智显睿

① 刘永富.脱贫攻坚的科学指引和行动指南——深入学习领会习近平总书记关于扶贫工作的重要论述[EB/OL].http：//theory.people.com.cn/n1/2018/0817/c40531-30235812.html.

智。“授人以‘鱼’，不如授人以‘渔’”指出了工具论和方法论的重要性。“有文化、懂技术、会经营、善管理”是对培育新型职业农民的职业水准要求。费孝通先生认为，文化的本质在于“人化”与“化人”。“人化”就是使事物的发展具有人文性质，“化人”在于培养人、造就人、提高人。“扶知扶智”要遵循方法论与工具论的辩证统一，既要着眼于“人化”，也要致力于“化人”。通过扶志、扶智提高能动性，激发创造性，强化参与性，促进贫困者主体性条件创新性发展、创造性转化。

## 第三节 反贫困治理的主体架构

反贫困治理是国家治理的重要构成部分。推进后脱贫时代反贫困治理体系和治贫能力现代化，需着眼于反贫困治理的主体架构构建。一方面要在推进现代治理中提高反贫困治理的制度、资源、文化等供给体系的质量，另一方面要在联动治理中着眼于价值、能力、支持等支撑体系的构建。

### 一、反贫困治理作用机理分析

从宏观层面讲，反贫困治理是针对资源供给、技术支撑、制度设计及文化引领的改革行动。后脱贫时代反贫困治理仍需聚焦技术、资源、文化、制度的有效供给及相互作用。日本著名经济学家速水佑次郎的“诱致性技术 — 制度创新”理论认为，一个社会即使初始资源条件不同，也可以诱导出不同的农业技术变革、农村进步变样、农民发展变化。促进农业、农村、农民变革、变样、变化的条件在于推进资源、技术、文化、制度的协同演进。“诱致性技术 — 制度创新”理论把资源、技术、文化、制度变革作为区域性经济、社会发展的重要内生、外生变量来考量，为反贫困治理理论的生成提供了分析框架。反贫困治理“资源 — 技术 — 文化 — 制度”作用机理示意图如下：

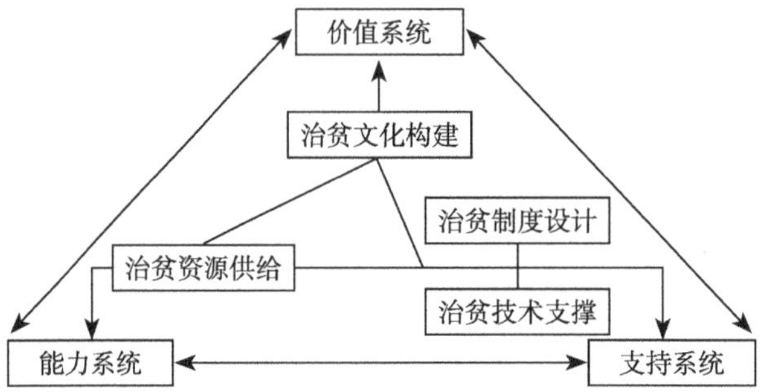


如图所示，社会系统由资源、技术、文化、制度等诸多子系统构成，各子系统需要进行有序的物质、能量和信息的传递与交换，彼此是相互依存、相互促进，互为条件、互为支撑的统一体。反贫困治理资源的开发离不开反贫困治理技术的支撑，依托反贫困治理制度的设计及治贫文化的引导；反贫困治理文化的构建需要建立在诱导性制度设计的基础上，对人文性、民俗性治贫文化进行挖掘；良好的治贫技术及制度变革依托基础性资源及良好的人文环境。其中，治贫文化构建属于价值体系构建范畴，治贫资源供给属于能力体系构建范畴，治贫制度设计及治贫技术支撑属于支持体系构建范畴，价值、能力、支持则构成“三圈理论”的主体框架。基于此，推进后脱贫时代反贫困治理，资源供给是前提，技术支撑是动力，制度设计是保障，文化构建是根基。必须优化资源配置，着眼于技术创新，落实制度供给，激发文化活力；必须充分彰显公共价值，强化施政能力，赢得广泛支持，形成工作合力，构建“价值 — 能力 — 支持”的更大交汇处及最大“同心圆”。反贫困治理分析框架示意图如下[①]：

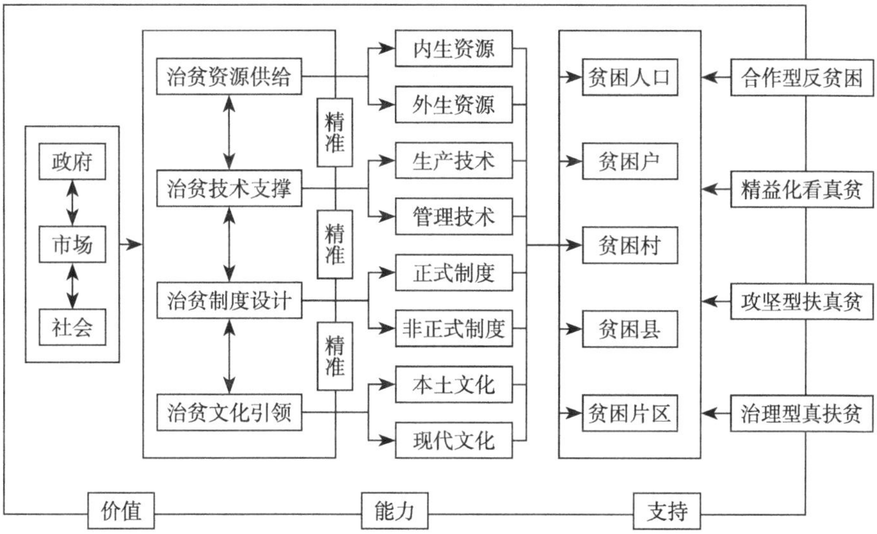


根据反贫困治理作用框架分析，构建反贫困治理体系应体现价值理性与工具理性的统一、公民主体与社会本位的统一、党政主导与社会治理的统一，以及政府、市场、社会的合力治贫。

### （一）治贫资源要被精准、有效地供给

治贫资源的精准、有效供给是开展反贫困治理的先决条件，治贫资源既包括财政及社会资金、技术、物资、项目、政策等外部资源，也包括贫困地区及贫困对象所拥有的自然资源、人文资源等内部资源。内外资源的精准供给、有效挖掘、相互联动及优化配置是推进反贫困治理的必要

① 杨帆，庄天慧. 精准扶贫的理论框架与实践逻辑解析 —— 基于社会发展模型[J]. 四川师范大学学报（社会科学版），2017（2）：37-43.

前提。

### （二）治贫技术要精准、有力地支撑

技术创新及精准支撑是推动生产发展的关键所在，要在推进生产技术创新、行为技术革新及管理技术维新中推进反贫困治理。

### （三）治贫制度要被精准地安排执行

根据贫困发生学，制度供给不足或制度性贫困与贫困的发生有着内在的关联，制度性贫困问题是导致贫困的重要根源。基于此，推进反贫困治理，既要强化治贫责任、组织保障、权力制约等正式制度的安排，也要合理利用民风、习俗等非正式制度的安排，着力解决制度性贫困问题。

### （四）治贫文化要被精准植入并引导

无形的贫困文化无不对反贫困治理产生持久性影响，贫困文化是一种亚文化，具有正、反两方面的效用。开展反贫困治理，既要发扬贫困文化中吃苦耐劳、团结协作、艰苦朴素、勤劳持家等正效用，又要坚持破立并举、去伪存真，阻断消极的贫困文化的代际传递，还要植入体现现代精神和价值的现代文化，让现代文明理念成为后脱贫时代反贫困治理的有力支撑。

## 二、反贫困治理联动框架构建

### （一）合作型反贫困

现代反贫困治理尤其是攻坚型精准扶贫思想，集中体现为合作型反贫困的减贫理念，强调在反贫困行动中通过各相关反贫困治理主体的合作，构建合作机制及治理结构，在源头上消除贫困、拔出“穷根”。这就需要在政府组织、非政府组织、市场主体、公民个人与贫困群体之间搭建有效合作的平台，建立合作机制，拓展合作领域，实现扶贫开发的良好治理。

贫困问题和贫困现象不只是单一主体的反贫困治理对象所面临的，而是国家、社会、政府、市场、公民个人及贫困群体共同面对的客体，反贫困工作不是“单打独斗”，而是“合作型演奏”。既要通过强化制度设计及资源供给来实现反贫困治理转型，又要着眼于提升贫困群体的权利、地位、素质、能力、文化水平来强化自主脱贫。据此，在当前精准扶贫开发及后脱贫时代反贫困治理的时代背景下，要走出或“国家—政府”，或“民众—社会”的极端分析框架，贫困群体不应局限于作为“参与者”被动地参与，其应该作为“合作者”主动嵌入，政府组织也不应再是单一的反贫困治理主体，而是能够有效引导众多反贫困治理主体并存的重要主体，使各反贫困治理主体在合作型反贫困中形成治贫合力。

### （二）精益化看真贫

精益化既体现为一种现代管理理念，也体现为一种文化价值传承。老子《道德经》中的“天下大事，必作于细”、孔子《论语·学而》中的“如切如磋，如琢如磨”、宋代理学家朱熹的“言治骨角者，既切之而复磋之；治玉石者，既琢之而复磨之；治之已精，而益求其精也”等，无不体现着精益化生产思想。尤其是精准扶贫思想，追求的是精准化、精益化、标准化，避免的是“一刀切”“撒胡椒面”“堆盆景”“垒大户”，强调将精益化思想贯串于反贫困治理的全过程，要精益化看真贫、精益化抓扶贫、标准化强脱贫，推进治贫项目精益化管理、治贫资源精益化配置、贫困人群精益化扶持，做到因地制宜、因户施策、一户一法、标本兼治。一要强化精益化理念。始终坚持“以人民为中心”的反贫困治理理念，吃透乡情民意，掌握实际情况，深入、细致地寻找“穷根”，广开门路注入活力。如精准扶贫推行的“一看房，二看粮，三看有没有读书郎，四看劳动力强不强，五看思想意识行与否”旨在精益化识别贫困对象。二要强化精益化举措。确保扶贫资金、项目、制度、手段、技术等有的放矢、精准到位、管控有序，实现对贫困人群的动态管理。三要强化精益化考评。通过构建精准扶贫精益化考核、评估、反馈及运用一体化机制，让精准治贫精准推行。

### （三）攻坚型扶真贫

习近平总书记在党的十九大报告中明确指出："要坚决打赢脱贫攻坚战，让贫困人口和贫困地区同全国一道进入全面小康社会是我们党的庄严承诺。"攻坚型扶真贫就是要开展扶贫攻坚出实招，打赢脱贫攻坚战见真效，让老百姓在"合力建构"中看得见、摸得着、感受到实实在在的反贫困治理的成效。推进后脱贫时代反贫困治理需要有"弱鸟可望先飞，至贫可能先富"的哲学理念，有"滴水穿石"的精神，有"绣花功夫"的自觉，加快实现贫困地区、贫困人口在"输血"中"造血"，在"强心"中"强志"，在"治贫"中"先富"，做到久久为功、守正笃实。一要坚持目标导向，稳步实现"两不愁、三保障"，即到2020年稳步实现农村贫困人口不愁吃、不愁穿，农村贫困人口义务教育、基本医疗、住房安全有保障，让贫困地区及贫困人群与全国人民一道进入小康社会，确保"小康路上一个都不能少"。二要坚持问题导向，按照"贫困问题是什么就治理什么，反贫困治理需要什么就建构什么"的要求，聚焦关键问题，促进矛盾转化，让反贫困治理的成效真正惠及贫困人群。

### （四）治理型真扶贫

"治理"与"管理"相对应，"管理"强调单一主体的作用，是维护公共利益的必要选择，"治理"强调多元公共管理主体的参与，是最大限度增进公共利益的现实选择。在反贫困中植入"治理"理念，旨在一改政府长期以来"演独角戏"的现象，构建多元主体并存的反贫困治理格局。据此，开展反贫困治理，在治理理念上需由线性视角向多维视角转变，在治理视角上需由物质帮扶向"志智双扶"转变，在治理策略上需由政府包揽向协同共治转变，在治理路径上需由单一路径向系统布局转变，在治理方式上需由“大水漫灌”向“精准滴灌”转变。[①] 伴随党的十八大以来我国的反贫困治理正加快实现由“管理”向“治理”转型，推进后脱贫时代反贫困治理要与经济、社会的发展和规划深度融合，与生态环境保护相得益彰，与社会保障工作有效衔接，要坚持“政府 — 市场 — 社会”的良性互动，坚持“扶贫先扶志，扶贫必扶智”的工作导向，在增进贫困地区社会资本、激活贫困地区内源动力中彰显反贫困治理的现代化张力。

① 向德平，华汛子. 党的十八大以来中国的贫困治理：政策演化与内在逻辑[J]. 汉江论坛，2018（9）：131-136.

# 第三章 反贫困治理的现实关注

长期以来，中国的反贫困治理不管在治贫战略的选择上，还是在政策、举措的推行上，都具有鲜明的救济、帮扶、乐善好施的特点。这种救济、帮扶式的扶贫行动既沿袭着中华民族“讲仁爱、重民本、尚和合、求互助”的传统美德，也充分体现了中国特色社会主义制度的优越性及政治动员优势，让被帮扶群众切身感受到社会主义大家庭的温暖，在以改善民生为重点的社会建设及反贫困治理中发挥了重要作用。但是这种扶贫行动也面临着一些问题和难题，如贫困户的内生动力未能得到充分的激发，“贫中之贫、困中之困”的关键节点未被牢牢抓住，终究未能有效阻断贫困代际传递并杜绝返贫现象，终究未能彻底解决“年年扶贫年年贫”等。推进攻坚式精准扶贫及后脱贫时代反贫困治理，必须突出政治引领，立足精准务实，开展合力攻坚，强化治理出成效，跳出扶贫抓治贫。

# 第一节　精准扶贫的现实发展

党的十八届五中全会关于“实施脱贫攻坚工程，坚决打赢脱贫攻坚战，未来5年，将使中国现有标准下7000多万贫困人口全部脱贫，确保到2020年所有贫困地区和贫困人口一道迈入全面小康社会”的重大战略部署为新时期脱贫攻坚明确了目标和要求，指明了前进的方向，落实了治贫责任。确保脱贫人口“两不愁、三保障”，即确保贫困人口不愁吃、不愁穿，实现贫困人口的义务教育、基本医疗和住房安全有保障，到2020年现行标准下农村贫困人口实现脱贫，贫困村全部出列，贫困县全部摘帽，解决区域性整体贫困，做到脱真贫、真脱贫，以加快实现从精准扶贫走向乡村振兴。

## 一、精准扶贫的现状与特点

党的十八大以来，党中央、国务院把农村贫困人口全部脱贫作为全面建成小康社会的“突出短板”而抓紧、抓实，把精准扶贫工作作为新时代反贫困治理的最有力抓手而向深层次推进。扶贫开发形式日益多样，精准扶贫成效日益显著，新时代反贫困治理新格局已经形成并向深层次发展。以精准扶贫为主要特点的现阶段中国反贫困治理既是解决城乡差距的统筹举措，也是推进国家现代治理的必然选择、国家现代治理架构在反贫困治理领域的先行策略和集中体现。

### （一）反贫困治理与国家治理协同

20世纪90年代以来，“治理”（governance）一词由学术用语逐渐成为政治用语，认为凡是具有共同目标的活动都需要强化治理行动。消除贫困是世界普遍性难题、全社会共有的治理行动，体现着赋权、增能与治理责任的匹配，国家治理与国际治理的统一。反贫困治理从属于国家治理，国家治理影响反贫困治理。党的十八大以来，我国的扶贫开发最显著的特征及最大的治理变革就是将反贫困治理及反贫困工作纳入国家治理体系的顶层设计统筹考虑，将反贫困治理的责任纳入国家责任、社会责任、个人责任协同落实。基于此，我们认为，反贫困治理始终是推进国家现代化治理的重要组成部分，是国家治理现代化的题中应有之义，国家治理的现代化水平影响并制约着反贫困治理的现代化水平，反贫困治理的现代化体现并助推着国家治理的现代化。

1. 国家减贫治理体系的构建

精准扶贫体现着发展新阶段国家减贫治理体系的战略调整，构建国家减贫治理体系是开展反贫困治理、推进精准扶贫的题中应有之义。从历史的视角看，改革开放前，我国的减贫体系构建集中体现为救济式、保障性体制构建。改革开放以来，国家减贫治理体系的构建集中体现在对动力机制的建构上，主要以推动农村改革的发展及强化国家扶贫嵌入为主轴，推进农村制度变革，赋予相关政策，盘活减贫存量，减少贫困数量。比如，20世纪70年代末至80年代，在推进农村改革的发展的过程中形成的中国减贫基本制度体系，“八七扶贫攻坚计划”启动以来实施的项目式扶贫、开发式扶贫及参与式扶贫，基本上构建了中国减贫治理体系的框架。党的十八大以来，国家减贫治理体系的构建既体现在减贫治理机制的构建上，也体现在减贫动力源的开发上。突出以推进国家治理体系及治理能力现代化为重要思想引领，以反贫困治理中的信息获取能力、政治保障能力、制度供给能力、资源整合能力、政策执行能力等支撑能力体系建设为重要内容。

推行建档立卡的“减贫大数据”，强化“五级书记抓扶贫”的政治责任制，发挥“集中力量办大事”的制度优势，构建“六个精准”“五个一批”“四个问题”等政策体系，并运用政府、市场、社会的巨大合力，使国家的减贫治理体系及治理能力现代化水平显著提升。如图所示：

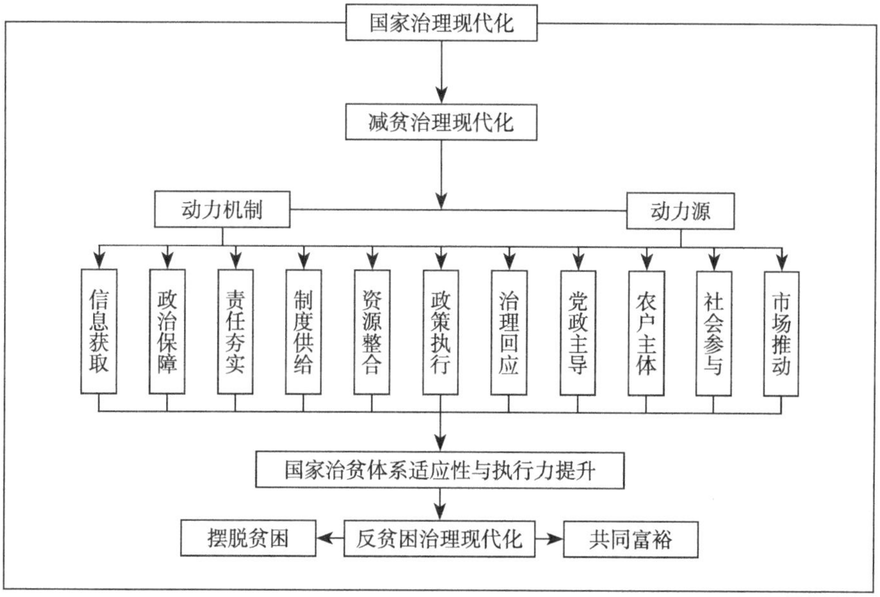


从上图可知，中国的减贫治理体系体现着动力机制和动力源的统一，是在推进国家治理体系及治理能力现代化的大框架下协同构建的，体现着持续性的历史进程，具有较强的政治优势、制度优势和组织优势。伴随脱贫攻坚进入新的历史阶段，推进后脱贫时代反贫困治理、全面摆脱贫困的核心就是要完善减贫治理体系，充分调动政府、市场、社会等多元公共治理主体的力量，提升反贫困治理能力，最终实现共同富裕。

2. 精准扶贫政策体系的创新

党的十八大以来，中国的反贫困治理政策不断完善，党中央、国务院对中国的反贫困治理进行了系统的制度化设计和政策性安排，通过政策问题界定、政策诉求回应、政策情境形塑等的引领，形成了强大的政策叠加效用，实现了中国的反贫困治理由线性视角向多维重构、由单一路径向系统布局、由“大水漫灌”向“精准滴灌”的转变，如下表所示①：

党的十八大以来我国有关反贫困治理政策概览

| 时间 | 主要政策 |
| --- | --- |
| 2013年7月29日 | 教育部、国家发展改革委、财政部等七部门《关于实施教育扶贫工程的意见》 |
| 2013年12月18日 | 中共中央办公厅、国务院办公厅《关于创新机制扎实推进农村扶贫开发工作的意见》 |
| 2014年5月12日 | 国务院扶贫办、中央农办、民政部等七部门《建立精准扶贫工作机制实施方案》 |
| 2014年8月8日 | 国务院扶贫开发领导小组《关于改革财政专项扶贫资金管理机制的意见》 |
| 2014年12月4日 | 国务院办公厅《关于进一步动员社会各方面力量参与扶贫开发的意见》 |
| 2014年12月17日 | 中共中央组织部、国务院扶贫办《关于改进贫困县党政领导班子和领导干部经济社会发展实绩考核工作的意见》 |
| 2015年11月29日 | 中共中央、国务院《关于打赢脱贫攻坚战的决定》 |
| 2016年1月18日 | 全国工商联、国务院扶贫办、中国光彩会《关于推进“万企帮万村”精准扶贫行动的实施意见》 |
| 2016年2月 | 中共中央办公厅、国务院办公厅《省级党委和政府扶贫开发工作成效考核办法》 |

① 向德平，华汛子．党的十八大以来中国的贫困治理：政策演化与内在逻辑[J]．汉江论坛，2018（9）：131-136.

续表

| 时间 | 主要政策 |
|---|---|
| 2016年2月1日 | 中共中央办公厅、国务院办公厅《关于加大脱贫攻坚力度支持革命老区开发建设的指导意见》 |
| 2016年2月10日 | 国务院《国务院关于进一步健全特困人员救助供养制度的意见》 |
| 2016年3月23日 | 国家发展改革委、国务院扶贫办、国家能源局等五部门《关于实施光伏发电扶贫工作的意见》 |
| 2016年4月23日 | 中共中央办公厅、国务院办公厅《关于建立贫困退出机制的意见》 |
| 2016年5月26日 | 中国保监会、国务院扶贫办《关于做好保险业助推脱贫攻坚工作的意见》 |
| 2016年6月21日 | 国家卫生计生委、国务院扶贫办、国家发展改革委等十五部门《关于实施健康扶贫工程的指导意见》 |
| 2016年7月17日 | 中共中央办公厅、国务院办公厅《脱贫攻坚督查巡查工作办法》 |
| 2016年7月23日 | 住房和城乡建设部、全国爱卫办、环境保护部等七部门《关于改善贫困村人居卫生条件的指导意见》 |
| 2016年8月 | 水利部、国务院扶贫办《关于实施水利扶贫开发行动的指导意见》 |
| 2016年9月8日 | 中国证监会《关于发挥资本市场作用服务国家脱贫攻坚战略的意见》 |
| 2016年9月27日 | 民政部、国务院扶贫办、中央农办等六部门《关于做好农村最低生活保障制度与扶贫开发政策有效衔接的指导意见》 |
| 2016年10月17日 | 中共中央办公厅、国务院办公厅《脱贫攻坚责任制实施办法》 |
| 2016年10月17日 | 科技部、教育部、中国科学院等七部门《科技扶贫行动方案》 |
| 2016年10月18日 | 国务院办公厅《贫困地区水电矿产资源开发资产收益扶贫改革试点方案》 |
| 2016年10月18日 | 中央网信办、国家发展改革委、国务院扶贫办《网络扶贫行动计划》 |

续表

| 时间 | 主要政策 |
| --- | --- |
| 2016年11月23日 | 国务院《“十三五”脱贫攻坚规划》 |
| 2016年11月23日 | 国务院扶贫办、国家发展改革委、中央网信办等十六部门《关于促进电商精准扶贫的指导意见》 |
| 2016年12月7日 | 中共中央办公厅、国务院办公厅《关于进一步加强东西部扶贫协作工作的指导意见》 |
| 2016年12月13日 | 人力资源和社会保障部、财政部、国务院扶贫办《关于切实做好就业扶贫工作的指导意见》 |
| 2016年12月16日 | 教育部、国家发展改革委、民政部等六部门《教育脱贫攻坚“十三五”规划》 |
| 2016年12月22日 | 中国残联、中共中央组织部等26个部门和单位《贫困残疾人脱贫攻坚行动计划（2016—2020年）》 |
| 2017年2月6日 | 财政部、国务院扶贫办《关于做好2017年贫困县涉农资金整合试点工作的通知》 |
| 2017年3月13日 | 财政部、国务院扶贫办、国家发展改革委等六部门《中央财政专项扶贫资金管理办法》 |
| 2017年5月31日 | 财政部、农业部、国务院扶贫办《关于做好财政支农资金支持资产收益扶贫工作的通知》 |
| 2017年6月27日 | 民政部、财政部、国务院扶贫办《关于支持社会工作专业力量参与脱贫攻坚的指导意见》 |
| 2017年6月29日 | 教育部、财政部《关于进一步加强全面改善贫困地区义务教育薄弱学校基本办学条件中期有关工作的通知》 |
| 2017年8月11日 | 国务院扶贫开发领导小组《中央单位定点扶贫工作考核办法（试行）》 |
| 2017年8月11日 | 国务院扶贫开发领导小组《东西部扶贫协作考核办法（试行）》 |
| 2017年8月28日 | 住房和城乡建设部、财政部、国务院扶贫办《关于加强和完善建档立卡贫困户等重点对象农村危房改造若干问题的通知》 |
| 2017年9月20日 | 财政部、国务院扶贫办《财政专项扶贫资金绩效评价办法》 |

续表

| 时间 | 主要政策 |
| --- | --- |
| 2017年9月25日 | 中共中央办公厅、国务院办公厅《关于支持深度贫困地区脱贫攻坚的实施意见》 |
| 2017年12月 | 中共中央办公厅、国务院办公厅《关于加强贫困村驻村工作队选派管理工作的指导意见》 |
| 2017年12月5日 | 国务院扶贫开发领导小组《关于广泛引导和动员社会组织参与脱贫攻坚的通知》 |

以上反贫困治理政策的推行为新时期精准脱贫攻坚提供了政策保障，推进后脱贫时代反贫困治理要保持现有的精准脱贫攻坚政策相对稳定。概言之，党的十八大以来中国的精准扶贫政策既体现了全面建成小康社会、实现共同富裕的目标情境，也体现了政府、市场、社会、贫困农户等不同参与主体的政策诉求。当前的反贫困治理政策立足精准，着眼实效。一是注重调动多元反贫困治理主体的有序参与，着力改变扶贫开发中政府“演独角戏”的状况；二是注重建立、创新反贫困治理的体制和机制，通过落实责任、完善制度、强化管理、严格考核等，确保扶贫开发政策的精准、有效执行；三是注重激发贫困地区及贫困人群的内生动力，强化主体意识，提升其自我脱贫及可持续发展的能力；四是注重对特殊人群的扶持，突出共享发展，确保“全面小康路上一个都不能少”；五是注重多方反贫困治理路径的规划，通过多元政策引领、多方济困渠道释放政策福利。

### （二）主导职能与主体地位同构

党的十八大以来，我国反贫困治理的行动策略体现为中央统筹，省负总责，市、县抓落实的治理架构，体现着政府主导、社会参与、市场推动、贫困户跟进的统一。

1. 引导型政府职能模式的推行

引导型政府职能模式是21世纪以来在亚洲新兴工业化国家和地区兴起的一种新型政府职能模式，是服务型政府的功能体现。其既能较好地发挥政府的社会利益“总代表”的作用，又能确保社会力量相对独立自主，是我国发展社会主义市场经济的必然选择。中国新时代反贫困治理也集中体现为引导型政府职能模式的推行，精准扶贫战略一经提出，政府引导型职能及主导性作用就得以积极、有效地发挥。各级政府广泛动员，汇聚强大力量，使反贫困治理工作在短时期内产生了明显的效用，深度贫困地区有了极大的改观，“孤岛效应”得到了有效的治理。首先，在资源投入及动员体系构建上，政府通过大幅度增加财政专项扶贫资金，整合涉农资金，撬动了金融扶贫并激活了社会资源。比如，2013—2017年，仅中央财政投入的专项扶贫资金就达2822亿元，年均增长22.7%，5年间的中央财政扶贫资金投入超过1986—2012年27年投入的总和，整合涉农财政资金超过3200亿元；截至2017年6月，撬动扶贫小额信贷发放3381亿元，通过“万企帮万村”行动，促成3.43万家民营企业投入精准扶贫行动[①]。其次，在反贫困治理的空间拓展上，创新反贫困治理方式，实行包容性扶贫。比如，针对家庭经营抗风险能力弱、治贫效果差等问题，通过积极引导市场力量，推行股权、产品与就业、创业相衔接的产业扶贫；针对农村剩余劳动力闲置、就业难等问题，通过东西部协作、创办车间、提供公益岗位等，推行以需求为导向的就业扶贫；针对生态环境保护问题，在生态脆弱地区及重点生态环境保护片区推行生态环境保护补偿性就业扶贫；针对丧失劳动能力或生活不能自理的特殊人群，则采取差异化、保障性兜底式扶贫；等等。

---

① 李培林，魏后凯，吴国宝. 中国扶贫开发报告·2017 [M].北京：社会科学文献出版社，2017：15-20.

2. 主体型社会力量的激发

党的十八大以来，我国的反贫困治理逐渐由政府单一主体向多元治理主体并存转变，市场、社会、贫困农户在反贫困治理中的地位愈加重要，作用愈加凸显。2015年《中共中央、国务院关于打赢脱贫攻坚战的决定》中明确提出，要引领市场，社会协同发力，坚持群众主体，激发内生动力，广泛动员全社会力量，合力推进脱贫攻坚，鼓励、支持民营企业、社会组织、个人参与扶贫开发，实现社会帮扶资源和精准扶贫有效对接。随后，各地积极探索政府与社会资本合作、政府购买服务、资产收益扶贫等市场化、社会化的扶贫路子，推行以政府调控为基础的对口帮扶、以市场调节为推力的项目协作、以可持续发展为导向的“志智双扶”，使反贫困治理的活力被进一步激发。比如，湖北省通过“千企帮千村”行动，统筹1000多家民营企业及商会组织，与1000多个贫困村开展建档立卡式市场化、社会化扶贫；贵州省黔西南州通过激发农户开展标准化、规范化种植，形成了独具特色的“者楼模式”；海南省通过实施教育扶贫移民工程，推进标准化学校建设，主招贫困生源，开展教育扶贫，阻断了贫困的代际传递。

**（三）党政责任与联动责任并存**

2016年10月17日，党中央、国务院印发了《脱贫攻坚责任制实施办法》，进一步明确了中央、省、市、县各方的脱贫攻坚责任，通过强化“中央统筹，省负总责，市、县抓落实”的扶贫管理体制，构建责任清晰、各负其责、合力攻坚的责任体系。精准扶贫战略就是新时期赋予党和国家的对人民的一项历史使命，以及对贫困地区、贫困农户的生存和发展的责任。但是，这种责任所表现的不是行政国家“保姆式”的照顾，而是“嵌入式”治理，不是“输血式”扶贫，而是“造血式”治贫，需要推进政府责任与社会责任、个人责任的同步强化。

1. 强化部门及地方政府的主导责任

在横向上，将中央有关扶贫攻坚的政策、任务、举措分解到中央各部门，使得部门责任得以落实，督查、考核有据可依。在纵向上，从中央到地方，通过层层签署脱贫攻坚责任制，将脱贫攻坚责任与县级党政正职捆绑。“郡县治则天下安，县域强则国家富。”历史上，县级政府在贯彻执行中央和上级政策中扮演着至关重要的角色，在党的组织结构及国家政权结构中，县一级处于承上启下的关键环节。据此，必须狠抓县级政府扶贫开发政策执行力的建设，强化主体责任，同时，基于中国地域间、民族间、城乡间发展不平衡的特点，更需夯实地方政府尤其是县级政府在反贫困治理中的主体责任。基于此，2016年10月，中共中央办公厅、国务院办公厅印发的《脱贫攻坚责任制实施办法》（以下简称《办法》）明确指出：“县级党委和政府承担脱贫攻坚主体责任，负责制定脱贫攻坚实施规划，优化配置各类资源要素，组织落实各项政策措施，县级党委和政府主要负责人是第一责任人。”同时，《办法》特别要求，保持贫困县党政正职稳定，做到“不脱贫不调整，不摘帽不调离”。通过层层压实责任、级级传导压力，签署责任书，立下军令状，实行问责制，构建起“省—市—县—乡—村”的五级反贫困治理责任机制。

2. 强化社会及企业的公益责任

党的十八大以来，扶贫开发既是新形势下企业履行社会责任的重要内容，也是企业提高社会责任、打开企业发展空间的重要途径，越来越多的企业家注重在企业文化中融入公共责任。学者阿奇·卡罗尔认为企业的社会责任包括经济责任、法律责任、伦理责任、慈善责任四个层次，其中，经济责任立足发展，法律责任突出规则，伦理责任着眼规范，慈善责任强调公益。据此，我们认为，企业的社会责任的最高境界在于履行公益责任或慈善责任，企业参与反贫困治理正是履行公益责任或慈善责任的重要体现。比如，碧桂园作为大型民营企业，秉持“做有良心、有社会责任感的阳光企业”的核心理念，积极参与新时代反贫困治理，在广东、广西等地开发扶贫项目。

3. 强化贫困人群主体的责任

著名经济学家阿玛蒂亚·森指出:“我们的生活质量并不是通过财富，而是通过自由来衡量的。”① 据此，推进反贫困治理不应局限于资产的积累及财富的增加，而应更加关注贫困人群的独立人格及主体性条件的建构。党的十八大以来，我们坚持“扶贫先扶志，扶贫必扶智”的“志智双扶”策略，推行“先建后补”等办法，旨在强化贫困主体的自我扶贫意识，增进其自我脱贫的责任，推进其主体性建构与自我形塑。夯实党政责任、社会责任及贫困人群责任为构建党委主导、政府负责、社会协同、公众参与、个人配合的反贫困治理格局奠定了基础。精准扶贫责任机制构建示意图如下：

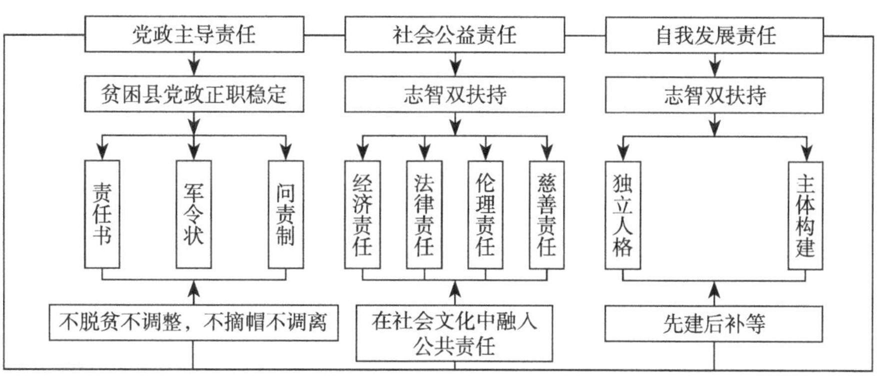


① [印]阿玛蒂亚·森. 以自由看待发展[M]. 任赜，于真，译. 北京：中国人民大学出版社，2002：1.

### （四）本土化治理与国际化范式结合

新时代中国反贫困治理植根于中国大地，聚焦于解决中国的现实问题，关注破解世界发展性难题，使精准扶贫战略不断以本土化、国际化的方式向深层次推进，为世界反贫、减贫事业提供了“中国样板”，贡献了“中国智慧”。

1. 反贫困治理本土化凸显特色

党的十八大以来，我国的反贫困治理立足本土化制度的设计和安排，突出重点，把握实际，精准发力，聚焦14个集中连片特困地区作为主战场，明确了832个国家重点扶贫县，在产业扶贫、旅游扶贫、教育扶贫、生态扶贫及易地搬迁扶贫中积极探索符合地方特色的本土化精准扶贫的路子。比如，湖南省花垣县根据习近平总书记提出的“可复制、可推广”要求，结合地域特点，积极推行以党建为核心，以产业为引领，以驻村制或包村制为推力，以基础设施及村容、村貌整治为重点，成功探索出了“十八洞村精准扶贫模式”；宁夏盐池县针对自然风险、农产品市场风险返贫问题，推行了“2+x”脱贫组合保险，构建了“脱贫保”保险供应链，推出了“盐池模式”；广西东兴市立足边境贸易，以边贸扶贫为核心，充分利用边民“每人每天交易8000元货物全免关税和环节税”等优惠政策，创建了“1+n20+1”边民脱贫模式，即通过组建由1个党支部领航的n个边民互助组，每组20人以上，每组吸纳1名以上贫困户人员，成功探索出了边贸扶贫的“东兴模式”；等等。本土化反贫困治理模式的创新，在破解了地方反贫困治理难题的同时，成为推动精准扶贫向深层次发展的有益探索。

2. 反贫困治理智能化的有序推进

在脱贫攻坚领域积极探索BT及PPP模式，开展智慧扶贫，引领贫困地区智慧发展、科学发展和可持续发展已成为当前扶贫开发领域采取的重要举措。比如，太平洋建设集团自2015年以来，相继在云南楚雄、湖北恩施、四川凉山、湖南湘西、云南大理等贫困地区开展了项目扶贫工作，成功开辟了“楚雄模式”“恩施模式”“凉山模式”“湘西模式”“大理模式”。同时，他们还通过精准扶贫战略思想国际化话语体系，以及中国减贫理论与实践立体式网络化体系构建，为全球反贫困治理提供了“中国范式”，从而推动了中国反贫困治理的国际化发展。

## 二、精准扶贫的成就与贡献

精准扶贫是现代反贫困治理理论中国化的重要体现，体现着对马克思主义反贫困理论的深化发展和重要贡献。改革开放以来，我国的扶贫开发工作极大地改善了贫困地区及贫困人群的生产、生活状况，为全球反贫困事业及减贫治理做出了巨大贡献，赢得了举世瞩目的成就，获得了国际社会的广泛好评。尤其是党的十八大以来，我国的扶贫开发进入了新的历史阶段，以习近平同志为核心的党中央把脱贫攻坚纳入了“五位一体”总体布局和“四个全面”战略布局，摆在了治国理政的重要位置。精准扶贫推动了中国扶贫开发模式的治理突破及内生变革，为新时期反贫困治理及世界减贫事业注入了强大的动力，积累了丰富的经验，彰显了巨大的成效，创造了世界减贫的奇迹，为全球减贫提供了“中国范例”。根据现行标准及相关统计，在2011年，中国农村扶贫对象尚有1.22亿人，贫困发生率为12.7%[①]，中国农村贫困人口呈现“大分散、小集中”的分布格局；到2014年，贫困人口减少到7017万，贫困发生率为7.2%；到2017年末，贫困人口减少到3046万，贫困发生率下降到3.1%，降幅达到50%以

① 中国国际扶贫中心.扶贫开发与全面小康：首届10·17论文集[G].北京：世界知识出版社，2015：69.

上[①]；到2018年底，贫困人口已经减少到1660万，贫困发生率下降到1.7%[②]，为世界反贫困治理及推动实现联合国“千年发展目标”做出了巨大贡献。具体体现在：一是农村贫困人口大规模减少，贫困发生率显著下降。党的十八大以来，我国年均精准脱贫人口均在1000万以上，按国家农村贫困标准（2010年的价格水平为每人每年2300元）测算，全国农村贫困人口由2012年末的9899万减少至2016年末的4335万，全国农村贫困发生率由2012年末的10.2%下降至2016年末的4.5%，下降了5.7百分点，2013年全国脱贫率为16.7%，2016年达22.2%，14个连片特困地区2013—2016年脱贫率达56.94%……以上数据充分表明，我国贫困人群的生存权、发展权得到了有效的保障，减贫行动扎实推进，为如期全面建成小康社会及推进后脱贫时代反贫困治理打下了坚实的基础。二是贫困地区农村居民收入增速持续高于全国农村的平均水平，生活质量不断改善。比如，从2013年到2016年，贫困地区农村居民人均收入连续保持两位数增长，年均实际增长10.7%。其中，国家级贫困县农村居民人均可支配收入达8355元，实际水平是2012年的1.52倍，是2010年的2倍，提前实现了翻番目标，“两不愁、三保障”任务全面夯实。[③]三是贫困地区公共服务设施及农户基础设施建设明显改善，农村生活水平明显提高。比如，截至2016年，贫困村所在自然村通公路农户比重达99.8%，贫困地区所监测农户实现电话/手机的可及性比重达99.9%，自然村有卫生站的农户比重达91.4%，所在自然村儿童上幼儿园便利比重达79.7%，2000万贫困户的住房安全问题得到了解决，居住在钢筋混凝土房或砖混材料房的农户比

① 李梅.政府、市场、社会——精准扶贫的秩序维度[J].学术界，2018（7）：62-71.

② 许汉泽.新中国（中华人民共和国）成立70年来反贫困的历史、经验与启示[J].中国农业大学学报（社会科学版），2019（5）：45-52.

③ 黄承伟.精准扶贫思想的现实价值[N].光明日报，2017-10-09.

重为57.1%，等等[①]。四是贫困县退出实现了零的突破。截至2016年，共有28个贫困县经申请、评估、核准等程序退出了贫困县行列，实现了自"八七"扶贫攻坚计划以来贫困县脱贫摘帽零的突破。五是干群关系进一步融洽。尤其表现为党的群众基础和执政基础被进一步夯实，社会互助，向上、向善风气进一步形成，等等。可以说，新时代精准扶贫在中国的生动实践推进了反贫困领域伟大的理论创新和制度创新，跳出了西方主流派仅基于经济学视角分析贫困成因的反贫困治理困境，从而也推动了马克思主义反贫困理论的中国化发展。

## 三、精准扶贫的经验与启示

我国的反贫困治理中的精准扶贫开发实践有着独到的政治优势和制度优势。脱贫攻坚的伟大成就彰显了精准扶贫思想的巨大价值，精准扶贫思想的巨大价值和脱贫攻坚的经验弥足珍贵，中国在反贫困治理实践中所形成的"中国样本""中国经验"更加值得总结和推广。党的十八大以来我国的精准扶贫经验与启示，对于推进后脱贫时代反贫困治理将大有裨益。

### （一）坚持"以人民为中心"的治贫逻辑

中国的重民、为民、敬民思想源远流长，既有"民惟邦本，本固邦宁"（《尚书·五子之歌》）的民本理念，也有"本理则国固，本乱则国危"（《管子·霸言》）的格言警句，还有"天下之治乱，不在一姓之兴亡，而在万民之忧乐"（清·黄宗羲《明夷待访录》）的治理标准，等等。坚持"以人民为中心"的治贫逻辑，所表现的既是对我国民本思想的延续，也是马克思主义最鲜明的品格，更是新时代中国特色社会主义反贫困治理的

① 李培林，魏后凯，吴国宝．中国扶贫开发报告·2017 [M].北京：社会科学文献出版社，2017：31–33.

基本方略。在习近平总书记看来，人民安居乐业则社会祥和、安宁，国人生活有序则社会和合、太平、安定。推进后脱贫时代反贫困治理，首先要正确树立“为了谁、依靠谁”的价值导向。

1. 明确“依靠谁”——坚持人民主体性

人民主体性是坚持“人民群众是历史的创造者”的世界观的集中体现，表现为群众在反贫困治理等社会实践活动中的自觉能动性、自主变革性和实践创造性。马克思曾经指出：“人民主体性的‘天恩’不可能由上帝来施舍，也不可能由思想家来勾勒，只能靠人民大众的‘自主活动’。”[①] 据此，我们认为，实现人民的“自主活动”是实现人民主体性的实质内容，实现人民主体性是实现人民“自主活动”的前提条件。党的十八大以来，我国把坚持人民主体性作为新时代反贫困治理的根本动力，积极引导贫困群众发扬奋斗精神，强化斗争意识，树立主体观念，发挥贫困群众的积极性、主动性和创造性，增强其自我觉醒意识，开展自主脱贫。推进反贫困治理不仅仅体现为物质层面上的帮扶、给予及政策倾斜，更重要的是还要在精神层面上开展主体人格塑造及人格觉醒。据此，“授人以鱼不如授人以渔”，脱贫不等于致富，帮扶不等于救济，摘帽不等于摘政策。进入后脱贫时代，要始终坚持“扶贫先扶志，治穷先治愚”的反贫困治理理念，让贫困群众意识到自己拥有什么、缺少什么、能做什么，只有他们改变了被动的态度，明白了自身是脱贫致富的攻坚力量，才能实现在充分“赋权”中有效“增能”、在有效“增能”中充分“赋权”。

2. 铭记“为了谁”——体现人民共享性

人民共享性是坚持“发展成果由人民共享”的方法论的集中体现，是对“小康路上一个都不能少”的根本承诺。马克思曾经指出：“人以一种

① 李包庚. 马克思“人民主体性”思想解读[J]. 马克思主义研究，2014（10）：103–111.

全面的方式，就是说，作为一个总体的人，占有自己的全面的本质。”据此，实现“人的本质的全部占有”是实现人民共享的根本前提，实现人民共享是新时代实现“人的本质的全部占有”的努力方向。推进后脱贫时代反贫困治理，要始终坚持“人民共享”的根本价值取向，让贫困群众有更多的获得感，始终将贫困群众共享改革、发展的成果作为反贫困治理的目标和追求。在推动贫困地区幼有所育、学有所教、劳有所得、病有所医、老有所养、住有所居、弱有所扶的进程中，要给贫困群众带来实实在在的民生福祉，带来看得见、摸得着的改变。

### （二）坚持以制度为保障的治贫设计

公共政策的价值目标追求在于实现公共利益的最大化，在公共政策的制定过程中总会存在价值理性和工具理性的矛盾和冲突。马克思曾经指出：“人们奋斗所争取的一切，都同他们的利益相关。”① 这意味着各利益主体在追逐利益的过程中必然形成各种错综复杂的利益博弈关系。据此，演化博弈、实现公共利益最大化依赖于良好的制度设计及安排，提高制度供给水平旨在促进公共利益的权威性分配、破解公共政策执行中的“纳什均衡”难题。攻坚式精准扶贫涉及政府、市场、社会等多方利益群体，牵涉政府间、部门间、群体间、个体间等多方权责关系，既要促进政策红利、资金扶持、帮扶模式等的变革，更要着眼于帮扶制度、脱贫制度的变革。进入后脱贫时代，更需重构良好制度的设计、注重序贯博弈，通过科学、有效、精准的设计及精细化管理，改变以往“粗放型、低水平、不全面”的扶贫现象，最大力度地促进精准扶贫的精准执行。

#### 1. 强化“东部帮西部”机制

东西部扶贫协作是我国推进反贫困治理、缩小东西部差距、促进区域

① [德]马克思，恩格斯. 马克思恩格斯全集（第1卷）[M].北京：人民出版社，1972：82.

经济、社会协同发展的战略举措。早在改革开放初期，邓小平同志就深刻指出，“社会主义的本质是解放生产力、发展生产力，消灭剥削，消除两级分化，最终实现共同富裕”。他还提出了“两个大局”的著名论断：“沿海地区要加快对外开放，使这个拥有两亿人口的广大地带较快地先发展起来，从而带动内地更好地发展，这是一个事关大局的问题。内地要顾全这个大局。反过来，发展到一定的时候，又要求沿海拿出更多力量来帮助内地发展，这也是个大局。那时沿海也要求服从这个大局。”1995年，国家“九五”计划提出了“东部帮西部”的构想，1996年10月促成了9个东部省市、5个计划单列市、4个大城市与西部10个省份开展结对帮扶协作，东西部扶贫协作正式启动。20多年来，东西部扶贫协作稳步推进，多层次、多形式的格局已经形成。尤其是党的十八大以来精准扶贫战略的深入实施，东西部扶贫协作向深层次发展，形成了闽宁协作扶贫、沪滇合作扶贫、粤桂协作扶贫、苏陕对口支援、深圳与湘鄂劳务合作扶贫等各具特色的东西部互动反贫困治理模式，表现为由“东部 — 西部”的对口帮扶拓展为东西部双向协作、优势互补、互利共赢，由“政府 — 政府”的单一援助拓展为市场主体、发达经济体、民主党派、社会团体、各界人士的东西部互动。

2. 健全“扶真贫、真扶贫”制度

成熟、完善的制度是推进反贫困治理、有效实施精准扶贫战略的重要保障。党的十八大以来，我国通过构建制度化反贫困机制，着力构建反贫困命运共同体，保障“扶真贫、真扶贫”。比如，针对扶贫攻坚“水土不服”、“撒胡椒面”、效益低下、“年年扶贫年年贫”等问题，着眼于建立贫困农户“双认定、双承诺”，建档立卡，脱贫台账等工作机制，通过“贫困地区 — 贫困县 — 贫困村 — 贫困农户”的拉网式聚焦、精细化识别，做到“县有档，乡有册，村有簿，户有卡”，着力解决“扶持谁”的问题；

针对贫困县扶贫“急躁症”、脱贫“拖延症”等问题，建立、健全贫困县退出机制及反贫困治理第三方评估机制，着力解决“如何退”的问题，仅2016年，就共有28个贫困县通过合法程序退出了贫困县行列；针对责任不清、任务不明等问题，建立“中央统筹，省负总责，市、县抓落实”的扶贫管理机制，着力解决“谁来扶”的问题；针对贫困农户“等送小康”的慵懒心态和短视习性，建立激励机制，采取“靶向疗法”，实施定位扶贫，着力解决“怎么扶”的问题。诸如此类的成功经验及重要启示为有序推进后脱贫时代反贫困治理提供了体制支撑及制度保障。

### （三）坚持攻坚拔寨的治贫使命

消除贫困、改善民生、实现共同富裕既是社会主义的本质要求，也是我们党的重要使命。这就要求推进反贫困治理以目标为统领、以结果为导向，练就敢啃硬骨的硬朗作风，秉承攻坚拔寨的使命担当，汇聚众志成城的磅礴力量，使精准扶贫、脱贫攻坚深入推进。第一，在脱贫攻坚“时间表”的设定上，将精准扶贫战略纳入全面建成小康社会的底线目标进行部署。如前所述，明确到2020年，要实现在现行标准下农村贫困人口全部脱贫、贫困县全部摘帽，解决区域性整体贫困，并通过倒排时间表、立下军令状、强化使命感，以攻坚拔寨之势攻克全面建成小康社会路上最大的“拦路虎”。第二，在攻坚拔寨“任务包”的部署上，“决不让一个少数民族、一个地区掉队”。突出以交通、水利、电力等重大基础设施建设为引领，以坚决打赢“破解深度贫困这场硬战中的硬战”为突破，以开发贫困地区特色产业为重点，以稳步推进农村贫困人口“两不愁、三保障”等民生建设为内容，以实现人与自然和谐共生为导向，汇聚强大共识，凝聚奋斗力量，确保补齐全面建成小康社会这一“短板”。第三，在脱贫攻坚“路线图”的制定上，解决“如何扶贫、怎样扶贫”等问题。首先，通过创新反贫困治理模式，实现扶贫路径由“大水漫灌”向“精准滴灌”转变，扶贫资源调配方式由多头分散向统筹集中转变，扶贫模式由“输血式”扶贫向“造血式”治贫转变，考评体系由侧重经济指标向侧重脱贫、治贫指标转变。其次，基于我国贫困地区的多维贫困特点、反贫困治理主体的多元化趋向、反贫困治理手段的多样性要求，围绕“发展生产脱贫一批、易地搬迁脱贫一批、生态补偿脱贫一批、发展教育脱贫一批、社会保障兜底一批”的“五个一批”目标要求，着眼于贫困地区及贫困人群的内源式发展。最后，根据贫困地区的现状特点、贫困人群的贫困程度，通过“六个精准”把稳精准治贫方向。

### （四）坚持点面结合的扶贫方法

中国的反贫困治理历来体现的是“道”与“术”的统一。“道”强调“礼以顺天，天之道”（《左传・文公十五年》），强调价值理念的普及；“术”强调“闰以正时，时以作事，事以厚生”（《左传・文公六年》），着眼于技术、手段的运用。“道”立足世界观，“术”讲究方法论。党的十八大以来，中国的反贫困治理体现了高超的治术技艺，既关注“点”，也着眼于“面”，还要契合“线”，在“面”上做文章，在“点”上求突破，在“线”上见实效，着力构建点面结合、以点带面、点线连面的反贫困治理格局。

#### 1. 在脱贫要求上坚持“整体数”与“个别数”的统一

既要确保到2020年现行标准下农村贫困人口全部脱贫、贫困县全部摘帽，解决区域性整体贫困，又要保证在扶贫的路上不能落下一个贫困家庭、丢下一个贫困群众。“全面建成小康社会，一个不能少；共同富裕路上，一个不能掉队”的治理要求，简言之，就是在反贫困治理中，既要着眼于宏观，又要立足微观，不能以宏观代替微观，既要看“整体数”，又要看“个别数”，不能以“平均数”代替“大多数”，加快实现传统扶贫工作中的“扶农”状态向新时代“治贫”格局转型。

2. 在减贫路径上坚持新发展理念

党的十八届五中全会系统提出了“创新、协调、绿色、开放、共享”五大发展理念，为新时期精准扶贫、脱贫攻坚及后脱贫时代反贫困治理提供了根本依据。其中，创新发展是实施精准扶贫、推进反贫困治理的根本动力。比如，“一看房，二看粮，三看有没有读书郎，四看劳动力强不强”等是对扶贫对象识别方法的创新；推进“建档立卡、一村一策、一户一卡”等扶贫方式，是对扶贫举措的创新。从过去的以GDP为主的考评指标体系构建向以治贫成效为主的考评指标体系构建转变，是对反贫困治理考评办法的创新。协调发展是实施精准扶贫、推进反贫困治理的内在要求。党的十八大以来，我国始终把革命老区、民族地区、边疆地区、边远山区等集中贫困地区作为精准扶贫攻坚的重点，坚持城乡融合、片区联动，人与自然、社会协调发展。绿色发展是实施精准扶贫、推进反贫困治理的基础性条件。要求引进扶贫开发项目时充分论证项目引进的自然环境承受能力，坚持“绿水青山就是金山银山”的理念，不走“先污染后治理”的老路，使良好的生态环境成为贫困地区脱贫致富奔小康的“摇钱树”、建设美丽家园的“定心丸”。开放发展是实施精准扶贫、推进反贫困治理的外在动力。开放的目的在于充分利用“两种资源”“两个市场”。党的十八大以来，我国的精准扶贫攻坚破除了政府单一主体供给的模式，让更多的反贫困治理主体参与反贫困治理。这意味着后脱贫时代反贫困治理既要向市场主体开放，又要向经济实体开放，同时还要向各党派、民间组织、社会团体及公民个人开放，将反贫困治理融入新时代公民社会的建构中。共享发展是实施精准扶贫、推进反贫困治理的最终目的。反贫困治理的本质在于实现共享发展，实现人的自由、全面发展。中国特色社会主义进入了新时代，中国社会的主要矛盾已经转化为人民日益增长的美好生活需要和不平衡不充分的发展之间的矛盾，社会主要矛盾的变化开启了共享模式新征程。推进后脱贫时代反贫困治理必须紧扣新时代社会主要矛盾的变化，聚焦关键点，找准突破口，推动反贫困治理向深层次发展。

## 第二节 反贫困治理的现实困境

在反贫困治理的实践中，由于反贫困治理主体的多元性、工具理性，治理客体的复杂性、多样性，利益结构的非均衡性等要素的影响，反贫困治理难以摆脱“结构 — 冲突”的困境。推进后脱贫时代反贫困治理需着眼于“结构 — 冲突”等架构的分析，势必关注反贫困治理主体的非理性化做法、治理对象的功利主义倾向、治理过程的技术性偏差、治理结果的表层化体现、治理结构要素失衡等问题。

### 一、治理结构失衡的问题

在反贫困治理中，结构性失衡问题主要表现为非稳定性制度结构、非均衡性利益结构、非对称性治理结构、非对等性资源结构等问题。这些问题在后脱贫时代势必引起关注。具体来讲，体现在以下方面：第一，存在反贫困治理规划设计中的“虚浮”现象。由于缺乏科学、有效的反贫困治理规划及相关的战略配套，有的为扶贫而扶贫、就开发而开发，有的只将扶贫开发项目聚力于贫困户的农房改造与修建，修路、架桥、供水、供电等。诸如此类的问题无不与反贫困治理规划设计的不科学性密切相关。同时也存在盲从上马的“盲目症”，层层加码的“急躁症”，集中资源“垒大户”“堆盆景”等问题。具体表现为：

**（一）脱离实际争先脱贫**

调研中发现，脱贫计划中层层加码、随意提前、盲目超前的现象在一定范围内存在。有的地方提前一至两年，少数地方提前三年以上；有的地方贫困发生率长期以来都在百分之十几，甚至在百分之三十以上，却提出在两至三年内全部脱贫。这种非理性化的脱贫攻坚规划会在一定程度上忽视脱贫摘帽的质量而导致“半拉子工程”。推进反贫困治理，既要防止因地方利益的驱动而产生的争先“戴帽”的现象，也要防止地方为了政绩而争先“摘帽”的做法。

**（二）忽视差异设计不力**

第一，存在扶贫规划设计中的盲从现象。比如，某贫困县在对贫困农户进行移民的过程中规定，对购买集中安置房的贫困农户每户补助5万元。可一年过后，这种粗放型的方式最终以失败告终，结果是头一年脱贫而第二年又返贫。第二，存在反贫困治理过程推进中行政化及“路径依赖”现象。有的地方通过行政化手段，甚至连中小学教师、私人企业团体等人员也都或多或少“被安排”结对帮扶，这不但难以促成扶贫开发的强大合力，反而会对部门的业务发展产生诸多影响，难以达到良好的扶贫效果。在扶贫开发的推进中，有的政府始终是反贫困治理的投资主体、融资主体、推进主体、评估主体；有的农户也连年享受扶贫政策，但始终没能走出“年年扶贫年年贫”的怪圈。第三，存在反贫困治理组织结构设置中的“倒挂”现象。综观贫困地区扶贫开发工作机构及职能设置，或多或少都存在治理机制不健全、机构设置不匹配等问题。笔者在调研中发现，有的地方的扶贫机构作为独立的行政机构，有的作为事业单位，有的作为部门的内设机构，有的属于政府组成部门，有的挂靠政府办公厅（室），有的挂靠农业部门，还有的挂靠民政部门。同时，有的扶贫组织机构表面上看似有着高配置，但实际上不少基层扶贫开发领导小组办公室职级不足、职权弱化，导致协调难度大。由于扶贫开发涉及的部门多，诸多战线都设有扶贫开发资金归各自使用，存在扶贫部门“多龙治水”、扶贫方式“零敲碎打”、资金分散、项目重复建设、多头申报等现象。进入后脱贫时代，需要致力于解决部门间、区域间、市场的、社会的治贫协调问题。第四，存在扶贫干部专业化、专职化程度低的问题。笔者在调研中发现，不少反贫困治理人员一身兼多职，难以全身心投入，有的即使驻村多年，依然理不清扶贫开发的思路。伴随反贫困治理的深入推进，工作人员专业化、专职化程度低，以及能力欠缺、经验依赖、观念陈旧、岗位胜任力不足等问题势必引起关注。第五，存在反贫困治理资源供给不力的问题。资源的有效供给是反贫困治理的前提条件，开展反贫困治理既要从“需求侧”着眼，也要从“供给侧”发力。综观我国当前脱贫攻坚的实践，或多或少尚存权威、资金、人才、服务、信息等资源供给端的问题。在权威资源供给上，存在“塔西佗陷阱”现象、“基础秩序焦虑”问题及“合法性危机”问题；在信息资源供给上，存在部门间的“信息孤岛”现象，信息公开的盲点、盲区，以及信息资源供需矛盾问题，缺乏统一的反贫困治理信息共享网络；在财政资源供给上，存在扶贫资金部门分割、分散使用，重复、交叉投入等现象，以及配套资金相对不足、扶贫资金使用效率相对低下、功能弱化等问题。诸如此类问题，在后脱贫时代也势必引起关注。

## 二、治理过程中存在偏差的问题

反贫困治理过程中存在的偏差既反映技术性问题，也凸显环境治理问题，既涉及主体性要素，也牵涉客体性要素，集中体现为反贫困治理过程中的精准性瞄准偏差、目标性偏离变异、公共性治理缺失、资源性配置低效、形式化治理等问题。

**（一）反贫困治理运行过程尚需强化**

在组织功能的发挥上，或多或少存在扶贫推进中的“独角戏”现象、责任落实中的“稻草人”问题。有些情况看似在层层落实责任、逐级压实责任，实际上，这种硬性摊派任务的做法往往难以起到反贫困治理的作用。与此同时，扶贫开发依赖于体制内组织机构，民间组织、非政府组织等社会力量未能有效参与，不少贫困群众仍处于“被扶贫”的状态。在实际运作中，由于扶贫机构的行政级别普遍较低、权威性不足、所属权能有限，难免存在部门协调中的“小牛拉大车”问题。在治理监控上，由于社会舆论、社会团体、第三方等外部监控主体的作用尚未有效发挥，难免存在监控主体内部化、监控客体内卷化等问题。在治理资源整合上，存在涉农资金分散化及社会治贫碎片化的问题。在研究中发现，贫困地区近80%的涉农项目资金是被跨年度使用的，有的项目从规划、立项、设计、申报到实施长达2—3年。同时存在扶贫资金使用进度慢的问题，有些资金被积压长达2—3年。

**（二）反贫困治理对象主体性条件建构不足**

有的地方的人们存在慵懒心态和短视习性，缺乏自我观念和志气。据此，进入后脱贫时代，需致力于反贫困治理对象的主体性条件建构。

**（三）反贫困治理环境塑造不力**

在政治上，存在政策互动性不够、不完全合作等现象，选择性执行等问题；自查、自纠能力尚需加强；尚存以会议部署会议、以文件落实文件等现象，对一些重点部门、重点人群、关键节点及薄弱环节的治理有待加强。在经济发展上，存在市场化扶贫的弱质性、县域经济诱发能力不足等问题，市场主体培育单一，习惯性地把政府作为反贫困治理的主要力量。

在社会文化方面，存在社会观望状态及文化扶贫偏差问题，不少贫困户认为扶贫开发只是政府的责任和义务。基于此，推进后脱贫时代反贫困治理不可忽视对贫困地区人力资本的投资，要加快推进与反贫困治理深度融合发展的乡村文化建设。

## 三、治理结果的兑现问题

反贫困治理结果的兑现既是反贫困治理的内在要求，也是积极回应公民与社会需求、提升反贫困治理公信度的重要环节。综观目前的精准扶贫开发实践，以下反贫困治理结果的兑现问题亟待关注：

### （一）反贫困治理目标实现中的“短、平、快”现象

在反贫困治理中，“短、平、快”属于中性表达。一方面，就理念而言，推进反贫困治理要尽量在短时期内让贫困地区摆脱贫困，尽快使贫困人群公平享受改革和发展的成果；另一方面，从现实上看，推进反贫困治理要遵循客观规律，不能盲从于“短、平、快”。综观精准扶贫开发实践，有的地方存在脱贫攻坚中的“急躁症”等现象，有的地方不切实际，致使将层层落实责任、级级传导压力演变成逐级加码推进脱贫进度，有的地方急功近利、急躁、冒进。还有的地方往往追求“立竿见影”，着眼于“短、平、快”，如某贫困县在开展精准扶贫之前的贫困率为30%，却提出三年内“全部摘帽”的目标，这种脱离实际的做法不仅没有拔除“穷根”，还助长了“懒汉”习性。这些现象和问题在后脱贫时代务必引起关注、加以整治。

### （二）贫困群众满意度的波动性问题

一方面表现为动态管理不足。对于贫困农户，要适时提高标准，加强动态监测，使其反映的问题得到及时回应；对于普通农户，要对那些长期

占用反贫困治理资源而脱贫效果不明显的贫困户进行适时的调整。另一方面体现在反贫困治理的效能上。有些扶贫开发项目没有立足地方发展的实际情况，缺乏前期的调查研究而盲从上马；有些反贫困治理项目因重建设、轻管理，在抵御市场风险及自然风险中最终以失败告终；有的项目虽然落地，但对群众脱贫致富的带动性不大；还有一些扶贫企业打着项目扶贫的旗号，反贫困治理作用却不明显；等等。

**（三）社会各界关注度的评估效用问题**

如何推进反贫困治理的“评”与“用”的统一始终是社会各界关注的问题。综观我国的扶贫开发实践，在评估运用环节或多或少尚存一些不足。评估的科学性、规范化、全面性及对评估结果的合理性分析有待强化。有的地方虽然也引入了第三方评估，却难以完全摆脱行政化设计与安排，往往体现为重结果、轻执行的评估。通常情况是根据既定的要求开展评估，忽略对反贫困治理的科学性、正当性进行评估；往往侧重于对经济收入的评估，忽略对文化生活、健康状况等的评估。评估结果运用也存在局限性，独立性、专业性、权威性反贫困治理评估体系尚未被有效建立。以上问题势必引起关注，推进后脱贫时代反贫困治理需建立、健全各方评估机制，用足、用好第三方评估。

## 第三节　后脱贫时代的治贫考量

2020年是全面建成小康社会的实现之年、精准脱贫攻坚的收官之年。

伴随“让贫困人口和贫困地区同全国一道进入全面小康社会”庄严承诺的即将兑现及“现行标准下农村贫困人口实现全部脱贫、贫困县全部摘帽，解决区域性整体贫困”的阶段性反贫困治理目标的如期实现，中国即将进入后脱贫时代。所谓的“后脱贫时代”特指2020年以后即在消除绝对贫困、实现贫困地区“脱贫摘帽”后所处的反贫困治理转型时期。在这一转型时期，面对由于贫困地区及贫困人群抗风险能力的弱质性、可用资源的稀缺性及致贫因素的不确定性的存在，农村贫困现象会在不同程度上以不同形式长期存在等问题，要将解决农村贫困问题放置在推进国家现代治理及构建乡村治理体系中加以考量。据此，进入后脱贫时代，要严防“一边脱贫，一边返贫”的现象，重在巩固反贫困治理的成果，增强“造血”功能，建立长效机制，加快实现贫困地区、贫困人群由“脱贫”向“致富”飞跃。据此，实现农村可持续脱贫，需致力于2020年以后我国贫困现象、贫困性质、贫困表现形式、反贫困治理变化趋势及后脱贫时代反贫困治理体系构建等相关问题的研究。

## 一、变化趋势与挑战

“贫困”与“反贫困”始终是一对动态概念。现行标准下农村贫困人口全部脱贫、贫困县全部摘帽及区域性整体贫困被全面解决并不意味着贫困现象被全面消除及贫困问题的终结，只是贫困的性质和特点发生了根本性变化、贫困的表现形式及治理方式出现了相应的转移。农村脆弱地区及脆弱家庭依然面临着贫困与返贫的风险，反贫困治理永远在路上。农村贫困问题及贫困现象将伴随着对贫困性质的界定、对贫困标准的调整、反贫困治理的转型、城乡人口的流动、农村家庭的变迁等，在不同程度上，在特殊区域、特定人群中以不同的形式存在。一是贫困性质的变化。进入后脱贫时代，农村的贫困将不再以绝对贫困、单一贫困、生存性贫困等形式广泛存在，将更多体现为多维贫困与相对贫困、流动性贫困与转型性贫困、支出性贫困与消费性贫困、发展型贫困与权能型贫困等形式。相对贫困与转型性贫困、发展型贫困与权能型贫困则构成后脱贫时代农村贫困现象的主要特征。首先，由于农村贫困人口的脆弱性及行为能力的有限性，原来处于贫困状态的已脱贫人群或暂时摆脱贫困的人群可能会以新的贫困形式存在；其次，在社会治理的转型中，由于治贫目标的转移、划分贫困标准的调整等，也会产生新的贫困群体；最后，在之前的精准扶贫摸底评分中也存在部分临近贫困线，但未被纳入建档立卡范畴的“可能贫困人群”，进入后脱贫时代，要在更加关注脱贫质量不高的贫困农户的同时，密切关注有关“可能贫困人群”的反贫困治理问题。二是贫困外延的拓展。2020年以后，中国的贫困问题在经历了由“普遍性贫困”到“区域性贫困”，再到“个别性贫困”的反贫困治理阶段后，即将进入一个针对“多样性贫困”的治理阶段。多样性贫困需被进行多样化治理，多样化贫困的治理基于多样性贫困问题的存在。贫困作为一种社会现象存在，它不仅体现为物质资源上的贫困、收入上的贫困，也体现为知识、文化及精神层面上的贫困。进入后脱贫时代，生存性贫困基本被消除，发展型贫困会更加凸显，这就需要聚焦满足人民对美好生活的新期待，探索差异化、高起点的反贫困治理新理路，要致力于补齐农村贫困人群的“精神短板”和“能力短板”，根据不同的贫困类型、贫困性质推进多元反贫困治理。三是治贫目标的推进。进入后脱贫时代，反贫困治理的目标构建将由解决收入性、生存性等直观性贫困向消除制度的、文化的、精神的等更深层次贫困转变，这就需要将反贫困治理内化到解决“人民日益增长的美好生活需要和不平衡不充分的发展之间的矛盾”的治理过程中。2020年后即消除绝对贫困后，需更加深入地考虑如何更好地盘活反贫困治理“存量”、壮大反贫困治理“增量”、拓展反贫困治理“总量”、巩固反贫困治理成果、保持反贫困治理的可持续性等问题。据此，对相对贫困、转型性贫困、发展型贫困及精神贫困的治理也自然成为后脱贫时代农村反贫困治理所面临的主要形势与重要挑战。

## 二、治理结构与调试

反贫困治理结构是乡村治理结构的有机构成。进入后脱贫时代，推进反贫困治理需着眼于乡村治理结构优化、乡村秩序重构。聚焦反贫困治理要与推进乡村治理衔接，解决贫困问题要与解决社会主要矛盾同步。这就要求2020年以后推进后脱贫时代反贫困治理在很大程度上与乡村振兴战略相统一、与农村基层社会治理相结合、与推进国家现代治理相促进，推进乡村治理益贫式发展，促进反贫困事业治理型推进。据此，在反贫困治理的结构调试上需要把握几个问题：一是制度供给力建设问题。在治理变革中，制度是强有力的支撑和根本性的推动力量。从一般意义上讲，制度的生成与供给有三种模式，即内生型制度供给模式、外生型制度供给模式、复合型制度供给模式。其中，内生型制度供给模式作为一种非正式的制度安排，一般源于社会自发组织，体现为约定俗成，对于维护治理秩序、形塑互动关系更加稳定、更具效率；外生型制度供给模式作为一种正式的制度安排，体现为自上而下的制度供给、目的性与意志性的统一；复合型制度供给模式体现的是正式制度与非正式制度的有机统一，强调非正式规则与正式规则的相互转化。推进后脱贫时代反贫困治理，既要重视正式制度的有序植入，也要关注非正式制度的运用和发展，更要重视正式制度与非正式制度的相互转化。要做好现有制度供给，维护精准扶贫、脱贫攻坚现有政策的相对稳定，巩固扶贫开发成果，保障精准扶贫开发实践中所形成的有效治理机制，推进反贫困治理政策体系平稳发展；要强化新的制度供给，创新体制、机制，聚焦关键要点，以着重推进解决能力贫困、权利贫困为重点政策引领；等等。二是反贫困治理供给侧结构性改革问题。供给侧结构性改革常作为一个经济学研究术语。供给侧与需求侧相对应，需求侧主要从经济运行的“结果”出发，供给侧则主要从经济运行的“源头”入手，经济活动运行既要关注需求侧，也要关注供给侧。供给侧结构性改革这一经济学术语同样也可以被用于新时代反贫困治理，反贫困治理的“贫”与“治”“实质上就是反贫困治理资源的‘供给’与‘需求’的关系”①。长期以来，我国的扶贫开发工作更加关注“贫困需求”，进入后脱贫时代，不仅需要在结果导向上关注“贫困需求”，更需要在源头把关上做好“治贫供给”。要主动适应反贫困治理变革与需求的情况变化，从“供给侧”即源头上确保反贫困治理组织、市场力量、主体性条件、金融资本、社会资本等参与要素集成的质量及有效供给，着力解决反贫困治理中的“供需失衡”“供需矛盾”等问题。三是治理转向问题。进入后脱贫时代，农村反贫困治理必须紧扣乡村社会治理，向着国家治理体系及治理能力现代化的方向协同推进，不断增强农村发展现代性治理资本，持续推进人的现代化及全面发展。根据马斯洛关于人的需求层次理论，人在低层次的需求如生理需求、安全需求得到满足后，必将开启更高层次的需求，如社交需求、归属需求、尊重需求及自我实现的需求。其中，人的最高层次的需求及自我实现的需求是激发个人潜能即实现自我价值的“高峰体验”。据此，进入后脱贫时代，我们既不能忽视贫困性质的结构性变化，也不能局限于解决“生存”和“安全”层面的贫困，而应逐步转向解决“能力”及“权利”层面的贫困；要强化农村贫困地区的教育功能，积

① 田莹莹，翟路萍，程京京.供给侧结构性改革视角下“精准扶贫”的路径选择[J].会计之友，2017（20）：40-43.

极培育并推进乡贤文化建设，重塑“家贫子读书”的优良传统；要加强对特殊人群的“精准滴灌”，尤其要关注老人贫困、儿童贫困、因病贫困、因疫贫困等问题。需着眼于创新治理模式，植入先进理念，善于发现并释放乡村价值、平衡并挖掘乡村治理资源，促进反贫困治理与乡村治理深度融合。据此，推进后脱贫时代反贫困治理，迫切需要在巩固现有治贫成果、维护现有政策体系的相对稳定中建构治理体系，调试治理结构。

## 三、动力机制与动力源

根据社会管理学的有关观点，推进任何形式的社会治理变革，都需充分考虑其动力机制及动力源问题。“任何一个社会的发展，都有其作为动力源的‘动力结构’，即一定的动力机制与相应的由社会主体劳动性质所规定的行为动因的结合。”[①] 也就是说，在推进社会治理的变革中要充分考虑环境塑造力与治理主体运作力协同推进的问题，需着眼于治理变革的动力机制及动力源研究。进入后脱贫时代，伴随原发性“绝对贫困”、积累型“生存性贫困”被逐步消除，中国的反贫困治理必将聚焦解决次生性“相对贫困”、新增型“发展型贫困”等问题，更需着眼于反贫困治理的动力机制与动力源的相关研究，重构组织力，强化推动力，涵养变革力。一要从国家公权力运行的维度持续推进嵌入式治理。如前所述，精准脱贫攻坚的结束及全面建成小康社会的实现并不意味着贫困现象、贫困问题的消失及反贫困治理的终结，也不意味着国家力量的退出，而只是意味着贫困性质的变化及反贫困治理重心的相应转移。在后脱贫时代，更要发挥国家公权力在反贫困治理中的作用，优化组织结构，提升组织力，强化战斗

① 郭波，王晓霞. 论现实社会主义条件下人的本质——对经济转轨终极原因的哲学思考[J]. 大连大学学报，1999（1）：72-76.

力，将国家公权力有序嵌入乡村治理及反贫困治理，持续推进外源型嵌入式治理。在政治嵌入上，要以农村基层党组织建设为抓手，推进乡村治理的政治社会化，强化治理型人才支撑，建设法治乡村，提升基层民主治理水平，让党的路线、方针、政策在广大乡村社会形成广泛共识，汇聚强大力量，形成自觉行动；在文化嵌入上，要持续植入体现以社会主义核心价值观为主要内容的爱国主义文化，强化以改革创新为核心的时代精神，消除贫困亚文化，破除陈规陋习，倡导文明新风，推进乡村优秀传统文化、民族文化的创造性转化、创新性发展、开放性继承等。但是，国家公权力的嵌入不再以“管理”的状态存在，而是以“治理”的方式推进，所表现的也不再是动员式、运动式的脱贫攻坚，而是常规性、制度化的反贫困治理。二要从市场运作逻辑的维度发挥市场这只“看不见的手”在反贫困治理中的作用。伴随乡村经济市场化的推进，乡村治理结构、社会发展格局也必然发生相应的变革。市场力量的嵌入推动着乡村秩序的建构，也考量着乡村现代文明的建设。进入后脱贫时代，单凭政府力量实在难以高标准、更有效地实现贫困农户由“脱贫”向“致富”飞跃，要着眼于推进反贫困治理的市场机制运作及市场化条件创造，用好市场力量，将农村反贫困治理放置在市场经济的大浪潮中加以考量。需完善市场机制，积极培育、壮大农村市场主体，强化市场主体与贫困农户的利益共同体意识，构建利益联接机制，营造良好的市场环境，强化法治保障；需建立市场信息服务平台，加快推进农村反贫困治理要素的市场建设，以利益为导向强化并激发反贫困治理对象的内生动力；等等。三要从社会力量建设的维度着力构建多元参与的反贫困治理格局。一方面要推进社会化反贫困治理主体的培育。对于反贫困治理对象，重在塑造其主体性并构建其能动性条件，着力解决治贫对象的“主体性贫困”问题；对于职能部门，需加快推进治理型、专业化人才的建设，促进反贫困治理向专业化、职业化的方向发展。另一方面要推进反贫困治理组织的社会化发展。要强化制度供给，尤其要依托社会组织的专业性、行业性、独立性及“第三方性”优势，发展民间性、公益性、慈善性反贫困治理组织，推行反贫困治理第三方评估，促进农村反贫困治理多元主体并存。通过建立良好的乡村发展动力机制、开发乡村振兴动力源，推进后脱贫时代反贫困治理的深入发展。

# 第四章　协同治理的理论渊源

协同理论（synergetics）亦称“协同学”或“协和学”，为“协同合作之学”，研究如何通过有序结构的构建发挥系统内子系统的协同作用，催生新生动能，认为在千差万别的各类系统存在相互影响、相互作用的竞合关系，事物的演变往往受序参量的影响，演变的最终结构和有序化程度取决于序参量的形成。协同治理作为一种新兴的理论范式，具有丰富的思想内涵，强调合作治理中的协同性、治理权威的多样性、自组织的建构性及序参量形成的有序性。中国优秀的传统文化思想、马克思主义经典理论、现代社会治理理论等为协同治理范式的建构提供了理论参照，为推进后脱贫时代反贫困治理提供了思想支撑。

## 第一节　中国传统文化思想精髓中的协同治理

协同治理思想在中国久已有之，如《孟子・公孙丑下》中有“天时不如地利，地利不如人和”的思想内涵，《孙子兵法・九地》篇中有“故善用兵者，譬如率然。率然者，常山之蛇也。击其首则尾至，击其尾则首至，击其中则首尾俱至”的阵势描述，《虞书·尧典》中有“克明俊德，以亲九族。九族既睦，平章百姓。百姓昭明，协和万邦”的经典表述，等等，这些无不蕴含着丰富的古代协同治理思想，我们从中国传统文化的思想精髓中可以感触到丰富的协同治理理论渊源。儒家、道家、法家及墨家思想中的协同治理理念，对于协同推进后脱贫时代反贫困治理不无裨益。

## 一、儒家思想与协同治理

儒家思想文化亦称“儒学”“儒教”，是中国传统文化的思想精髓，集中体现为孔孟思想、孔孟之教。其强调以民为本、以和为贵、仁者爱人、内圣外王，让“仁”与“义”相得益彰，使“礼”与“智”相辅相成，促“忠”与“恕”相生相济，力图通过协作、宽恕等重建礼乐秩序，推进移风易俗，做到保国安民。中国传统文化的思想精髓无不打着儒家思想的烙印，儒家“修身，齐家，治国，平天下”的思想脉络，在历史的传承和积淀中体现着“吸纳、调控与合作”的早期协同协作思想，儒家文化蕴含着协同治理思想。

### （一）强调思想文化协同

在儒家看来，思想和文化的差异是主体产生冲突、协作不力的重要根源。比如，孔子主张“礼之用，和为贵”，孟子主张“身家国同构，天地人合一”。也就是说，促进协同增效，需突出礼乐文明，通过制礼作乐方可推进思想、文化协同和家国协同。《礼记注疏·卷二十》中有言：“凡三王教世子，必以礼乐。乐，所以修内也；礼，所以修外也。礼乐交错于中，发形于外，是故其成也怿，恭敬而温文。”在古人看来，礼修外，乐修内，礼与乐必须相互为用、和合而协同，通过重构和谐的合作关系塑造完整人格，促进相融和相进。这种“家天下”的精神内核，自古以来对于社会个体或治理主体就是一种无形的约束。

### （二）强调协作精神塑造

儒家思想是协作精神深远的渊源，儒家思想中的和谐主义、中庸之道、民本思想无不蕴含着协作主义精神。比如，在处理个人与集体的关系上，儒家思想主张“克己复礼为仁”“礼之用，和为贵”，以“礼”规范言行、建构秩序；针对利益追求，儒家思想讲究“见利思义”，以“义”增进共识、汇聚合力；在协作处理事务的过程中，儒家思想给出的是“君子和而不同”及“己所不欲，勿施于人”的答案，以求同存异之胸襟进行协同协作；在人际交往中，儒家思想倡导“四海之内皆兄弟”，以“合群”为本，以“贵和”为纲，避免过激与对抗。

### （三）强调国家治理协同

在国家治理中，儒家思想高度重视臣子对君主的辅佐与协作。认为治国安邦需协同合作、举贤任能，孟子说：“一人之身而百工之所为备。”汉代董仲舒也强调：“天积众精以自刚，圣人积众贤以自强……是以建治之术，贵得贤而同心。”① 其一方面强调推进国家治理要君臣共治、君臣合作，君子必须通过“务众贤、积众贤”，并使众贤“同其心、治其国”；另一方面强调要在择任贤俊的基础上建立君臣辅佐的伙伴关系，在君与臣、民与君之间着力构建利益共同体，方能有效治理天下。这种“天下之大，非一人之所能治，而分治之以群工”的君臣共治之说似有协同治理之意。

---

① ［西汉］董仲舒．春秋繁露[EB/OL].http：//blog.sina.com.cn/s/blog_5805bf1a0102xbdi.html.

## 二、道家思想与协同治理

道家的社会治理思想以“道”为核心，始终将“道”作为本体性来论述，主张“道法自然”“以道莅天下”，强调“无为而治”“推天道以明人事”。《道德经·第十八章》讲道：“道乃久，殁身不殆。”在老子看来，推进社会治理乃至国家治理，要合乎“道”，成就任何事情、建构社会秩序、实现良好的治理，需遵循“道”；要遵循客观规律、规范行为礼仪，在“无为”中实现“有为”，以“无不为”成就“无不治”，最终达到“无为而无不为”的至高境界。这种“辅万物之自然”的朴素的治理思想具有“协和万物”的协同治理的思想内涵。

### （一）主张官民共治

在国家治理中，老子强调社会力量的介入。老子还讲：“民之难治，以其上之有为，是以难治。”指出了推进国家及社会治理，政府既要有所为，也要有所不为，不能大包大揽，要广泛动员社会力量，给予社会上的人们足够的发展空间及自我形塑的平台，放手让社会大众去变革图新，激发人民群众奋发图强。老子在《道德经·第十五章》中也讲道：“孰能浊以静之徐清，孰能安以动之徐生。”指出了天下万物只有真正地“动起来、活起来”，做到不暴不躁、不浊不乱，一切才能悠然徐生、彰显风采、焕发活力。据此，变革“强国家 — 弱社会”的治理模式需要强化官民合作、协同发展、多元共治，激活公民社会的组织载体，以促成“恃之而生而不辞，功成而不有，衣养万物而不为主”（《道德经·第三十四章》）之治理状态，实现国家及社会治理的“自化、自正、自富、自朴”目标。

### （二）提倡爱民治国

在老子看来，推进国家及社会治理的核心是人，人是实现良好治理的关键要素，所以，《道德经·第二十五章》讲道：“道大，天大，地大，人亦大。域中有四大，而人居其一焉。”老子把人与道、天、地摆在同样崇高的地位，这意味着实现良好治理的前提在于团结人、尊重人、理解人、关爱人，要团结协作、协同治理，应突出利益共享，务必关注民生。为搞好人际关系、促进团结协作，老子主张“天道无亲，常与善人”，同时提倡“圣人无常心，以百姓之心为心。善者，吾善之；不善者，吾亦善之”（《道德经·第四十九章》）的思想理念。强调要充分利用人的能力，激发人的潜能，而不能轻易“弃之”，以善意之美强化协同协作，汇聚治理合力。

**（三）主张以正治国**

老子在《道德经·第五十七章》中提及“以正治国，以奇用兵，以无事取天下”的思想，认为实现良好治理的根本在于做到平等互利、公平正义，在协同协作中实现所谓的“玄同”。比如，反贫困治理中的群众工作就是推进协同治理的经常性、基础性、根本性工作。主张“以正治国”仍然具有现代意义，就是要坚持“我好静而民自正”的工作导向，让老百姓在平等、公正、和谐的环境中协同参与国家及社会的治理，这样才能使人民友好、和睦，社会安定、和谐，治理协同推进。

## 三、法家思想与协同治理

在治国历史上，法家推崇法治精神，倡导以法治国、缘法而治，以“任法去私”为准则，以“富国强兵”为己任，主张以“变法”的方式和手段来推进国家治理，主要代表人物有李悝、吴起、管仲、商鞅、韩非、慎到、申子等。其中，商鞅重法，慎到重势，申子重术，将“法、势、术”糅合为一，协同推进。如商鞅在《商君书·君臣》中有言，“明王之治天下也，缘法而治”，指出了推进国家及社会治理，要排除一切人为因素，应顺时势、合乎人心，追求法律面前人人平等、法不阿贵、刑无等级；同时指出“为法必使之明白易知”，要求将法律公之于众，让百姓在知晓法律中遵从法治。这种“缘法而治、任法去私、不辟亲贵”的治国思想不仅适用于普通百姓，也适用于官吏行权，使法律为治国之重器，良法为善治之前提。在法家看来，维护法的权威、建立法度国家是促进良好治理、社会协同、官民协作的前提。一是法礼协同。法家遵从君臣秩序及政治伦理，讲究法度准则，倡导“信赏必罚、以辅礼制、礼法合治”，认为法治离不开礼治，礼治滋养法治，法的施行可辅助礼的不足，需遵从以礼为本、以赏罚为辅的礼法合治理念。《商君书·更法》中指出：“法者，所以爱民也；礼者，所以便事也。是以圣人苟可以强国，不法其故，苟可以利民，不循其礼。”认为法度用以爱护百姓，礼制为了便民办事，只有法礼并重、以礼入法、以法促礼，才能更好地建构良好的秩序。同时指出：“欲变法以治，更礼以教百姓。”认为“礼”应当适时势所需，主张通过“更礼”变革及“置法”推行，在重构社会秩序与人心秩序的基础上协同共治。二是耕战协同。赏罚与耕战是法家建构秩序的重要手段，耕战、富国强兵是法家的一贯主张。倡导耕战、厉行耕战，旨在促进农耕与战事协同发展，使老百姓喜农乐战，确保兵农协同推进。《韩非子·备内》中指出“徭役少则民安”，认为推进良好的治理，应当奖励农耕、减轻徭役。同时韩非子还主张“官行法则浮萌趋于耕农，而游士危于战陈”（《韩非子·和氏》），认为需要采取可行措施，使百姓归于农业生产，游民居安思危于战事，从而使“耕战”提高到国家建设的首要高度。根据法家思想，“耕”为国家及社会自立、自强的主要手段，“战”为一统天下、建构秩序的必备条件，农耕与战事必须紧密结合起来，既要壮大国家的经济力量，也要保障国家的军事力量，做到兵农合一、寓兵于“耕战”。法家关于法礼协同、耕战协同的理念，对后脱贫时代协同推进反贫困治理起到了重要的思想启迪作用。

## 四、墨家思想与协同治理

墨家思想崇尚兼爱非攻、平等博爱、尚贤尚同、勤俭大度。其主张和谐共处，反对侵略战争，推崇节约，反对铺张浪费，重视文化引领，尊重自然规律，认为一切乱世皆源于彼此的“非相爱，交相别”，主张“兼相爱，交相利”，倡导“夫爱人者，人必从而爱之；利人者，人必从而利之”，强调通过实施普遍的、无差别的“兼相爱，交相利”，“尚贤”于人，“尚同”于天，以除天下之大害，以治天下之大事。这种回应性、尚贤性、尚同性的价值追求具有早期“万物并育”“协同万物”“共同行动”“共同治理”等思想内涵。其一，以“兼相爱”协同治国。墨家以“兼爱”作为构建和谐社会的心理基础，反对功利性的过激行为。墨子有言：“君臣相爱，则惠忠；父子相爱，则慈孝；兄弟相爱，则和调”“视人之国，若视其国；视人之家，若视其家；视人之身，若视其身”（《墨子·兼爱中》），指出了兼爱是相互融洽、彼此协调、协同治国的根本。同时，墨家提出通过“善同思想”实现统一的思想舆论引导、协同的行政管理模式。当前开展脱贫攻坚、构建和谐社会、促进协同治理、实现共同富裕，以及习近平总书记所提及的“构建人类命运共同体”等，在一定意义上讲，也是对墨家“兼相爱”思想的大力弘扬与生动体现。其二，以“交相利”协同联动。墨家始终坚持“交相利”的公益伦理，其实质在于正确处理“义”与“利”的关系，始终将“利”与“义”相提并论。墨家坚持正当性个人利益，认为“利”与“义”需紧密结合、相得益彰，倡导利缘义取、以义为利。在墨家看来，“万事莫贵于义”（《墨子·贵义》），“义者，正也”“义，利也”（《墨经》）。推进协同协作，促进良好治理，需视人若己、彼此互惠、义利合一。同时，墨家还强调个人对国家及社会的责任，提倡牺牲精神，指出“断指与断腕，利于天下相若，无择也。死生利若，一无择也”（《墨子·大取》），认为每个人担当社会角色时都应该是本分的，做出任何选择时都要考虑是否利国利民。据此，作为社会中的人要克服非正当的私利行为，强化责任与奉献，完善心智，健全人格，做到“义”与“利”的完整结合，方可产生协同的生产力。在当前的反贫困治理等社会变革实践中所倡导的互利互惠、结对共建、互助互促理念，也正是对墨家“兼相爱，交相利”等伦理精神的积极回应。

## 第二节　马克思主义经典理论中的协同治理

马克思主义经典著作蕴含并集中体现着马克思主义基本原理，是马克思主义经典理论的本源和根基。马克思主义经典理论所蕴含的历史合力论、协作生产论、人民本位论及制度方法论无不体现、发展着当代协同治理的思想。推进后脱贫时代反贫困治理，可从马克思主义经典理论中汲取思想力量、探究理论渊源。

### 一、马克思主义合力思想及协作理论

在马克思主义看来，协作是社会生产力的重要构成、人类社会进步的重要表征，生产力的发展及社会文明的进步离不开协同协作。马克思说：

“许多人在同一生产过程中，或在不同的但互相联系的生产过程中，有计划地一起协同劳动，这种劳动形式叫作‘协作’。”① 恩格斯也说：“无论历史结局如何，人们总是通过每一个人追求他自己的、自觉预期的目的来创造他们的历史，而这许多按不同方向活动的愿望及其对外部世界的各种各样作用的合力，就是历史。”② 马克思、恩格斯的这一“历史合力论”一方面指出了协作的时空性，认为协作是诸多人在一定的时间及区域范围内的联合行动，促进时间和空间的协同是开展良好协作的首要前提；另一方面指出了协作的目标性，认为协作是利益相关者为共同的目的而进行的共同行动，而不是自给自足的单打独斗，协作旨在促进关联性要素协同发展。我们可以从三个方面对此加以认识。

### （一）协作生产能力的提升

根据马克思主义思想，协作是一种生产的组织形式，是促进变革的社会力量或“新力量”，它既能缔造生产力，也能创造生产力。协作之所以能够促进协作生产力的提升，就在于它能够摆脱个人能力的局限性，抵消个人劳动能力的差别，形成社会的平均劳动，弥补个人力量的单薄和不足，从而强化协同效益，发挥协作功能，创造大于单个劳动力量的机械总和。同时由于个人劳动生产能力的有限性及抗风险能力的不足，需要优化组织形式，“融合为一个总体的力量而产生的新力量”③，这种新的力量需要由协作产生、因协同而壮大，需通过一定的组织变革及整体形式作用促进“集体力”的生成。

### （二）物质条件的变革

根据马克思主义思想，良好的治理状态离不开一定的物质条件，协作

---

① [德]马克思.资本论（第1卷）[M].北京：人民出版社，2004：378.

② [德]马克思，恩格斯.马克思恩格斯选集（第4卷）[M].北京：人民出版社，1995.

③ [德]马克思.资本论（第1卷）[M].北京：人民出版社，2004：379.

需要具备一定的物质条件，方可引起物质条件的变革。马克思对生产资料的使用价值和交换价值进行了分析，认为使用价值是交换价值的物质承担者，交换价值首先应表现出相应的使用价值，“使用价值只是在使用或消费中得到实现”①。基于此，我们认为，对于推进协同协作的过程中的物质条件变革，要坚持价值性的内在标准，促进其使用价值与交换价值统一。

### （三）协作心理的应用

协作是群体性活动，参与者在群体性实践活动中，其心智模式及竞争意识必然增强。马克思说：“在大多数生产劳动中，单是社会接触就会引起竞争性和特有的精力振奋，从而提高每个人的个人工作效率。”② 从而指出了协作可以激发参与者的竞争心理，使其精神振奋，调动积极性，培养责任感，形成向心力。根据马克思主义思想，协作既能诱发社会助长效应，也能产生社会惰化效应，推进协作型治理。基于此，推进后脱贫时代反贫困治理要强化合力思想及协作意识，既要突出“协同计划”的同一性，又要着眼于“协作心理”的应用性，推进物质条件的变革及协作生产力的提升。

## 二、马克思主义人民本位论

马克思主义唯物史观始终强调人民是历史的创造者，是社会变革的决定力量，必须最大限度地激发群众的力量，尊重人民的首创精神。马克思说：“人的本质不是单个人所固有的抽象物，在其现实性上，它是一切社会关系的总和。”③ 同时指出：“历史并不是把人当作达到自己目的的

---

① [德]马克思.资本论（第1卷）[M].北京：人民出版社，2004：47-48.

② 陈佳.新技术革命视域下创新社会管理[J].集宁师范学院学报，2012（4）：49-52.

③ [德]马克思，恩格斯.马克思恩格斯选集（第1卷）[M].北京：人民出版社，1995：60.

工具来利用的某种特殊的人格，历史不过是追求着自己目的的人的活动而已。”[①] 告知世人，构成人类社会、推动历史进步的理论与实践逻辑在于“有生命的个体的存在”的联合行动。毛泽东同志说：“人民，只有人民才是创造世界历史的动力。”（《论联合政府》）这意味着社会历史是基于人的自觉活动而被创造的，人类的社会实践活动要在协同协作中有序推进。邓小平同志指出：“改革开放中许许多多的东西，都是由群众在实践中提出来的……我的功劳是把这些新事物概括起来，加以提倡。”[②] 他还指出，始终要把人民作为社会实践活动的主体及促进社会变革的承担者。据此，推进任何公共治理、促进任何治理变迁，都必须突出人民的主体性地位，建构人民主体性条件，坚持以人民为中心，促进人民协同联动、协作共进。习近平总书记认为，人民群众是协同治理的主体和参与者，必须坚持人民本位为最高价值和行动准则，尊重人民群众的权益，了解人民群众的诉求，要“从人民利益出发谋划思路、制定举措、推进落实”[③]。根据马克思主义理论，人民始终是认识和实践的主体，必须汇聚人民的强大力量，联合人民协同治理，依靠人民的力量创造历史伟业。其一，利益的主体性。利益主体性是人民主体性的内核。马克思主义思想认为，人民始终是自身利益的代表，人在追逐自身利益而进行的创造性劳动实践中改造自我，改造社会，书写历史，创造未来。推进国家和社会治理尤其是反贫困治理，要始终把人民的利益摆在至高无上的地位，以共同的利益追求汇聚强大的力量，激发共同愿景，勾画最大的“同心圆”。其二，实践的主体性。实践的主体性是人民主体性的关键，马克思主义思想体现的是人民性

① [德]马克思，恩格斯.马克思恩格斯全集（第2卷）[M].北京：人民出版社，1957：118-119.

② 邓小平.邓小平文选（第2卷）[M].北京：人民出版社，1993：278.

③ 习近平.把抓落实作为推进改革工作的重点，真抓实干蹄疾步稳务求实效[N].人民日报，2014-03-01（1）.

与实践性的统一。根据马克思主义理论，时代的伟大力量蕴藏于时代的变迁，历史的变迁源于人民的伟大实践。坚持人民实践的主体性，旨在使个体的主体性得到充分的释放，使人民的积极性、主动性、能动性、协同性和创造精神得以极大的发挥。据此，推进后脱贫时代反贫困治理需要强化人民主体意识，塑造主体人格，在充分调动、实现每个人的主体性地位的过程中把新时代反贫困治理推向更深的层次。

## 三、马克思主义制度方法论

制度分析及方法运用在马克思主义理论体系中占有重要的地位。根据马克思主义理论，制度的本质是人与人“交往的形式”或“共同活动的方式”，个体的发展绝不只是个性化发展，从根本上表现为在治理变革中的制度化发展及方法论运用。这意味着在人类社会开展一切合作与竞争、发展与治理等社会实践活动，都离不开“生产力 — 生产关系”“经济基础 — 上层建筑”的矛盾运动的分析框架，离不开正式制度与非正式制度的运用与推行，因此，变革社会实践需强化制度的引领。同时，马克思认为：“生产以及随生产而来的产品交换是一切社会制度的基础。”① 指出了制度建设要体现现实性、协同性，才能产生革命性。立足现实性与着眼于协同性是促使制度发挥整体功能的前提和基础。据此，推进国家及社会治理，开展反贫困工作，要回归马克思主义制度方法论的科学内核，既要总体把握制度的实质、制度的变迁及制度的价值取向，又要科学把握唯物辩证法、两点论、重点论等哲学方法的运用。

① [德]马克思，恩格斯.马克思恩格斯选集（第3卷）[M].北京：人民出版社，1995：740.

### （一）突出制度主体维度，强化制度生成

马克思主义思想认为，制度需要从社会实践活动的关系中来理解，制度的生成与演化往往以特殊人群及治理需求为逻辑起点，需要以特殊治理主体的参与去推动，要在满足特殊人群及治理需求中催生制度，治理需求的状态决定制度生成的样态。在后脱贫时代反贫困治理中，反贫困治理的对象就是“特殊人群”，实现其由“脱贫”向“致富”飞跃体现了“治理需求”。构建反贫困治理体系需要“特殊人群”积极、主动地参与，要在不断满足“治理需求”中有序推进。马克思说：“社会结构和国家总是从一定的个人的生活过程中产生的。”[①] 指出了社会实践活动在创造物质生产力的同时，要强化制度供给力，制度供给水平决定了协同治理水平。同时，马克思主义认为，制度体现的是系统性与结构性、整体性与层次性的统一，是承接性和发展性的历史过程。据此，制度体系“是一个能够变化并且经常处于变化过程中的有机体”[②]，推进任何形式的治理变革，都需动态性把握制度变迁，善于通过构建制度体系，促进各方面力量的结合，要“减少时间和扩大这些力量发生作用的空间”[③]。

### （二）凸显唯物辩证法则，着眼于方法论运用

唯物辩证法是马克思主义的根本方法。马克思主义思想认为，任何制度都是生产力与生产关系、经济基础与上层建筑的矛盾运动的有机构成，建构社会秩序需强化系统的、辩证的、历史的、有价值的及矛盾的分析方法的运用。马克思、恩格斯还从社会“历史合力论”的角度认为历史的形成是“无数力的平行四边形的合力”的结果，任何制度的变迁都是一元决定论与多元互构论的有机统一、个体意志与群体合力的动态均衡、一般规

---

① [德]马克思，恩格斯.马克思恩格斯选集（第1卷）[M].北京：人民出版社，1995：152.

② [德]马克思，恩格斯.马克思恩格斯全集（第32卷）[M].北京：人民出版社，1998：292.

③ [德]马克思，恩格斯.马克思恩格斯选集（第2卷）[M].北京：人民出版社，1972.

律和特殊形式的重要体现。据此，推进后脱贫时代反贫困治理要彰显并重塑马克思主义制度方法论的运用，要立足根本，坚持问题导向，发挥治理合力，在协同协作中推动治理变革的联动和集成，促进治理效能的合目的性与合规律性的统一，使马克思主义认识方法论在后脱贫时代反贫困治理中得到全面的体现。

## 第三节　现代社会治理理论中的协同治理

党的十八届三中全会提出了“推进国家治理体系和治理能力现代化”的战略目标构想，党的十九届四中全会做出了“坚持和完善中国特色社会主义制度，推进国家治理体系和治理能力现代化”的重要部署。这意味着我国的国家治理已逐步进入了系统性、整体性、全面性的现代化治理阶段，意味着需要一套更加成熟、更加完善的制度来推进国家的现代化治理。国家治理的现代化目标聚焦共建、共治、共享格局的形成，国家的现代化治理意味着政府、市场、社会、个人的协同治理，意味着治理主体更加多元、理性，治理结构更加科学、规范，治理方式更加开放、民主。治理现代化为协同治理明确了目标和方向。协同治理作为现代社会治理命题的基本价值取向，是治理现代化、社会化、市场化的内在要求。推进后脱贫时代反贫困治理需从推进国家现代治理中强化定力，从现代治理理论中汲取思想资源。

## 一、合作治理理论与协同治理

合作治理理论体现着新时期中国公共管理学界对现代治理理论的深化认识及重要贡献。“合作”意为协商与互动、自由与参与、包容与共赢，“合作治理”强调的是一种行为的达成度及可操作性，倡导在合作主体间建立平等结构，其基本的职能是引导而非控制、是协同而非管制。在合作治理中，治理结构越趋平等，协同治理越具活力。合作治理注重治理的价值性及公平性的运用，社会治理策略、治理技术、治理行为、治理模式、治理价值等要素则构成合作治理探究的重点。中国知名学者张康之先生认为：“我们倾向于把后工业社会看作合作的社会，与这个合作的社会相适应的和能够满足社会治理要求的将是一种合作治理。”[①] 也就是说，合作治理是为解决后工业化进程中常出现的“公地悲剧”等治理问题，充分调动多元治理主体的积极性、主动性和创造精神而生成的。我们可以从两个方面进行认识：其一，多元主体治理。合作治理主张多元主体参与社会治理，强调平等信任、开放参与、合作共赢、协商互惠的核心价值理念，政府要在这种治理格局中扮演重要角色，引导治理主体有序参与社会治理、促进社会治理、共享社会治理成果。多元主体治理意味着“不仅需要社会自治力量来协助政府进行社会治理，而且应当是政府与社会力量一道进行治理。这种治理不再是以政府为中心而由社会自治力量辅助的治理，而是政府与社会自治力量的合作治理”[②]。这就要求在合作治理中，既要科学界定政府的职能范畴，又要有效规范社会力量的运行，充分发挥政府的引导、调控、监督等职能，有效激发社会组织的活力，培育公民社会，在社

---

① 张康之.在后工业化进程中构想合作治理[J].哈尔滨工业大学学报（社会科学版），2013（1）：51-60.

② 张康之.走向合作治理的历史进程[J].湖南社会科学，2006（4）：31-36.

会治理中实现多元主体治理，以多元主体治理推进社会治理。其二，整体性治理。合作治理着眼于整体性治理，倡导公共需求、结果导向、层级治理及力量整合。通过有效发挥政府“整合者”的作用和功能，坚持“顾客”导向，着力解决社会治理关系中的“盲从化现象”与“碎片化问题”，让公共治理实现无缝隙对接，促进公共服务的整体性推进。整体性治理侧重于治理工具的运用，主张发挥协同功效、强化协调功能、整合与治理相关的行动、打破治理主体间的壁垒。通过系统性、整体性治理结构的构建，实现社会治理的协调与整合，最终实现合作治理的价值理性与工具理性相统一。合作治理模式示意图如下：

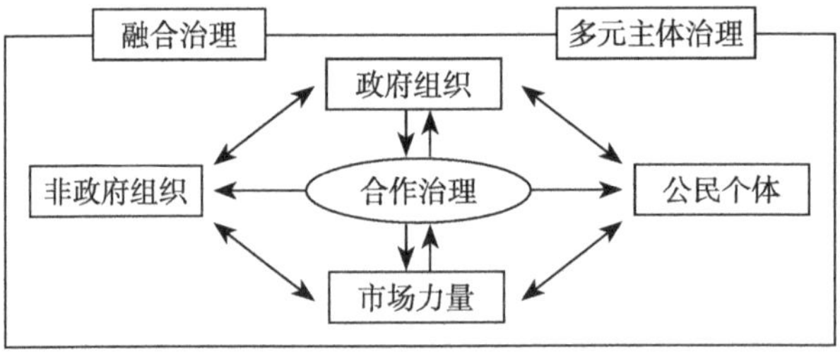


## 二、社会互动理论与协同治理

社会互动理论是基于建构主义和人本主义的认知体系，认为社会结构是认知与行动的结果、社会治理是持续互动的过程。社会互动理论以互动方法为核心内容，合作、交换、竞争、冲突、协同、调控等则构成社会互动的重要形式；常人方法论、符号互动论、印象管理论、社会交换论、参照群体论等构成了社会互动理论的主要观点。社会互动理论认为，现代治理的实质在于建构多元治理主体的角色关系及互动合作关系，体现以民意协同、价值共识为基础的各权能治理主体的互动合作过程。马克思主义认为，人是一切社会关系的总和，在一定的社会背景及现状条件下，由于人与人、人与群体及群体间会基于某种期待与回应而采取一定的行为，社会互动关系因此而产生。基于此，我们认为，社会互动体现了社会治理的深刻内涵，社会治理是社会互动最为现实的表现，社会互动理论为探索现代治理、推进后脱贫时代反贫困治理提供了新的视角。建构社会互动、推进现代社会治理及后脱贫时代反贫困治理，要以建构一定的社会关系为前提，需强化治理主体、治理客体等在心理上、行为上、技术上的相互作用、相互影响、相互补位、互利共赢。

### （一）常人方法论视角：强化自治功能

常人方法论认为，社会互动基于一定的认知背景及常规状态，各方主体就一定的“规则”达成共识是正常互动的前提，如果忽视了潜在的约定俗成的因素及内隐规则，社会互动则无法有效地开展；同时也指出，由于人的行为往往受自身的真切感知和切身体验的支配，社会互动并非完全依托已有的正式制度及显性规则。基于此，我们认为，现代治理是一项系统的过程，既需要治理主体的相关正式制度的有效推进，也需要治理客体的相关非正式制度的有序生成。需要在充分尊重治理区域现有的约定俗成的因素及内隐规则的基础上优化治理客体的自治结构，强化治理客体的自治功能，积极、有效地将治理客体纳入治理主体范畴。

### （二）符号互动论视角：重视文化价值引领

根据符号互动论，社会互动是通过一定的事物的“符号”进行的，当一定事物的“符号”被赋予了一定的意义，人们往往就会依据这种意义的程度采取相应的行动。据此，我们可以得知，社会互动本质上就是一种“符号运动”，在情境变化中，需不断重塑事物发展的“符号”意义，激发人的思想和行为。在现代治理中，人们共享的“符号”的意义在于赋予现代治理文化和价值，强化文化功能及价值引领是现代治理主客体互动的前提和基础。推进现代治理及包括反贫困治理在内的社会治理，要重视文化价值的引领，建设精神家园，致力于培育主客体共享的文化认同及信任、互惠的共有价值观。

**（三）印象管理论视角：强化自我形塑能力**

印象管理论亦称“拟剧论”，认为促使社会互动成功的一个关键因素为良好的“自我印象管理”，这好比社会是一个舞台，人在社会角色的扮演中都会努力为他人留下美好的印象，以期在社会互动中赢得主动。据此，推进现代治理及后脱贫时代反贫困治理，要注重参与主体的自我印象管理能力建设，强化其形象意识，使其着眼于形象构建，推进自我形塑，努力提高自身的公信力和认同感。

**（四）社会交换论视角：健全奖惩机制**

社会交换论认为，社会互动的实质表现为“奖”与“惩”的交换运用，交换不局限于市场关系，也不仅仅存在于社会关系。据此，推进现代治理及包括反贫困治理在内的社会治理，要以满足人们的利益和需求为基点，建立、健全奖惩机制，激发治理效能，并把奖惩机制建设作为推进社会治理、促进国家治理现代化发展的重要内容，促进治理行动的工具理性与价值理性的统一。

**（五）参照群体论：发挥样板效用**

榜样的力量是无穷的。参照群体论认为，诱发人的思想和行为，并非只在于面对面的直接互动，通过参照样板也可建立自我价值观念和行为准则，参照群体的态度和标准往往成为个体自我评价及社会行为的标准。基于此，我们认为，模范带动、树立典型是社会治理的内核力量和社会互动的重要构成部分。将参照群体论应用于现代治理及包括反贫困治理在内的社会治理，是推进国家及社会良好、有序治理的必然选择。

## 三、共建、共治、共享理论与协同治理

党的十九大明确指出："要打造共建、共治、共享的社会治理格局。加强社会治理建设，完善党委领导、政府负责、社会协同、公众参与、法治保障的社会治理体制。"[①] 指出了新时代的社会治理要以协同治理为基本原则，以共建、共治、共享为目标导向，努力推进社会治理的社会化、法治化、智能化、专业化发展。"共建、共治、共享"体现着创新社会治理的内在要求及构建新时代治理格局的根本特征，主张摒弃传统管理中"非官即民"的二元思想，强调公权力与权利的回归，在充分发挥政府权能中激发社会活力。"共建、共治、共享"体现的是包容式发展的升华、科学化发展的延伸，同时它也是衡量社会治理效果的重要标尺，为新时代创新社会治理指明了改革的方向，旨在让全体成员在参与社会治理中共享发展成果。据此，进入后脱贫时代，推进现代治理及反贫困治理，治理体系构建是基础，治理能力建设是关键。要明确角色定位，构建共建体系；要整合治理资源，提高共治水平；要健全体制和机制，确保安全共享。一要强调治理主体"共建"。主张推进社会治理社会化，促进多元主体合作治理，强调来自政府又不局限于政府的协同治理。各社会组织及个体既是治理的对象，也是治理的主体，需打开治理空间，创新治理思路，积极引导市场主体和社会力量共同参与社会治理，切实走出传统的"国家—社会"的对立管制思维误区，努力构建"党政主导、社会参与、协商共治、法德并举、能力现代"的治理格局。二要凸显治理方式"共治"。强调治理主体多元"共建"意味着治理方式多样"共治"。"治理"表现为弥补政府及市场的失灵而对"管理"的替代性升级。我们推进现代治理，不应局限于对

---

① 习近平.决胜全面建成小康社会，夺取新时代中国特色社会主义伟大胜利——在中国共产党第十九次全国代表大会上的报告[R].北京：人民出版社，2017.

治理主体的权力结构的调整，还需着眼于对治理过程的运行方式的调整，实行多元主体合作型、扁平式治理。政府组织要积极培育公民社会，善于依托非政府组织、社会组织、公民个人等社会力量，形成互动关系，善于依靠社会力量来治理社会，通过构建合力共治体系实现政府治理与社会治理的良性互动。三要着眼于治理成果“共享”。这在新时代体现为共享型社会治理，在共享型社会治理中，成果“共享”是实现“善治”逻辑中公共利益最大化的最终体现。共建、共治、共享理论认为，“共建”体现的是责任与义务，“共治”体现的是方式与方略，“共享”体现的是权利与归宿，全民在共同参与社会治理中共享社会治理成果，是实现社会主体价值的内在要求。基于此，在推进后脱贫时代反贫困治理中，我们追求的“共享”应该是权能发展的共享、梦想引领的共享及治理成果的共享，需要在构建“幼有所育、学有所教、劳有所得、病有所医、老有所养、住有所居、弱有所扶”的治理状态下不断取得进展。

# 第五章 协同治理范式的内涵

自20世纪70年代德国物理学家赫尔曼·哈肯提出了协同学（synergetics）理论以来，协同治理备受关注，它系统地描述了事物发展中的协同性规律及共生关系。在赫尔曼·哈肯看来，世界是一个协同的系统，协同广泛存在于太空中的所有领域，协同过程就是从无序到有序的系统化运作及发展过程。他同时认为事物演化的终极建构取决于其序参量的生成，各子系统需要彼此保持相对稳定的结构和功能，协同推进各参量序化及契合发展。协同治理（collaborative governance）正是基于协同学理论范式而倡导的现代治理方式，并日益成为诸多国家推进政府治道变革的路径选择。协同推进后脱贫时代反贫困治理，有必要深入探讨协同治理的内在机理、核心要义、范式的构建等相关问题。

## 第一节 协同治理的内在机理

协同治理代表着一种治理的变革，是为了应对系统性、复杂性治理危机及实现多样性、综合性治理目标而产生的一种治理理念。在协同治理范式下建立开放的系统结构及有效的治理结构，必然使以政府为主体的治理组织的角色和地位发生根本性的转变。协同治理以改善治理效果、实现“善治”为目的，推进由一元管理向多元治理发展的变迁，需着眼于协同治理的内在机理分析。中国特色社会主义已进入新时代，在推进包括反贫困治理在内的治理变革中促进多元协同显得更为重要、更为迫切。

## 一、矛盾论视角中的协同治理

马克思主义告诉我们，社会是在矛盾的运动中前进的，哪里有矛盾，哪里就有问题，哪里有问题，哪里就有矛盾，矛盾与问题总是相伴、相生的。习近平总书记也深刻指出：“问题是事物矛盾的表现形式，我们强调增强问题意识、坚持问题导向，就是承认矛盾的普遍性、客观性，就是要善于把认识和化解矛盾作为打开工作局面的突破口。”[①] 中国特色社会主义进入了新时代，“人民日益增长的美好生活需要和不平衡不充分的发展之间的矛盾”作为我国社会的主要矛盾是基于我国正处于表达诉求期、矛盾突发期、克难攻坚期“三期叠加”的重要研判。基于此，推进协同治理，要增进问题意识，坚持问题导向，善用矛盾观点，开展矛盾转化，促进问题解决。协同治理思想的提出，正是基于解决公共需求增长而有效供给不足、公民渴望参与而治理渠道有限的矛盾而产生的。

### （一）解决治理主体权责失衡而引起的问题

进入新公共管理时期，跨界公共问题日趋复杂，组织机构裂化、公共服务碎片化等问题也亟待引起关注。及时、准确地回应公民的社会利益诉求，重构治理体系，提升公民的治理能力，在实现治理与善治中充分彰显

① 习近平在中共中央政治局第二十次集体学习时强调：坚持运用辩证唯物主义世界观和方法论，提高解决我国改革发展基本问题本领 [N]. 人民日报，2015-01-25.

公民权利、公平、正义、治理责任等公共价值，需要更加注重问题导向，破解权责失衡问题。协同治理正是基于对公共事务问题的有效回应，通过构建协作性治理机制及理论框架，破除传统管理体系及政府垄断状态下的刚性分割模式，实施网络化“大部制”治理，着力解决“谁治理、如何治理、实现什么样的治理”这一系列根本性问题。

### （二）解决治理方式单一而引起的“缺位、越位、错位”问题

在传统的治理范式下，政府的治理方式往往表现为对公共事务的统揽、统包，政府是推进公共事务的唯一责任主体，公民及社会力量处于被支配的地位，市场活力尚未被充分激发，从而致使政府缺位、越位、错位的“三位”问题明显。比如，对于跨界合作事务及管辖边缘的“三角地带”，往往因管理与服务鞭长莫及，极易出现权责“真空”、治理“缺位”等现象。在协同治理范式下，政府、市场、社会均为协同治理的主体，倡导市场力量及公民社会的有序参与，着力构建“政府 — 市场 — 社会”的协同治理新模式，在各要素的相互作用中促进序参量的有序生成，更能填补政府的缺陷、弥补市场的不足、激发治理的活力。

### （三）走出公民及社会组织定位模糊而引起的作用“孱弱”困境

在协同治理视域中，政府组织是其中的重要一员，各社会组织及公民个人既是社会管理和服务的对象，也作为公共治理的主体，这样更有利于激发公民与社会的首创精神，增进其责任认识。进入后脱贫时代，要强化问题意识，正视矛盾的存在，在解决问题及转化矛盾的过程中将反贫困治理推向更深的层次。

## 二、竞合论视角中的协同治理

“治理”是一个多维概念，是多元公共治理主体并存的目标导向行为；

“协同”是一个系统概念，体现为各系统的竞合关系和协作行为。据此，协同治理既涵盖共同行动、关系协调、结构耦合、资源共享等元素，也具有竞争与合作、规则与自由等内涵。赫尔曼·哈肯在协同学理论中引入了“序参数”概念。协同学支配原理以“序参量”生成为核心，“序参量”用以描述系统如何实现从无序到有序的动态转变。在哈肯看来，序参量是系统在发展变化中使事物产生质的飞跃的重要因素和突出标识，是系统的有序结构、类型的维系参量及协同运动的贡献的总和。他同时认为，作为子系统，总是倾向于自发性的、无规则性的独立性运动，但与其他子系统的作用体系总是存在千丝万缕的内在关联。据此，我们认为，协同治理序参量的有效生成源于各系统的有序竞争及精诚协作，同时，序参量又支配着各系统的协作与竞争，主宰着系统的演化进程，进而使系统不断产生新的有序状态。

### （一）强化协同行动

从世界观的角度，协同治理的重要启示就是要正确认识事物发展的客观性、复杂性、多态性和多样性；从方法论的视角，在于增进系统认知、强化系统思维。据此，推进协同治理，要强化协同行动，促进序参量或序参数的有效生成，使序参量或序参数在关联体系中发挥主导作用。一方面通过系统间的协同合作建构有序结构，在构建“政府 — 市场 — 社会”的多元治理主体中降低交易成本，促进协同增能；另一方面通过序参量的有效生成激发协同治理等方面的价值，在共同行动契合中及理性对话交流中促进公民主体意识的增强及参与能力的提升、公共政策的优化及政策效能的提升。

### （二）走向协同竞争

根据马克思主义观点，同一性与斗争性是矛盾论的基本属性，任何事物的发展都体现为同一性和斗争性的统一；同一性是有条件的，斗争性是无条件的、绝对的。基于此，我们认为，推进治理变革，要善于在构建同一性与斗争性的竞合关系中推动事物的变化与发展。根据哈肯的协同学理论观点，在临界点的系统内协同竞争中，当序参量发生变化，协作的均衡状态被打破，序参量间的竞争会日益凸显，进而诱发高一层级的有序状态，促进高一层级的协同竞争。据此，在协同治理系统中既有对立，也有统一，既存在协同，也存在竞争，需要在同一性中强化斗争性，在斗争性中增进同一性，在协同中强化建构，在竞争中促进发展。竞合论视角中的协同治理思想对于后脱贫时代反贫困治理具有重要的启迪作用。

## 三、组织论视角中的协同治理

根据赫尔曼·哈肯的协同学理论观点，任何事物都会同时承受来自内部及外部的作用力量。从组织进化形式看，系统组织可以被分为“他组织”和“自组织”，任何系统都是“他组织”和“自组织”的统一体。那么，何谓“他组织”及“自组织”呢？普遍认为，如果有序状态及良好秩序的形成源于系统外部作用的主导，以外部力量改变系统结构，则为“他组织”；如果有序状态及良好秩序的形成源于系统内部作用的主导，不需外部干预而自发组织、相互协同、有序建构，则为“自组织”。据此，推进协同治理，需要着眼于系统的组织力建设，即自组织力与他组织力的建设。因为系统的目标决定系统的组织，而系统的组织是系统的目标实现的决定因素，任何良好的秩序的形成都源自内外作用力的驱使，以组织力的有效发挥达到组织的目的。

### （一）发挥“他组织力”的作用

协同治理理论认为，协同治理是各参与主体为形成事物的发展秩序的协作型治理，以实现系统由无序到有序的治理状态的转变。促进均衡状态下序参量的有效形成，促成多元主体协同发力，各参与主体往往通过指令式、诱导型、限定型等方式，致力于共同遵守的规则及交换环境的有序建构。据此，在协同治理中加强“他组织力”的建设，首先要强化目标引领作用，既要有明确的目标导向和计划方案，也要有动态调整及组织预案，其次要加强治理力量建设，即要有系统外核组织者及积极参与者，最后要重视“环境应力”建设，使良好的系统环境成为组织力建设的强有力支撑。

**（二）强化“自组织力”的作用**

系统“自组织”现象无论在自然界中还是在人类社会的发展进程中都是普遍性存在、开放性建构并自发性相变的。自然界中空气、土壤、水资源及环境的自我净化，社会中一个政党及政治组织的自我完善、自我革新，一个生命个体的自我管理、自我教育等，无不体现“自组织力”的功能。基于此，推进协同治理，要遵循事物发展的规律，保持系统的开放性状态，诱发自主性生成及序参量形成，推进系统间各要素进行物质、能量及信息交换，实现自组织体系的有序发展。更需明确的是，在任何一个组织系统中，“自组织”与“他组织”都是辩证统一体。“自组织”功能的发挥需要“他组织”力量的给予，“他组织力”的生成有赖于“自组织力”的发挥，“自组织力”与“他组织力”相互作用、互为支撑、相互形塑、相得益彰，如图所示：

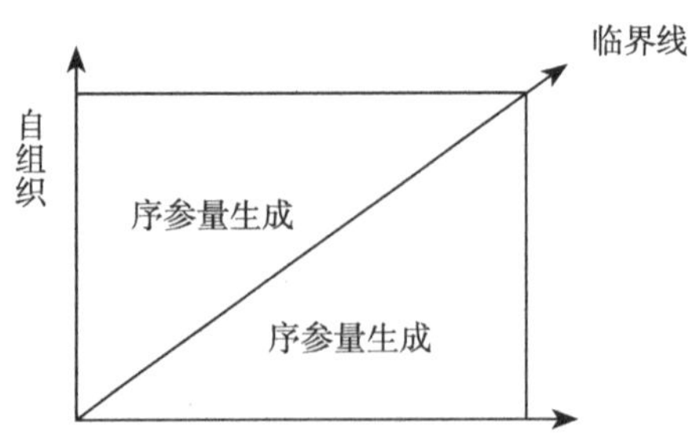

我们不难看出,“自组织”与“他组织”可用来体现任何一项治理活动的重构，临界线为最佳匹配状态。组织活动的最终结果取决于自组织与他组织的相互作用及功能发挥，取决于系统间序参量的有效生成。据此，进入后脱贫时代，推进任何公共管理活动及组织行为，都既要承认“他组织”存在的必要性，突出力量供给，也要强化“自组织”的自治功能，激发其内在活力。协同治理范式下，推进反贫困治理体现着“自组织”与“他组织”的统一。

## 第二节　协同治理的核心要义

根据马克思主义关于生产力决定生产关系、生产关系反作用于生产力的矛盾运动规律认识，我们认为，协同治理体现为协同生产力与协同生产关系、协同文化培育与协同环境塑造的辩证统一。协同生产力决定协同生产关系的性质与形式、现状与变革，协同生产关系对协同生产力具有能动反作用。构建协同生产关系旨在打造协同生产力，打造协同生产力需着眼于建构协同生产关系。同时，在协同生产力与生产关系的良性互动中，需要通过培育积极、健康的协同文化，塑造良好的协同环境，促进协同治理效能的提升。协同治理范式下，推进后脱贫时代反贫困治理需聚焦于协同生产力打造及协同生产关系结构构建的维度，着眼于协同文化建设，促进协同效能的提升。示意图如下：

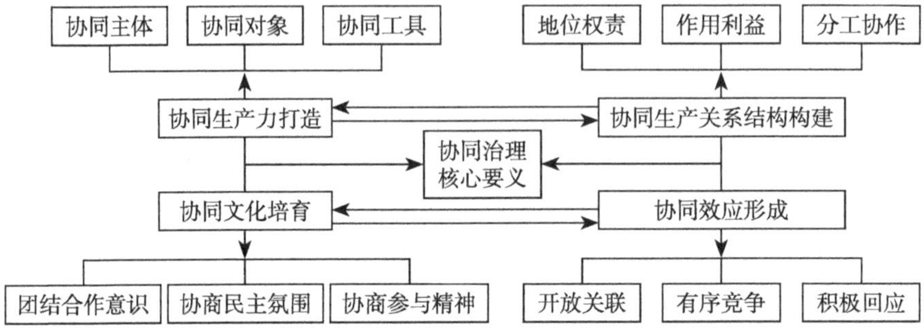


## 一、协同生产力打造

马克思主义生产力理论表现为要素生产力与协作生产力的统一。要素生产力从生产要素的构成维度泛指劳动者、劳动对象、生产资料、生产工具等要素功能的形成，协作生产力从协同生产的运作维度指通过生产力要素的组合促使系统内要素的协同合力的生成。据此，协作生产力从本质上讲就是协同合力，即协同生产力。赫尔曼·哈肯认为，世界是协同的世界，我们不能幻想人类存在于没有相互协同作用的真空世界，社会生产力的发展本质上是协同生产力的发展。协同生产力表现为协同系统生产力与自然及社会系统生产力的复合，这种协同是协同系统治理能力与协同对象、协同资料、协同环境进行耦合循环、能量转换、信息传递的协同。协同生产力发展状况往往取决于协同系统整体功能的发挥，整体功能的优劣状况又转化为协同生产力构成要素在一定结构下的协调推动。一方面，协同治理具有自觉优化生产力发展的整体功能，促进生产力系统的协调发展。各子系统的内在组织力的协同作用使生产力系统总是在“无序—有序—无序—有序”的波浪式前进中发展。另一方面，生产力系统的各要素需要在一定的结构下协同运行，才能形成彼此支撑、相互维系的整体力量。治理主体、治理工具、治理对象、治理技术等生产力要素在一定的系统结构中经过协同作用所形成的整体功能大于单个要素产生的功能的总和。基于此，我们认为，社会生产力的发展离不开各要素功能的发挥，离不开各要素的协同协作，协同协作会在创造劳动形态、彰显劳动价值、强化劳动功能中创造生产力。也就是说，我们在从事人类社会的生产及治理活动时，要牢牢把握“要素”与“协作”这两个维度，既要注重对人和物即劳动者和生产资料的优化与提升，更要着眼于协作性工作的开展。对协同生产力发展水平的判断必须从系统性、整体性出发，协同生产力应集中体现为协同治理的能力建设与促进生产能力的协同。

第一，强化协同管理。任何一项协同性社会生产都不能排斥协作中的管理，都离不开协同工作的组织、指挥、协调、控制，需有效彰显组织者和管理者在协同治理中的智慧与效能。

第二，促进多元协同。打造协同生产力既包括人的层面，集中体现为多元主体的协同，也包括物的层面，集中体现为治理工具、治理对象的协同，使多个要素力量融合为一个总力量而催生新力量。

## 二、协同生产关系结构建构

马克思在1859年出版的《政治经济学批判》一书中把“生产关系”定义为“人们在自己生活的社会生产中发生的一定的、必然的、不以他们的意志为转移的关系”。从而指出了从事社会生产活动不仅要进行物质资料生产，还要进行劳动力再生产、社会关系再生产。生产关系不仅包括物质生产关系，也包括人口生产等一切社会关系，形成社会治理结构不仅要强化生产力协同，更要推进生产关系协同，协同生产力决定协同生产关系。协同生产关系结构正是在协同治理的生产、交换、分配、消费过程中基于治理结构所形成的，包括地位、权责、作用、利益、分工、协作等活动关系。据此，构建协同生产关系既要着眼于创新协同治理的形式和机制，也要明确各主体在治理中的地位和作用。

### （一）构建多元主体结构

推进协同治理需强化治理主体的协同共治，推进序参量的协同运行，在协同治理范式下，除政府外，市场、社会组织、公民个体等也应融入治理主体范畴。构建多元主体结构既是协同治理的必由之路，也是适应现代治理的内在要求，旨在实现公共治理效用最大化，更好地发挥多元主体并存的协同治理体系的整体功能。党的十九届四中全会明确指出："要完善党委领导、政府负责、社会协同、公众参与、法治保障的社会治理体系。"其中，党委领导是核心，政府负责是推力，社会协同是依托，公众参与是基础，法制保障是前提。据此，推进协同治理及后脱贫时代反贫困治理要充分发挥党政的核心引领作用，各级党委、政府始终是多元公共治理中重要的一员；要协同社会各方的作用，将社会组织、民间团体、企业组织、社会公众等社会力量纳入协同治理的主体范畴；既要推进各主体的协同协商，也要促进主体内部系统的协同，以及治理技术、治理手段的协同。

### （二）促进作用利益协同

协同治理体现了"善政"与"善治"的有机结合，是公共治理变革使然。其本质特征是通过政府与公民、社会的合作管理，达到协同治理活动关系的最佳状态，进而促进公共利益有效生成、个人利益有序实现，注重运用公共权威，强化治理规则，优化治理机制，强调以官民合作为重要形式的协同治理。基于此，构建协同治理模式不能脱离维护、促进社会公共利益的根本目的，要强化作用机制建设，以实现、增进社会公共利益为根本价值取向，在各治理主体间建立合作伙伴关系，调和联合行动，实现单一子系统无法实现的功能。

### （三）理顺分工协作关系

根据马克思主义协作生产力理论，生产力是在一定的社会生产组织中进行分工协作所形成的集合力，分工恰当与否、协作是否密切必然影响集合力的形成，影响人们在生产劳动过程中的地位和相互关系即生产关系。据此，要理顺分工协作关系，通过构建协同关系形成集合力，强化要素生产力，铸就协作生产力。

## 三、协同文化培育

哈肯认为，推进协同治理需要强化协同效应，协同效应体现系统内部的整体关联性，是形成系统有序结构的重要驱使力。而协同文化是形成协同效应的核心要素，培育什么样的协同文化就会产生什么样的协同效应，协同文化的生成及协同效应的形成直接关系到协同治理的实际效果和目标的方向。协同文化培育要以推进协同治理为目标、以建立团结协作、互利共赢、合作奉献的核心价值理念为导向，促进“以文化人、人文化成”的知识积累的有效生成。其一，团结合作意识。有史以来，中国优秀的传统文化、革命文化及社会主义先进文化中就始终贯串着丰富的团结互助、合作共进等核心价值思想。比如三国时期的孙权曾说的“能用众力，则无敌于天下矣；能用众智，则无畏于圣人矣”、《易经》中所提的“二人同心，其力断金”、《孙子兵法·谋攻》中所说的“上下同欲者胜”等警世名言，以及“人心齐，泰山移”“单丝不成线，独木不成林”等谚语无不道出了团结合作的重要性。协同治理强调的是多元、民主、平等的主体意识，提倡的是团结、合作、主敬、信任的公共精神，通过相互配合、协作及共同主事的治理形式实现合作型治理。其二，协商民主氛围。协商民主既体现着党和国家重要的政治语境，也是推进协同治理的根本依据。毛泽东同志在《反对本本主义》中指出，要“开调查会、作讨论式的调查”，并主张中心问题要在会议席上经过辩论；邓小平同志指出：“一个革命政党，就怕听不见人民的声音，最可怕的是鸦雀无声。”① 习近平总书记指出：“在中国社会主义制度下，有事好商量，众人的事情由众人商量，找到全社会意愿和要求的最大公约数，是人民民主的真谛。”② 这意味着协商民主不仅作为一种治理形式而存在，也应作为一种价值理念及文化氛围而形成。协同治理崇尚和合思想、兼容理念，表现为对“忧乐文化”的继承与发扬、对协商精神的开拓与培育，推进治理型协商民主旨在打开现代性协商的空间，打开协商的空间方可推进协同治理。其三，协作参与精神。协作性、参与性是公民公共精神的基本属性，协作参与是现代政府治理及社会治理的内在要求。协同治理始终强调协作与参与，协作参与是协同治理的关键，强调在政府组织与公民社会间建立互信、互动的合作关系，培育公民的参与意识及理性精神，实现多方价值利益共赢。

## 四、协同效应形成

协同效应（synergy effects）指在复杂的系统内部通过各要素的相互作用、相互影响及结构序化所形成的状态，简言之为“1+1>2”的整体效应。推进新时代协同治理，要以追求协同效应最大化为根本目的，通过融合发展机制，在增进协同治理中强化协同效应，在强化协同效应中增进协同治理。基于协同学中的自组织原理和序参量原理，推进协同治理、强化协同效应既要开拓新视野、增强开放性、提高系统自组织能力，又要着眼于新

① 邓小平. 邓小平文选（第2卷）[M]. 北京：人民出版社，1994：144–145.

② 找到全社会意愿和要求的最大公约数[EB/OL]. http：//society.people.com.cn/n/2014/0922/c136657-25704172.html.

状态、强化竞争性、促进系统从低层次有序向高层次有序发展，还要突出新方略、增强回应性、强化系统结构有序的内在动力。

### （一）开放与关联

自治性、开放性、关联性与非线性是协同效应产生的前提条件。协同强调的是两个及两个以上的事物及特性的内在关联，协同的基本内涵在于解决内在关系性及外在关联性的问题。促进各事物、行为个体的相互影响、相互协作、相互配合，增强系统的开放性、关联性为系统整体协同效应的形成创造了条件。一方面，协同系统应向社会环境开放，在开放状态下有效汲取各类资源，获取目标群体利益表达信息并自觉接受相关的约束与监督。另一方面，强化系统内子系统的内在关联，确保子系统在相互影响、相互开放的状态下进行资源、信息的交换及权利、权能的让渡。据此，协同治理主体需要不断更新观念、开拓视野，在开放、关联性的体系建构中打开协同空间，强化协同效应。

### （二）有序与竞争

协同治理，从本质上讲表现为系统内部序参量的协作与竞争，从而使得系统的内部结构不断优化，促进系统由无序状态进入有序状态、由低层次有序状态进入高层次有序状态。协同效应的产生往往取决于系统内有序竞争优势的存在，协同主体在对立统一的竞合关系中开展有序建构与协同，方可产生协同效应。据此，要善于建构竞争秩序、释放竞争价值，使协同系统成为动态有序系统，让子系统竞争成为多元有序竞争。

### （三）回应与调试

回应性与调试性共生共存、相互强化、互为支撑。回应性是公共治理的内在要求及责任型政府构建的重要属性，调试性体现着推进治理秩序再造的实践逻辑及内在机理。基于以上对协同效应的认识，推进后脱贫时代反贫困治理，要求各治理主体着眼于适应性变革，强化关联性，立足回应性，保持调试性，不断回应公民及社会的基本需求及表达诉求，通过建构回应性、调试性反贫困治理体系增进协同共识，强化协同效应。

## 第三节　协同治理的范式构建

协同治理是协调性、协作性、联合性治理，往往通过网络化组织、建构型举措来实现。协同治理范式构建需要着眼于主导型治理架构、网络化治理形态、协作型治理方式、社会型治理模式、建构型治理体系研究。研究协同治理范式构建对于深入探讨后脱贫时代反贫困治理的理念变革、策略转向、运作模式等有所裨益。

### 一、主导型治理架构

协同治理理论认为，制度变革方向性规制力量及顶层设计主体框架是构建协同治理体系的必要条件。协同治理虽然强调多元治理主体并存，主张治理主体的地位平等及利益均衡，坚持“开放、合作、参与”等价值取向，强调跨领域、跨区域、跨部门、多层级治理。但是，公权力拥有者始终作为治理主体的重要能动力量发挥着关键作用，主导着治理型制度的变革。根据能量耗散聚合结构原理，能量具有耗散聚合的特性，各种能量的发展要素并非简单地叠加组合，需在整体把握、动态聚合、优化配置中促进要素能量的相互转化、良性互动、优势互补，主张“能量共担”。而权力掌控型治理模式具有强制性、单项性及非转化性特性，容易陷入“管制危机”及“维稳困境”。据此，推进协同治理，需着眼于能量耗散聚合的治理范式选择，构建能量共担、能量耗散聚合型制度安排和治理模式，壮大制度存量，提升制度增量，规范制度运行，激发协同效能，激活现有能动力量，以强有力的能动主体引领协同治理。

**（一）优化制度结构，转变政府职能**

协同治理强调以协作思维为主导要素，主张通过制度规制，职能转变，权能回归，政府、党政主导等构建协同治理体系。据此，对于协同治理范式的构建，政府职能转变是关键。应对繁杂的社会治理问题及多元化的治理需求，需进一步优化政府职能配置，释放职能空间，着力改变原有的“大政府、小社会”格局。推动单一的政府治理模式向党政主导下的多元主体治理模式发展，促进“全能政府”向“有限政府”回归，实现政府职能由“划桨”向“掌舵”转变。

**（二）培育公民社会，壮大市场主体**

公民社会（civil society）是外来词，指由自由、平等的公民结成共同利益基础及价值目标追求的非强制性、正当性的行为集体。国内学者俞可平先生认为，中国的公民社会是典型的政府主导型公民社会，是相对独立于国家和政府的非政府组织、非营利组织及民间组织所构成的主要治理主体，体现着当今民主政治发展的必然要求，也是市场经济运行的必然产物，具有官、民二重性质。但与此同时，我们不可忽视私人组织的作用，在社会转型的国家中，人的独立意志、自主性意识等的发挥也存在于“纯粹的私人领域”。据此，协同治理作为一种由政府主导，社会、市场、公民等诸多要素协作参与的公共治理模式，具有多元参与、协作共享等特点，强调政府、市场、社会的理性对话与协作交流。进入后脱贫时代，需要着眼于公民社会的培育，公民社会培育的显著标志在于公共精神的激发，培植公民的公共精神、壮大市场力量，也有助于主导型协同治理架构的构建。

## 二、网络化治理形态

网络化治理是当前社会治理的新形态，产生于网络化时代及多元社会治理结构的现实，体现着对传统官僚制治理模式的改进。它主张参与主体多元化、治理结构扁平化、治理格局网络化，强调治理主体的相互信任与支持，平等、开放与协作，着力构建自由、自治、平等、开放、高效的协作治理空间。美国学者斯蒂芬·戈德史密斯、威廉·D.埃格斯认为网络化治理是一种全新的基于非营利组织、营利公司等广泛参与并提供公共服务的公私部门合作的治理模式，以社会关系、经济结构、技术要素的整合过程为基础，既要关注治理的效率、效益，也需回应良好的治理所追求的价值等。[①] 基于此，我们认为，网络化治理体现的是对现代公共事务治理的复杂性、发展的非线性、主体的异质性及管理的碎片化的积极回应，政府部门与非政府部门并非博弈关系，而是合作伙伴关系。应推进政府部门与第三部门、社会组织、公民个人等非政府部门的合作，在协商治理中共享资源、共担责任，使治理效果更加明显，增进公共利益，达到协同治理的目的并实现善治的目标。

### （一）制度化网络合作机制构建

网络化治理理论认为，现代公共行政是由政府组织、非政府组织、营利组织、非营利组织、志愿者组织、公民个体等构成的纵横联结的网络化行政，治理主体的层级关系不是“一对多”，而是扁平化对等。据此，网

① [美]斯蒂芬·戈德史密斯，[美]威廉·D. 埃格斯. 网络化治理：公共部门的新形态[M]. 孙迎春，译. 北京：北京大学出版社，2008：151.

络化治理的实质是基于制度化规约及彼此的信任来维系的合作治理，是资源整合型合作行为，需要充分发挥制度及信任机制的刚性规约作用及柔性整合功能，构建竞合秩序，强化理性博弈，形成共识框架。

### （二）利益包容共享与均衡调整

马克思主义思想认为，一切社会关系都表现为某种利益关系，“人们为之奋斗的一切，都同他们的利益有关”[①]，恩格斯说：“每个社会的经济关系首先是作为利益关系表现出来。”[②] 这里指出了人们的一切社会生产活动归根于利益活动，利益包容、利益共享、利益均衡是网络化治理的根本，形成利益共同体是网络化治理的前提。推进网络化治理要强化各行为主体的利益博弈，一方面要在诱发私人利益追逐中激发公共利益，另一方面要在实现公共利益中保障私人利益，促进公共利益及个体利益的存续和生成。

### （三）权力重塑与责任落实

网络化治理强调治理结构网络化、治理技术社会化、价值取向民主化，具有交互性、流变性的特点，决定了协同治理需跳出纵向的单线性权责模式。网络化治理体现为现代社会权力与现代社会责任的高度统一，现代社会权力集中体现为内在流动的“关系性”权力，现代社会责任是基于公共精神及公民理性的职责担当。在网络化治理范式下，政府在治理体系中需从治理主体向召集人的角色转变，政府组织在权责配置中需从“全能政府”向权力分享及权责分担转变，治理权能需从工具理性向价值理性转变。

## 三、协作型治理方式

协作型治理（collaborative governance）与协作网络、协作组织、协

① [德]马克思，恩格斯.马克思恩格斯全集（第1卷）[M].北京：人民出版社，1995：187.

② [德]马克思，恩格斯.马克思恩格斯选集（第2卷）[M].北京：人民出版社，1995：537.

作管理等概念相联系。协作型治理作为一种新型政府治理模式，植根于管理实践，超越传统科层制度模式下的行动逻辑，属于民主行政下的参与式治理范式。协作型治理体现为多元治理主体在履行共同博弈规则的过程中的协调与配合，是对政府规则政治化、政府管制低效化的积极回应，具有主体多元、相互依存及资源依赖的特点，追求公平与正义、民主与法治、互动与信任等公共行政价值。据此，推进协作型治理，需以健全政策、法规体系为前提，以强化公共协作为根基，着力构建政府、企业、第三部门等多元主体形成的动态组织系统，推进资源互补、权力共享、民主行政、依法行政、民主治理、依规治理。一要强调权力与资源的共享。协作治理是跨机构、跨层级、跨领域、跨区域的治理，利益相关方的精诚协作是公共政策得以有效执行的重要支撑。尤其是在处理复杂的公共事务中，政府组织、非政府组织等协作主体需在平等、互动与协商中着力构建共享利益、共担风险的伙伴关系，将政府间的协作、多伙伴治理、权责共享等都纳入协作治理范畴。二要倾向于解决公共性问题。协作治理以解决公共性问题为目标，以形成治理共识为导向，倡导公共事务治理在协作中施行、在善治中实现，旨在解决集体行动所面临的困境和问题。基于此，推进协作型治理需破除各组织的封闭性，促进公共性扩张，需聚集治理资源，促进协作效用与标杆效用的发挥。推进公共性协作治理，既体现在政府组织的正式制度安排中，也体现在非政府组织的非正式制度安排中。需高度重视治理主体间的正式与非正式的交流和协作，包括政府间的交流和协作、政府与民间组织的官民交流和协作、营利组织与非营利组织的交流和协作，关注如何推进公共事务治理，如何在政府、市场、社会间建立协作伙伴关系。三要追求公共价值及共同利益的实现。协作型治理往往以资源依赖关系为行动逻辑，体现为在后工业社会中对多元治理主体并存及价值流共存的积极回应，以及对社会治理社会化、市场化、碎片化、分散化的权威构建。要确立共同的价值取向，将协作治理融入政府治理、社会治理范畴，在彼此协作、价值共享中实现治理目标；要强化共同的利益追求，尊重主体的利益表达权利，在利益高度认同的基础上凝聚共识、汇聚力量。

## 四、社会型治理模式

党的十九大报告指出，要“提高社会治理社会化、法治化、智能化、专业化水平”，社会治理的“四化”方针为推进新时代社会治理的转型升级明确了要求、指明了方向。其中，社会化位居这“四化”之首，既是推进社会治理法治化、智能化与专业化的基础与前提，也是实现由“管理”到“治理”的社会治理变革的内在要求，更是对新时代社会主要矛盾转变的积极回应。具体体现为治理理念平等化、治理主体多元化、治理范式协同化、治理依据具有非强制性。推进社会化或社会型治理模式，旨在通过广泛的社会动员激发强大的社会力量，规范社会行为，建构社会秩序，着力打造党政主导下共建、共治、共享的社会治理格局。改革开放以来，中国政府对社会的治理从整体上体现为由“总体性支配”到“技术性治理”，再到“社会化治理”的转变，社会治理向着政府与社会平等合作，共生、共存的协同治理向度发展。协同治理以社会治理的社会性为出发点和落脚点，体现了社会化治理的价值依归，社会性正是多元协同的社会治理模式区别于政府管控的社会管理模式的根本所在。

### （一）积极培育并发展社会组织

社会组织是国家治理的有机构成、社会治理的重要依托，社会组织在提供社会支撑、提升社会张力等方面具有独特的优势和作用。开展社会型治理有赖于社会组织的培育与壮大，需大力推进社会组织有序参与社会治理。社会组织参与社会治理要以多元主体治理、网络治理、协同治理为理论基础，以表达利益诉求、提供公共服务、协调社会矛盾、整合利用资源为治理实践。当前，需着眼于释放社会组织协同正效应，优化内部治理结构，提升治理能力，大力培育社会组织专业化人才，提升社会组织的专业能力，推进与社会组织的协同合作关系，强化外力支撑。

**（二）明确权责体系，强化制度供给**

社会型治理的关键在于促进多元主体的实质性参与，在于协同治理中的有效供给。有效的社会治理需以明确多元主体的权责关系为前提，以建立、健全制度体系及协同协作机制为保障，促进社会治理由行政化向社会化、由大众化向专业化转型。通过健全制度体系，建构赋权分责机制、支持培育机制及问责追究机制，明晰不同类别主体的权责关系，理顺“政府 — 市场”“政府 — 社会”“社会 — 市场”等权责关系。明晰不同层级主体间的权责关系，横向上应着眼于平衡各类主体间的关系，纵向上应重点解决“放权”和“集权”的关系问题。明晰主体胜任力的匹配关系，对重大公共安全防控、基本民生、公共服务事项等，应采取“政府主导+社会协同”的社会治理模式，对乡村环境治理、邻里纠纷调解、移风易俗等，则应采取“政府引导+社会自治”的社会治理模式。

**（三）以高质量党建引领社会治理**

党的基层组织是党的全部工作和战斗力的基础，是推进党的路线、方针、政策的执行和落实的前沿阵地，党建引领模式是社会性治理的重要组织形式。据此，新时代社会型治理及后脱贫时代反贫困治理要遵循基层党建的社会化逻辑，需大力强化基层党组织在社会性治理中的领导力、协调力、影响力，强化社会组织的基层党组织建设，推进“党建+”项目工程，将基层党建纳入包括反贫困治理在内的社会治理框架。

## 五、建构型治理体系

社会治理具有建构特性，其建构性特质体现在具体的社会治理实践中。建构主义理论认为，知识所表现的不是外在的人的心灵的存在，体现的不是简单的传递与接收的过程，它是具有认知能力的个体在具体的环境与情境中建构生成的，从而指出了学习推动过程应该是双向互动的主动建构过程。这一理论被用于包括反贫困治理在内的社会治理领域。社会治理及反贫困治理不是单一的政府管理，体现的是在多元公共治理视角下公民的社会培育、共同价值认知、利益多元互动及治理型社会资本的建构过程。据此，基于协同治理实践逻辑，推动任何形式的公共治理，都需满足核心价值认知、基本权能具备，有效利益驱动，宏观、微观支持等基础条件。比如，当前从精准扶贫到精准脱贫的治贫实践就是对新的历史时期反贫困治理的一种建构。从党和政府层面，需通过制度性变革着手建构新型反贫困治理架构，构建协同治理体系；从市场和社会层面，需强化制度供给，建构社会资本，激发市场和社会的活力，使之参与反贫困治理；从贫困区域和贫困对象层面，需强化价值认知及利益驱动，建构权能基础，推进赋权增能，使之在“志智双扶”中摆脱贫困。根据价值、能力、支持的“三圈理论”分析框架，推进任何公共管理行为，都应基于价值圈、能力圈、支持圈的维度考量，塑造价值认同体系，完善内部治理结构，构建协同治理机制。

### （一）价值理念建构

协同治理是基于价值理念认知的协同主体的自主管理，发挥协同治理的能动作用，需着眼于建构价值理念、塑造价值认知。因为“人们的所思所想——他们的态度、他们的观点、他们的看法，都会左右他们的所作所为”[①]，无论是政府、社会还是个人，其认知模式及价值观念都会规约并引导着其行为选择。基于此，推进协同治理，需强化对从权威单一行政向服务行政转化的价值认知，摒弃全能主义逻辑，转变政府职能，需强化公民对自我管理、自我教育、自我服务的价值认知，提升协商伦理，强化责任认同，提高治理效能。

**（二）权能结构建构**

赋权增能理论认为，赋权与增能是辩证统一的关系，其中，“赋权”是手段、是路径，“增能”是目的、是结果。政府“赋权”旨在激发公民和社会的活力，发挥公民和社会的能动力量，而公民和社会的“增能”又进一步促进了政府的“赋权”。赋权与增能本质上就是权能结构构建，推进协同治理，需合理界定、科学调配政府与市场、国家与社会及公民个人的关系，做到权能匹配。

**（三）支持体系建构**

三圈理论认为，良好的公共治理及标准化活动的有效开展，既需要对“政府 — 市场”“国家 — 社会”治理框架的认可和支持，也需要标准化组织内部的协同和配合。首先，政府在协同治理中具有重要的引领和协调作用，离开了政府的重要引领，就难以实现治理主体的标准化运作。其次，社会行业组织和市场力量为协同治理提供了强有力的支撑，任何社会公共治理行为最终都需要在“政府 — 社会 — 市场”的“三边互动”中加以考量。再次，标准化治理主体间的协同协作是标准化治理的前提和基础，应建构治理主体的有效协同机制，切实赋予标准化治理协同联动的内涵。推进后脱贫时代反贫困治理需要强化建构主义认知，构建符合新时代发展要求的建构型反贫困治理体系。

① 张振波．论协同治理的生成逻辑与建构路径[J].中国行政管理，2015（1）：58–61.

# 第六章　反贫困治理与协同治理契合性分析

协同治理彰显着社会治理转型中诱致性制度变革及强制性制度变迁的现实发展逻辑，精准扶贫体现着国家现代治理框架下反贫困治理体系的重大变迁。协同治理与反贫困治理在思想内涵、理论品质、治理范式、目标价值上存在诸多关联。在新的历史条件下，尤其是进入后脱贫时代，推进反贫困治理需着眼于协同治理范式，强化协同动因，注重协同引擎，实现协同增效。

## 第一节　精准赋权与协同增能

“赋权”亦称“冲权”“增权”，指赋予行为主体选择权和支配权；“增能”指增进行为主体的能力供给，使其发挥主动性及自我形塑的能力。行为主体“可依权利”的丧失及“可行能力”的不足，必然导致持续的饥荒和贫困。推进精准赋权与协同增能，旨在壮大行为主体的“可依权利”，增强其“可行能力”。

## 一、赋权与增能的理论逻辑

在中国广大乡村，贫困人群的“失权”与“乏能”是多方面的，既体现为供给上的物质贫困，也体现为文化上的精神贫困。贫困与饥荒存在于历史和现实之中，反映在经济伦理、制度伦理、道德伦理之上。

### （一）贫困的根源在于权利贫困和能力贫困

赋权与增能的基本假设是人的权能不足及能力弱化。著名经济学家阿马蒂亚·森的权能贫困理论认为，贫困不只体现为一种单纯的供需不足，饥荒并非只是饥荒本身，它只是一种形式，贫困、饥荒、无助、乏力始终与经济伦理思想中的权能观密切相关。在阿马蒂亚·森看来，贫困人群之所以会遭受饥荒和贫困，承受无助和乏力，其根本原因在于其长期在经济等领域处在“无权化”“乏能型”的状态。贫困人群在该领域表现出的“权能不足”及“可行能力不足”往往致使其在经济上不安全，在发展中被边缘化。据此，推进后脱贫时代反贫困治理，有必要从权能的视角辨析贫困与饥荒、无助与乏力等状况，解决贫困问题重在赋权与增能。

### （二）赋权与增能的核心是权能结构的塑造与生成

阿马蒂亚·森指出，个人的权利及可行能力无不受其所处政治的、经济的、文化的、社会的制度安排的影响。这也就是说，个人权利的支配及可行能力的发挥始终镶嵌在一定的社会结构之中，政府和社会有责任、有义务为个人权能的最大程度发挥创造条件。笔者在调研中也发现，贫困地区、贫困人群之所以精神贫困，缺乏参与，其中一个重要原因在于其可行能力的有限及相关权利的丧失，经济上的窘困、能力上的缺失中都有精神贫困的影子。赋权与增能始终是辩证统一、同构共生、互相促进的。其中，“赋权”是前提、是基础、是手段，“增能”是重点、是关键、是目的。赋权旨在增能，增能务必赋权。既要推进自然的、外力的、市场的合力赋权，也要推进市场的、民主的、学习的、实践的协同增能，将赋权增能理论引入扶贫开发实践，在权能并举中推进反贫困治理。

### （三）自我赋权与增能是摆脱贫困的内在逻辑

贫困既表现为物质生活的匮乏，也表现为精神和能力的缺失，包括收入贫困、权利贫困、能力贫困及精神贫困，赋予行为主体相应的权能体现着摆脱贫困的内在逻辑。赋权与增能体现的是“外力推进模式”与“内力推进模式”相统一的过程，表现为主客体互动循环及相互建构的统一。“外力推进模式”强调外在推力的嵌入与支持，“内力推进模式”强调内生动力的塑造与生成，赋权与增能的目标指向就是加快实现由“外在推力”向“内生动力”转化。据此，在反贫困治理中，政府主导下的“赋权”与“增能”应不局限于在短时期内让贫困主体走出“权能不足”与“能力匮乏”的困境，减少其无能感、无权感，增进其权利与能力，而需更加专注于培育行为主体的自我形塑能力和发挥其优势，挖掘、释放贫困主体的内在活力和潜质。“赋权”与“增能”不仅表现为外部条件的支持及利益的输送，更要充分尊重贫困群体的主体地位和首创精神，提高其谋生能力，使其摆脱贫困，走向富裕，同时要引导贫困群众在赋权、增能的主导下进行自我形塑、自我革新、自我赋权、自我增能。

## 二、精准脱贫重在赋权

精准脱贫与精准赋权始终是相通的，赋权是扶贫的深层表现，赋权必须立足精准。所谓“赋权”就是要赋予贫困人群相应的发展权、教育权、组织权、自治权、就业权、生存权等。通过精准赋权，行为主体即贫困主体可以摆脱弱势地位，共享发展成果，共创发展机遇，共建和谐社会。阿马蒂亚·森在他的《贫困与饥荒》一书中将人的权利构成分为四种集合：

以贸易为基础的权利、以生产为基础的权利、自己劳动的权利、继承和转移的权利[①]。其中，以贸易为基础的权利涉及交换权，以生产为基础的权利涉及发展权，自己劳动的权利涉及生存权，继承和转移的权利涉及分配权。贫困人群的交换权、发展权、生存权、分配权等权利关系无不体现着其所处环境的社会的、法律的、经济的、政治的特征。在精准扶贫实践中开展分类施策的扶贫设计、点面结合的扶贫战略、实事求是的扶贫路线，旨在通过建构权利关系壮大发展权，夯实交换权，筑牢生存权，拓展分配权，从而促进贫困地区、贫困人群的权能配置由“外生变量”向“内生变量”提升。历史即将进入后脱贫时代，采取以赋权为核心的反贫困治理模式既是当前摆脱贫困的新出路，也是将反贫困治理向深层次推进的务实之举、治本之策。

### （一）参与型扶贫赋予生产发展权

参与型扶贫视扶贫对象为扶贫主体，强调扶贫对象的情感、情绪及行动上的广泛参与。参与型扶贫模式以赋权为核心，以发展为动力，以参与为导向，旨在通过广泛的社会动员、强大的资源注入促进多元治贫格局的形成。赋权是促进贫困群众参与脱贫攻坚的有效途径，是扩大社会再生产的有力支撑，推动生产发展，摆脱产业贫困，务必关注以赋权理念为核心的参与型扶贫。产业扶贫作为反贫困治理的重要支撑，赋权式产业扶贫需突出人的主体地位。贫困群体既是扶贫受益的主体，也是反贫困治理的主体。开展精准扶贫、实现脱贫攻坚、推进反贫困治理势必赋予贫困主体生产发展权、职业发展权，促进行为主体广泛参与反贫困治理。据此，在治贫实践中，尤其是进入后脱贫时代的反贫困治理，更要聚焦赋予贫困人群经济发展的机会、社会发展的条件，以及预防性、保障性等发展权利，构

① [印]阿马蒂亚·森.贫困与饥荒[M].王宇，王文玉，译.北京：商务印书馆，2001：12.

建权能体系，实现生产发展权。要强化制度供给，着眼于制度变迁，突破制约瓶颈，激活生产要素，释放生产发展潜力。要建立反贫困治理的民主参与机制，促进扶贫对象参与，让行为主体多渠道地参与反贫困治理实践。当前，要以推进农业供给侧结构性改革为推力，充分激活贫困地区土地、资金、技术、资源等生产要素，促进各行为主体自主生产发展、自由创造价值、自由实现价值。

**（二）教育供给侧赋予文化教育权**

教育供给是教育扶贫的关键，推进贫困地区教育供给侧的结构性改革，旨在优化教育供给的构成，赋予贫困对象文化教育权。从法律层面上讲，文化教育权是我国《宪法》规定的公民在文化和教育领域享有的权利和自由，文化教育权属于公民的积极受益权，国家应积极予以保障。从脱贫攻坚层面上讲，“扶贫先扶智，治贫先治愚”的精神扶贫体现着激发内在动力、推进反贫困治理的内在逻辑。而赋予扶贫对象文化教育权利旨在“志智双扶”，提升其“造血”能力，阻断贫困现象代际传递。据此，开展脱贫攻坚、推进后脱贫时代反贫困治理需积极赋予贫困人群文化教育权利，既要“扶志”也要“扶智”，需着眼于精神扶贫，使其摆脱精神贫困。一要优化乡土文化教育供给。乡土文化教育是乡村教育供给侧的重要构成，是开展“志智双扶”、强心强智、扶贫开发的重要精神支撑。推进反贫困治理要充分发挥乡土文化教育的优势，赋予乡土文化教育权能，强化乡土认知，培育乡土精神，尊重乡土教育气息，挖掘乡土文化内涵，留住乡土精神之根，让乡土文化教育成为乡村反贫困治理的有力支撑。二要强化现代文化教育供给。现代文化教育是现代反贫困治理的重要推力。推进后脱贫时代反贫困治理要坚持现代文化教育的引领，以外在推力强化内在动力，以精神扶贫促进精准扶贫。一方面，要以优秀的现代技术文化教育人、感召人。通过开展“文化惠民”“送教下乡”等系列活动开展技能培训，促进贫困地区文化集成，激发贫困群众的创业热情。另一方面，要以科学的现代制度文化影响人、激励人。通过结构调整、制度变革、改革创新加快贫困地区发展方式升级、转换，积极培养先进典型，让“脱贫致富奔小康”成为习惯与自觉。

### （三）兜底式扶贫赋予社会保障权

社会保障是民生建设的安全网、社会治理的稳定器。赋予贫困主体社会保障权关系到民生普惠和福祉，事关国家的长治久安。党中央“社会保障兜底一批”的精准扶贫政策坚持“保基本、兜底线、促公平、可持续”原则，发挥社会保障的兜底作用，强化社会保障的减贫功能，旨在通过赋予困难群体社会保障权，保障贫困人群的基本生活权利，消除贫困对象社会保障性权利贫困，实施兜底式扶贫。据此，推进后脱贫时代反贫困治理，更要建立、健全社会保障性、兜底式扶贫制度，构建全方位、多层次的社会保障体系，在兜底式赋权扶贫中促进社会保障的高质量发展。一是政府与市场协同赋权。在兜底式社会保障赋权中，政府与市场的关系定位尤为重要，需要正确处理并平衡政府与市场的关系。一方面，要充分发挥政府在社会保障中的主导作用，按照“保基本、兜底线、织密网、促公平、强机制”的要求整合社会资源，加大社保投入，在治贫领域努力织牢涵盖社会救助、社会保险、社会福利的社会保障安全网。另一方面，要充分发挥市场在社会保障中的主体作用，促进贫困人群基本社会保险与市场保险的有机衔接。二是公平与效率有效彰显。在兜底式社会保障赋权中，既要坚持公平，也要体现效率，公平以效率为支撑，效率以公平为推力。既要坚持共建、共治、共享理念，推进社会保障的外延性拓展，又要强化效益、效率、效果思维，促进社会保障的内涵式增长。三是权利与责任同步赋予。兜底式社会保障性赋权治贫体现了权利与责任的统一，没有无赋权的责任，也没有无责任的赋权，责任要以相应的赋权为条件，赋权要以一定的责任分担为前提。推进反贫困治理要在实现好、维护好、发展好贫困群众的社会保障权益的同时，强化贫困对象合理的治贫责任担当。

### （四）“阳光扶贫”赋予知情选择权

推进反贫困治理，开展扶贫项目选择、扶贫规划编制、项目实施管理等要以群众知情为前提，以群众的意愿为基础，以群众的需求为选择。需充分尊重贫困群众在反贫困治理中的主体地位，赋予贫困对象在扶贫开发实践中的知情权、选择权，旨在扩充其参与反贫困治理的决策权、监督权和管理权，推行“阳光扶贫”。所谓的“阳光扶贫”就是要充分保障扶贫目标群体对扶贫开发工作的知情权，增加其选择权，就是要把扶贫开发的信息让贫困农户知晓，把扶贫项目的选择权交给贫困群众。赋予贫困群体相应的知情权、参与权、监督权、选择权既是促进目标群体广泛参与、治贫主体协同共治、反贫困治理有效进行的内在要义，也是推进“阳光扶贫”的内在要求。一方面，在建档立卡中，要全面、客观、真实地建立扶贫信息库，既要严防底数不清，又要严防公开不实；另一方面，在帮扶过程中，要让扶贫惠民政策在阳光下运行。据此，进入后脱贫时代，反贫困治理越深入，越需探索构建“阳光扶贫”系统平台，按照推进制度化、信息化、公开化、精准化治贫的思路，搭建现代化反贫困治理监管平台，切实在“阳光扶贫”中赋予贫困群体知情权、参与权、选择权。

## 三、协同治理聚焦增能

协同治理是合作型治理、网络化治理，是涉及政府组织、非政府组织、企事业团体、公民个人等多元主体的一种治理安排，参与者需充分发挥协同治理中“元治理”主体作用。“元治理”主体作用的充分发挥以“赋权”为基础，以“增能”为前提。“增能”旨在提升反贫困治理对象的人生资本、谋生能力、可行能力、内生动力，增强其责任感，提高其自主性，提升其学习力，开启其新境界。著名经济学家阿马蒂亚·森的能力贫困理论认为贫困主体、特困人群的贫困集中体现为其对参与治理事务的乏力，以及享有正常生活、促进发展的“可行能力”的不足，贫困的本质是贫困对象的基本能力的缺失或能力的被剥夺。基于此，我们认为，解决能力贫困问题，推进贫困主体“可行能力”的建设，需充分发挥“元治理”主体作用，夯实贫困群体的权能基础，推进治贫增效、协同增能。

### （一）增强市场发展能力

进入后脱贫时代，推进反贫困治理，既要发挥政府这只“看得见的手”的作用，又要强化市场这只“看不见的手”的功能，推进贫困地区和扶贫对象市场性增收是开展内生性治贫的内在要求。从目前农村贫困人群的收入结构看，其主要由两大块构成，即输入性收入和市场性收入。输入性收入属于供给式治贫模式，体现为政府组织、非政府组织、公民社会通过救济、援助、兜底、给养、社保等外部资源注入实现贫困人群的增收与脱贫，其重点在于精准识别；市场性收入则属于市场化治贫模式，运用市场转化机制促进贫困人群的市场参与，激活资源要素、激发贫困人群的创造动能，实现贫困人群自主扶贫、自我脱贫，该机制关键在于精准施策。从一定意义上讲，输入性增收只是权宜之计，推进后脱贫时代反贫困治理要着眼于贫困地区市场体系的构建，通过市场化运作机制激发贫困地区、贫困人群的市场性增收潜能，提高其市场性收入。既要提高扶贫对象发现市场、开发市场、利用市场、创造市场的能力，也要造就、培育、催生具有良好的市场判断能力、运作能力、创造能力的市场开发人、带头人。据此，在反贫困治理中引入市场机制是深入推进反贫困治理的关键，强化贫困主体的市场权能，旨在通过促进市场性增收消除能力型贫困，努力将反贫困治理目标群体培育成为具有市场敏锐意识及市场应对能力的新型农民，在市场化运作中消除贫困、摆脱贫困，最终实现由“脱贫”向“致富”飞跃。

### （二）增强风险防控能力

防范、化解重大风险体现的既是目标方略，也是底线思维，既是常规方式，也是能力要求。协同推进反贫困治理要积极增强风险防控，以底线思维防范重大风险，以斗争精神促进风险防控能力的提升。既要防控扶贫开发项目推进中的自然风险，也要防控反贫困治理目标趋向中的社会风险；既要增进整体性反贫困治理中的包容性发展能力，也要促进精准性帮扶工作中的道德风险防控能力的提升。据此，推进后脱贫时代反贫困治理要夯实防控风险的物质基础及风险防范的条件支撑，预防突发灾害等自然风险，防范矛盾隐患等社会风险，防止“自我主义”等道德风险，在风险防范中促进资本积累，提升防控能力。一要推进扶贫产业集约化。扶贫开发项目推进中最大的风险点在于产业扶贫，产业扶贫既是扶贫开发的根本，也是反贫困治理的根基。推进扶贫产业集约化生产既是市场化发展的需要，也是提高产业发展风险防范能力的需要。二要推进反贫困治理标准化。反贫困治理标准化为扶贫开发工作提供了技术依据和标准支撑。要在点面结合、分类施策中构建以精准治贫为导向的反贫困治理基础性标准、现实性标准、保障性标准、评价性标准等标准化体系；要建构扶贫秩序，防范扶贫风险，提高应对扶贫道德风险及社会风险的能力。三要推进金融扶贫市场化。反贫困治理尤其是产业扶贫离不开金融政策的支持，扶贫开发项目中的产业扶贫风险最终会向金融扶贫风险转移。金融扶贫风险从本质上讲就是扶贫贷款中的信贷风险。金融扶贫方式为一种市场机制运作中的政策性信贷扶贫方式。为化解金融机构及农户自主经营发展风险、减少金融扶贫信贷顾虑、提高双方金融扶贫风险防控能力，需建立、健全市场化金融扶贫风险联控机制、风险预警机制、风险补偿机制等，在“市场化+政策性”金融扶贫中提高风险防控能力。

### （三）增强民主决策能力

马克思主义理论认为，任何事物的发展都体现着矛盾的普遍性和特殊性的统一，矛盾的普遍性和特殊性在一定的条件下和环境中会相互转化。在脱贫致富奔小康的路上实现共同富裕体现了矛盾的普遍性，暂时出现贫困群体体现的是矛盾的特殊性。进入后脱贫时代，需着眼于创造条件和环境，促进特殊贫困群体向普遍富裕群体转化。而要想实现特殊贫困群体的“融入型”转化，需要强化民主力量供给，尊重困难群体在反贫困治理中的参与权、话语权、选择权，增进其民主决策能力，促进心连心、面对面的对话与沟通。

#### 1. 寓协商民主于精准治贫

要把协商民主纳入乡村民主决策、融入基层民主治理、作为反贫困治理的关键环节，推进项目协商、对象协商、标准协商、方式协商、考评协商等。在精准扶贫民主决策中，要始终坚持协商于决策之前、施策之中，在发展增量民主中强化协商民主运用、增进民主决策能力、提高民主治理水平。

#### 2. 融公共治理于反贫困治理

公共治理与民主治理具有相通性，公共治理赋予治理民主价值，民主治理考量着公共治理的内涵。民主治理不仅体现在政治生活中，也体现在公共治理及公共生活中，推进民主决策就是要积极回应公民和社会的公共治理需求。增强反贫困治理主体尤其是贫困群体的民主决策能力的首要前提就是让治贫主体实实在在地参与民主决策过程，在变革社会实践的公共治理中夯实民主治理基础、提升民主决策能力。

### （四）增强学习和实践能力

反贫困治理过程既是反贫困治理能力建构的过程，也是学习、实践能力不断提升的过程，需在善学、实学上下功夫，在真干、苦干上见实效。习近平总书记指出："幸福不会从天降，好日子是干出来的。脱贫致富终究要靠贫困群众用自己的辛勤劳动来实现。"要引导扶贫对象"树立'宁愿苦干，不愿苦熬'的观念，自立更生、艰苦奋斗，靠辛勤劳动改变贫困、落后面貌"[①]。在习近平总书记看来，推进反贫困治理体现的是学习与实践的统一、知行合一的过程，各反贫困治理主体包括目标群体，要坚持以知促行、以行促知，在干中学、在学中干，在干学合一中促进学习、实践能力的提升。据此，进入后脱贫时代，要广泛动员、教育、引导、组织、推动扶贫干部及贫困群体在变革的社会实践的脱贫攻坚中学习反贫困治理，在参与扶贫开发的实践中历练人生，在合作型反贫困治理中造就新型农民。一方面要重视反贫困治理队伍的建设。反贫困治理一线既是锤炼干部的"大熔炉"，也是检验干部的"试金石"，为干部干事、创业，成长、成才提供大舞台。需练就治贫干部的过硬本领，使其在担当和实干中增强责任感、使命感，在干学合一中提升沟通、协调、组织、引领能力。另一方面要注重对治贫对象的改造。贫困群体既是扶贫对象，也是反贫困治理的主体，要加强对治贫对象的教育和引导，夯实扶贫实践基础，在变革的社会实践中改造治贫对象，在改造治贫对象中提升反贫困治理的价值。

① 中共中央党史和文献研究院．十八大以来重要文献选编（下）[M].北京：中央文献出版社，2018：50.

## 第二节 反贫困治理与协同参与

反贫困治理是国家治理的重要构成部分，国家治理的现代化影响并制约着反贫困治理的现代化发展，反贫困治理的现代化考量着国家治理的现代化。党的十八大以来，党中央高度重视反贫困治理工作，对反贫困治理进行了系统的设计和安排，其基本策略是由政府包揽、政府主体向协同参与、协同共治转变，基本方式是由单一性、生存型扶贫向系统性、发展型治贫变迁。据此，推进后脱贫时代反贫困治理的发展，加快实现后脱贫时代反贫困治理的现代化，需基于参与型治理理论范式，核心在于构建协同参与的反贫困治理体系，关键在于促进反贫困治理能力的提升，加快推进从参与式扶贫到协同式治贫的治理变迁。

### 一、参与型治理的理念范式

“治理”（governance）一词与“统治”（government）、“管理”（management）相对应，在西方语境中有引导、参与、合作、调控之义，强调公共组织权威引导、多元参与主体并存，体现着共同目标的价值指向，能够促进联合行动的持续性并最大限度增进公共利益。“治理”的概念在中国也久已有之，如《荀子·君道》中提及“明分职，序事业，材技官能，莫不治理，则公道达而私门塞矣，公义明而私事息矣”，《孔子家语·贤君》中讲“吾欲使官府治理，为之奈何”，《汉书·赵广汉传》中提到了“壹切治理，威名远闻”，清代王士禛在《池北偶谈·谈异六·风异》中强调“帝王克勤天戒，凡有垂象，皆关治理”，等等，讲的都是国家机构如何运用国家权力推进公共事务管理，以达到巩固国家政权的目的。虽然早期的“治理”思想与现代公共治理理念存在诸多不同，但二者在强调治理的有效性、公共性、有序性、规则性等方面具有相通性。参与型治理的本质在于推进政治国家与公民社会的合作治理、政府组织与非政府组织的协同治理、公共机构与私人机构的通力合作，促进多元公共参与，实现由线性视角向多维视角发展的现代治理。

**（一）参与型治理范式的转变**

参与型治理既是现代治理的重要标志和表现形式，也体现着当今推进公共事务治理的理路逻辑，更是积极回应公民和社会基本需求的内在要求，为后脱贫时代反贫困治理提供了范式。所谓的“参与型治理”指为推进公共事务治理、有效提供公共物品、促进理性的公共决策的产生，在党政主导下进行扩大治理主体参与面、明确责任主体、优化主体关系的协同治理的方式。强调相关利益者在与自身利益相关的公共事务治理及公共政策推行中的广泛参与，强调政府组织、非政府组织及公民个人的通力合作，通过参与型治理更好地促进公共利益的形成，维护公共秩序的稳定。

1. 由“管理”到“治理”的社会变迁

从“管理”到“治理”的社会变迁体现了政府在推进公共事务管理、社会治理的发展的过程中治理理念和治理方式的根本转变，“管理”重在管人、重在管事、重在控制，“治理”重在影响、重在感召、重在激励。由“管理”到“治理”的变迁意味着有效的政府治理、社会治理存在于有序的公民参与和社会参与中，存在于利益相关者的有序化组织和自觉行动中。

2. 由"多元一体"到"一体多元"的治理发展

"多元一体"强调以"元"为纲，重在"一体"；"一体多元"突出以"体"为核，重在"多元"。参与型治理既要注重"体"，更要立足"元"，在"体"上做引领，在"元"上务实效。国内学者张康之先生关于参与型治理的思维图式认为，在参与型治理体系中，既存在着一个中心性及主导性要素，同时也存在着其他因素，中心性及主导性要素主导着社会治理过程，其他因素在中心性和主导性要素的控制下参与社会治理，体现着政府主导及社会力量参与的治理过程。[①] 据此，参与型治理体现着"一体"指导下的多元配合参与及"多元"配合参与中"一体"治理能力提升的统一，统一于新时代治理变革的生动实践。

**（二）参与型治理范式的构成**

参与型治理方式凸显着政府与社会的良性互动的新型结构，这种互动结构基于利益相关者的权能、权责及义务关系。"参与"作为参与型治理范式的显著特征，由"管理"到"治理"的制度变迁唤起了公民和社会参与社会公共事务治理的热情，打开了参与型治理的空间。这就促使在公共治理中处于主导地位的政府组织既强化技术支撑，也着眼于制度赋权，加快实现治理主体的关联性由"弱关系"向"强关系"转型、治理方式由"单一管制"向"多元共治"转型，努力使国家权力与公民权利同构共生、相互嵌入、相融相促。

1. 互动性治理结构的构建

互动性治理结构是参与型治理范式的重要构成，强调在互动治理中保障公民及社会的知情权和参与权，推进协同治理。这就需要长期处在治理中心位置的政府组织着眼于调整并优化治理主体的结构性变量，正确面对

---

① 俞海山. 从参与治理到合作治理：我国环境治理模式的转型[J]. 江汉论坛，2017（4）：58-62.

利益需求，引导参与者的价值观念，构建“政府—社会—公民”的新型结构关系，改变单一的互动模式，铸就多元的互动格局。

2. 价值理性与工具理性的统一

根据马克斯·韦伯关于价值理性及工具理性的合理性划分，价值理性表现为人有意识地坚定信念和行为，体现为伦理的、美学的、宗教的、固有价值的纯粹信仰。而工具理性以外部环境和条件为依托，以取得合乎理性期待的成果为目的，体现为环境与条件的权衡、行动与目标的考量。基于此，我们认为，在社会治理实践尤其是反贫困治理的行动中，工具理性应从属于价值理性，价值理性应呈现出工具理性。价值理性为工具理性提供价值引领，工具理性为价值理性提供现实支撑。在参与型反贫困治理中，既要强化思想价值的引领，也要着眼于现实治理的支撑，既要给予精神动力，也要赋予实践平台。促进价值理性与工具理性的统一是推进参与型治理的内在要求。

**（三）参与型治理模式的构建**

参与型治理模式适用于传统农业比重大、工业化程度低、市场化相对欠缺、社会化发展滞后的初始化发展社会。政府主导下的参与型治理模式符合我国反贫困治理的实践。参与型治理作为一种政府主导、公民及社会参与的治理模式，强调社会组织和个人有序参与社会治理，目的是在政府组织、企业组织、社会团体及公民个体间建立参与合作、协商互动的伙伴关系，共同推进我国反贫困治理事业的发展。

政府需在参与型治理的价值引领、资源整合、目标导向、利益机制形成等方面持续发挥重要作用，通过政府引导性职能的发挥、参与型治理模式的构建强化公众共享治理成果的意愿，不断蓄积社会资本，从而促进参与型治理向合作型治理、协同式治理变迁。在参与型治理中，政府组织、非政府组织及公民社会需建立良好的互动关系，促进公民及社会的广泛参与。参与型治理模式的构建既要赋权于社会组织、企业组织及民间团体，也要增能于社会公众、相关群体及公民个人，努力提高社会公众的参与能力、参与意愿及参与的组织化水平，促进公民及社会的组织化、制度化参与，工具性、理性化表达。参与型治理模式示意图如下：

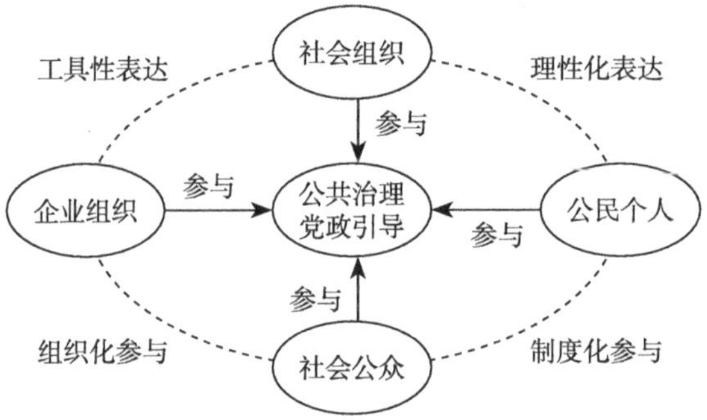


## 二、从参与式扶贫到协同式治贫

参与式扶贫与协同式治贫是在治理理念范式下既有区别又有联系的两种不同类型的反贫困治理模式。参与式扶贫以政府组织为扶贫主体，以社会扶贫主体参与为补充，强调扶贫主体、扶贫要素的多元投入，重在创造反贫困治理的机会表达，激发参与意愿，促进反贫困治理主体的多元广泛参与；而协同式治贫以多元治贫主体协同建构为基础，以重构反贫困治理的社会资本为导向，强调扶贫主体的合作治理，重在平等、开放地协作，互为支撑协同，促进反贫困治理主体的合作型参与。参与式扶贫适用于经济、社会发展处于初始阶段的反贫困治理，社会资本的稀缺性及市场化发展程度的弱质性决定了反贫困治理的参与式扶贫之路。进入后脱贫时代，伴随社会资本的积累、公共秩序的建构及反贫困治理主体权能的壮大，需加快实现从低端的参与式扶贫到高端的协同式治贫的反贫困治理变迁。

### （一）参与式扶贫的困境

推进参与式扶贫旨在建构扶贫权能结构、整合扶贫资源、优化扶贫资源配置。参与式扶贫通过赋予多元反贫困治理主体参与权、知情权、表达权，促进扶贫技术、扶贫理念的转变及扶贫效能的提升。一方面要视扶贫客体为扶贫主体，以赋予扶贫对象项目的选择权和决定权；另一方面要变“嵌入式扶贫”为“内生性扶贫”，以增强扶贫对象反贫困治理的权能，为农村扶贫开发注入活力，在一定程度上促进扶贫开发实践深入发展。但是，在参与式扶贫中，政府组织仍然在无形中处于指导性地位，非政府组织、社会公众、公民个人等其他参与主体仍然处于从属地位，政府组织与其他参与主体仍然是“主导者”与“协助者”的关系。这种政府处于指导地位的“主导 — 从属”的反贫困治理结构容易导致反贫困治理难见实效。

#### 1. 赋权的困境

参与式扶贫强调赋予扶贫对象等反贫困治理主体参与权，推进扶贫权力与权利的再分配。从理论上，根据“理性经济人”的假设，社会行为主体的行动往往受一定的价值利益支配。在参与式扶贫中，应给予扶贫对象等参与主体相应的利益补偿，从而使这种“赋权 — 分权”的治贫结构更加牢固。在实践中，参与式扶贫往往忽视扶贫对象及贫困地域的特殊性。由于社会资本的弱质性、贫困人群的差异性、参与意识的冷漠性等因素存在，往往难以实现有效赋权及实质性参与。

#### 2. 增能的困境

“参与”要以一定的能力为支撑、以一定的建构为条件，只有扶贫对象或参与主体切实具备一定的参与能力，参与式扶贫行动才能有效发生。据此，参与式扶贫既要体现出物质供给，也要体现出能力建设，增其所能，扶其所愿。然而，参与式扶贫是一种控制导向性的互动扶贫，由于扶贫主体间不对等性、差异性的存在，以及在治贫成效标准化、时空性的要求下，能力提升项目往往流于形式，从而导致“形式增能”而非“实质增能”。同时，由于参与式扶贫难以跳出“自上而下”的思维模式，更多地表现为外生能量的供给，“内生增能”模式难以有效形成。推进后脱贫时代反贫困治理需要创造有利条件，强化社会资本积累，加快实现反贫困治理从低端的参与式扶贫向更高端的合作性扶贫、协同式治贫转变。

### （二）协同式治贫逻辑

协同是社会文明的基础，社会文明的进步需要协同合作。协同治理有赖于有序的集体行动和自组织行为效应的发生。将协同理念引入反贫困治理，为协同式治贫提供了强有力的理论基础。所谓的“协同式治贫”就是以构建社会资本为主导的相互嵌入式反贫困治理，是居于平等地位的政府组织、非政府组织、社会公众、公民个人等反贫困治理主体以合作共治为基础、以信任构建为纽带的互动型反贫困行动。推进协同式治贫既是走出参与式扶贫中“久扶不脱贫”困境的迫切需要，也是推进后脱贫时代反贫困治理的现实发展要求。2014年国务院《关于进一步动员各方面力量参与扶贫开发的意见》中指出：“要形成政府、社会、市场协同推进的大扶贫格局，支持社会团体、企业等积极从事扶贫开发事业。”[①] 这意味着新时代反贫困治理应体现政府、市场、社会、扶贫对象等多元反贫困治理主体的协同建构。推进新时代反贫困治理，要注重多元参与结构的构建，更要体现协同治理的理路逻辑。

#### 1. 体现“1+1＞2”的协同效应

协同式治贫体现为一个自组织体系构建及集体行为过程，政府组织不再是唯一的中心主体，其他治理主体具有平等协商的权利，自觉、自愿参

① 刘俊生，何炜.从参与式扶贫到协同式扶贫：中国扶贫的演进逻辑——兼论协同式精准扶贫的实现机制[J].西南民族大学学报（人文社科版），2017（12）：205-210.

与反贫困治理。需更加注重公共权威的运用、要素资源的组合、治理行为的规范，更加注重社会资本的培育、技术及资源的开发、社会文化的引领，使得扶贫效用与社会效用协同生成。

2. 彰显联合行动的能动认知

协同式治贫体现为一个双向性的赋权、增能过程，是公民社会不断壮大的产物。协同式治贫着力打破以政府为中心的反贫困治理结构，建立以相互信任、彼此依赖、平等而开放、协商共治的合作型反贫困治理结构，旨在促进双向赋权、多边增能。在协同式治贫中推进制度协同、信息协同、文化协同等，有助于催生社会信任、培育社会资本、壮大公民社会，有利于在信息、技术、知识、资源上实现共享，从而强化对反贫困治理的认知，促进能动力量的形成。

### （三）协同式治贫实践

历史发展到今天，扶贫已不局限于政府组织的责任，仅依靠政府的力量始终难以有效解决贫困问题。消除贫困是全社会共同的责任，需广泛吸纳社会力量，调配可用资源，激发治贫活力，促进协同参与。习近平总书记在“2015年减贫与发展高层论坛上的主旨演讲”中提出“坚持动员全社会参与，发挥中国制度优势，构建了政府、社会、市场协同推进的大扶贫格局，形成了跨地区、跨部门、跨单位、全社会共同参与的多元主体的社会扶贫体系”[①]。这一重要论述为推进协同式治贫明确了要求，指明了方向，为专业化、行业化协同治贫注入了动力。开展协同式反贫困治理需要在产业发展、教育推进、生态治理、金融供给等专业化反贫困治理上强化协同。

① 何炜，刘俊生.多元协同精准扶贫：理论分析、现实比照与路径探寻——一种社会资本理论分析视角[J].西南民族大学学报（人文社科版），2017（6）：122-128.

1. 产业协同治贫

在协同治理范式下，农村产业扶贫主体应由政府、农业龙头企业、农民专业合作社、基层组织、扶贫对象等构成，需坚持以需求为导向，以外援为推力，以内涵为延伸。需重视政府合理引导，强化创新引领，积极探索推进“公司+基地+贫困户”“合作社+基层组织+贫困户”“合作社+贫困户”等多元协同共治的产业治贫模式，促进扶贫项目联合推动、扶贫产业外源性与内源性发展。

2. 教育协同治贫

教育扶贫是精准扶贫的重要途径、实现脱贫致富的有效手段，推进教育协同治贫旨在“阻隔贫困代际传递”。基于中国贫困地区市场化、社会化程度低，教育滞后等现实困境，需牢固树立“越是深度贫困地区就越需优先发展教育”的思想和理念，积极引导“越是深度贫困人群就越需发扬‘家贫子读书’的优良传统”，强化部门协同、制度协同、体制创新，推进教育资源、资金、人才等要素向深度贫困地区聚集。

3. 金融协同治贫

金融扶贫是精准扶贫的重要构成部分，为扶贫开发提供了强有力的金融支撑。推进金融协同治贫旨在发挥复合式金融扶贫的作用，走出“碎片化”“象征性”的扶贫状态。进入后脱贫时代，要进一步规范金融市场，强化制度供给，建立信用体系，开展风险评估，解决金融扶贫资金分散、项目重复、各行其是、套取贷款等问题。要积极探索“金融机构+扶贫企业+贫困户+风险补偿”“信贷机构+龙头企业+贫困户+风险补偿”“信贷机构+贫困户+风险补偿”等金融协同治贫模式，使金融治贫成为自觉行为。

## 三、协同参与视域下的精准脱贫

精准扶贫与精准脱贫为一体两面，互为条件，相互促进，精准扶贫着眼于“扶”，精准脱贫重在“脱”，精准扶贫是前提，精准脱贫是关键。精准扶贫强调过程把握、方法运用、方式选择，精准脱贫着眼于目标实现、结果导向、效果体现。在协同参与视域下实现从精准扶贫到精准脱贫的反贫困治理变迁，体现了马克思主义规律论与实践论的统一、方法论与目标论的统一。协同参与强调治理主体的多元、主体地位的平等、治理行动的协同，精准脱贫突出治理手段的规范化、治理方式的精细化、治理行为的组织化。据此，协同参与视域下的精准脱贫需着眼于多元主体协同治贫机制研究，强化反贫困治理的组织化联合行动、规范化脱贫攻坚、精细化反贫治贫，做到精准发力、精准治贫、精准脱贫。

### （一）区域性整体脱贫

实现区域性整体脱贫要遵循因地制宜的治贫办法，探索“弱鸟可望先飞，至贫可能先富”的模式。习近平总书记指出：“贫困地区完全可以依靠自身的努力、政策、长处、优势在特定领域先飞。”[①] 消除区域性整体贫困、推进区域性整体脱贫需以协同治理为导向，要善于创造“先飞”的必要条件，以集中连片整治为主战场，推进部门协同参与、反贫困协同治理、区域协同发展。2011年12月颁布的《中国农村扶贫开发纲要（2011—2020年）》就提出了要加大对集中连片特困地区的治理力度。整治“集中连片特困地区”旨在消除区域性整体贫困、推进区域性整体脱贫。我国现有18个集中连片特困地区，主要集中在西部地区、边境地区、革命老区、边远山区等深度贫困地区，其致贫构成既有自然、历史要素的积

① 中共中央党史和文献研究院.习近平扶贫论述摘编[M].北京：中央文献出版社，2018：135.

淀，也有人文、社会因素的影响，既体现为社会资本的弱质，也凸显出原始积累的不足。探索区域性整体脱贫模式正是对国家反贫困治理的顶层设计及基层脱贫攻坚实践的积极回应，旨在探究消除区域性整体贫困的最佳手段。

1. 整村推进脱贫攻坚

整村推进模式是以贫困村或贫困人群相对集中的特困地区为基本单元，以项目建设为载体，通过强化政府引领、集中社会力量促进农户参与，融财政扶贫、产业扶贫、金融扶贫、教育扶贫等扶贫方式于一体的整村推进方式。一方面要着眼于贫困村山水林田、道路环境等的综合整治，另一方面要促进贫困村教育、卫生、文化等协同发展，通过“量”的协同积累、协同注入，贫困村或贫困地区可以在短时期内发生“质”的飞跃。

2. 产业带动脱贫攻坚

产业带动脱贫模式立足地域性特色优势产业，依托独特的自然、人文景观，资源区位优势等充分条件，促进产业龙头企业、农业合作社、社会组织、贫困户等相关治理主体在本地域形成利益联结体，协同推进反贫困治理。采取“公司+基地+贫困户”“专业合作社+贫困户”等经营模式，融合“互联网+”“党建+”“特色旅游+”等做法，有利于提高反贫困治理的组织化程度、专业化水平、开拓市场的能力等。区域性整体脱贫体现为具有鲜明区域特征的反贫困治理，推进区域性整体治理，需基于地域区位特点、地域状况、历史和人文等要素，选择适宜的区域性脱贫的组合模式。

### （二）联动性脱贫攻坚

脱贫攻坚坚持问题导向、结果导向、目标导向、责任落实，聚焦贫中之贫、困中之困，需强化协同发展，促进联合行动。联动性脱贫攻坚模式表现为“内源+外源”的形式，以协同作战为根基，要求“把提高脱贫质量放在首位”。2019年4月16日，习近平总书记在重庆主持召开“解决‘两不愁、三保障’突出问题座谈会”时指出：“脱贫攻坚战进入决胜的关键阶段，务必一鼓作气、顽强作战，不获全胜决不收兵。”[①] 既体现了目标要求，也凸显了方法运用。意味着推进脱贫攻坚既要有系统性协同思维、协作性联动方式，也要有“作战”的阵势、“善战”的方略、“制胜”的决心。联动性脱贫攻坚通过强化产业、人才、文化、组织、生态等协同保障，联合部门及社会力量，做好时空协同连接，推进反贫困治理“全景式”开展。

1. 与“乡村振兴”战略有机衔接

脱贫攻坚是乡村振兴的前提和基础，乡村振兴是脱贫攻坚的方向和延伸。习近平总书记指出：“打好脱贫攻坚战是实施乡村振兴战略的优先任务。”这意味着开展反贫困治理需要在脱贫攻坚的实践中推进乡村振兴、在乡村振兴的战略中实现脱贫攻坚。当前，我们既要打好脱贫攻坚的“组合拳”，更要勾画乡村治理的“同心圆”，努力找准乡村振兴与脱贫攻坚的契合点，在更加坚实的脱贫攻坚的基础上倾力打造“产业兴旺、生态宜居、乡风文明、治理有效、生活富裕”的乡村振兴态势。

2. 在“城乡融合发展”中协同推进

开展脱贫攻坚、推进乡村振兴要以城乡融合发展为依托、以完善协同治理体系为支撑，促进贫困的有效治理、乡村的全面振兴、城乡的协同发展。需强化制度供给，重构体制和机制，重塑新型城乡关系，促进城乡资源要素双向流动，强化项目带动，有效承接城市生产及消费要素转移。通过借助城市力量、推进城乡协同激发贫困人群的内生带动力，实现贫困地区的内源性发展。

① 吴丰华，吴振磊. 推动脱贫攻坚提质增效[J]. 红旗文摘，2019（10）：26-27.

### （三）技能性扶贫脱贫

发挥社会组织和行业组织的专业技能优势是协同参与视域下精准脱贫的重要构成，发挥社会组织、行业组织、慈善事业、志愿服务在扶贫开发中的作用体现着推进反贫困治理的内在逻辑。专业化组织、技能性平台在扶贫、脱贫实践中具有创新性、针对性、多元性、多样性特点，发挥其专业技能优势及知识、价值、能力等支撑能有效引导社会资源聚焦扶贫和脱贫，凝聚社会力量消除障碍瓶颈，实施公益项目开展结对共建，强化多方协同推进专业化治理。一要推进PPP反贫困治理。PPP（public-private partnership）既是融资手段，也是治理方式，是基于政府与社会资本合作的项目运作模式。将PPP运作模式引入反贫困治理，旨在强化政府的重要引领作用，发挥非公共部门的专业优势和资源优势，促进非公共部门在协同参与反贫困治理中的公共产品供给，聚集社会资本，实现合力脱贫。二要推进大数据反贫困治理。大数据反贫困治理是智能化脱贫、专业化治贫的重要构成。运用互联网技术和大数据能有效促进行业的跨界融合，促进脱贫攻坚信息协同、部门协同、制度协同。如贵州省把“大数据”与“大扶贫”作为“十三五”的两大战略行动，着力构建大数据扶贫云平台，实现大数据扶贫与产业扶贫、教育扶贫、电商扶贫等有机衔接、协同运作。以大数据为支撑的智能化反贫困治理本质上要求融合现代信息技术，强化数据分析，整合脱贫资源，以网络化协同促进专业化协同，以智能化脱贫助力精准脱贫。进入后脱贫时代，更需强化反贫困治理的技术支撑。

# 第三节 治贫价值与协同规范

现代反贫困治理体现着价值与规范的统一、价值理性与工具理性的统一，推进治贫理性化和现代化既要重视价值引领，更要着眼于规范。习近平总书记指出："消除贫困、改善民生、实现共同富裕，是社会主义的本质要求。"① "要建立年度脱贫攻坚报告和督查制度，加强督查问责，把导向立起来，让规矩严起来……形成五级书记抓扶贫、全党动员促攻坚的局面。"② 这个"本质要求"阐明了精准扶贫中的治贫价值选择，"扶贫规矩""督查问责""攻坚局面"等彰显了反贫困治理中协同规范的重要性。推进后脱贫时代反贫困治理要坚持价值与规范相统一的治理路径、"以人民为中心"的治贫思想，构建反贫困治理体系，健全体制和机制，让反贫困治理协同治理、精准扶贫精准执行。

## 一、价值与规范理路

社会学理论认为，影响人的全部行为的因素表现为两个方面：一是内在的价值追求，二是外在的行为规范。内在的价值追求引领外在的行为

① 中共中央党史和文献研究院.习近平扶贫论述摘编[M].北京：中央文献出版社，2018：3.

② 习近平.在部分省区市扶贫攻坚与"十三五"时期经济社会发展座谈会上的讲话（节选）[EB/OL]. 2015-06-18.

规范，外在的行为规范体现内在的价值追求，价值与规范始终相得益彰、相辅相成、互相促进。美国社会学家默顿在《科学社会学》一书中指出：“价值是构成社会秩序的绝对必要的条件。”“一种新的社会秩序的存在是以一套新的价值体系为先决条件。”[①] 指出了价值与规范是作为一个综合体而存在的，科学规范以制度化价值为支撑，制度化价值往往存在于一定的科学规范之中。推进新时代反贫困治理要以制度化价值生成为基础，以科学化规范发展为条件，既要透过规范现象认识其价值的本质，又要通过价值延伸丰富其规范的内涵，在协同治理中实现制度价值与科学规范的内在关联。

**（一）制度化价值的生成**

“价值”从根本上讲体现的是一种制度化安排，既体现着治理体系等正式制度安排，也体现着约定俗成等非正式制度安排，解决“是什么”“该不该”“做不做”的价值认同问题。所谓的“制度化价值”指在国家及社会治理框架内，向上、向善的治理氛围中被普遍认同、遵循的价值。推进后脱贫时代反贫困治理要强化价值认同，尤其是核心价值认同。价值认同差则治理效率低，价值认同好则治理效果好。习近平总书记在2013年的第十二届全国人民代表大会第一次会议上指出：“经过几千年的沧桑岁月，把我国56个民族、13亿多人紧紧凝聚在一起的，是我们共同经历的非凡奋斗，是我们共同创造的美好家园，是我们共同培育的民族精神，而贯穿（串）其中的、更重要的是我们共同坚守的理想信念。”强调的就是制度化价值认同，价值要在时代的发展中积淀并生成，在治理和变迁中巩固并提升。马克思主义思想认为，人的价值体现为人的个体价值与社会价值的统一，以及个体在社会实践中对自身、他人及社会的满足。这

① 王少，孔燕.科学规范的公平性价值基础[J].学术论坛，2017（6）：146-151.

意味着个体价值存在于社会价值之中，社会价值体现着个人价值。德国著名诗人歌德曾说过：“你若要喜爱自己的价值，你就得给世界创造价值。”由此可见，个体价值与社会价值体现着创造价值与分享价值的统一，我们既不能规避价值实现的方向，也不能孤立地进行价值创造和价值分享。推进反贫困治理的过程本质上就是一个价值创造和价值分享的过程，包括个体主体性价值及社会主体性价值的创造与分享。推进后脱贫时代反贫困治理的一个重要的方向就是必须有效促进正向个体价值与社会价值的互动转化、价值创造与价值分享的有机统一。

### （二）科学化规范发展

科学、规范源于对秩序价值的追求，建立在秩序价值的基础上。规范被认为是制度化的价值。德国哲学家尤尔根·哈贝马斯在《包容他者》一书中指出：“规范告诉我们的是什么必须做，价值告诉我们的是什么应该做。”[①] 据此，我们认为，规范应该是非此即彼的，具有客观普遍性、外在强制性，以及科学性、正当性要求，解决的是“如何做”“怎么办”的规则性问题。在治理变革中，在公平、正义、共享发展等价值取向中，要优化正当性规范发展路径，夯实规范化存在基础。

#### 1. 实施标准化治理

标准化治理是国家治理的重要组成部分，标准化建设是科学化发展的题中应有之义、规范化建设的最高形式。习近平总书记曾多次论及标准化战略及标准化治理，当年在浙江主政的时候，他就指出：“加强标准化工作，实施标准化战略，是一项重要和紧迫的任务，对经济社会发展具有长远的意义。要加强领导，提高认识，积极推进，取得实效。”[②] 他在2016

① [德]尤尔根·哈贝马斯.包容他者[M].曹卫东，译.上海：上海人民出版社，2002：66.

② 郭占恒.习近平标准化思想与浙江实践[EB/OL]. http：//theory.people.com.cn/n/2015/0925/c40531-27634514.html.

年9月的致第三十九届国际标准化组织大会的贺信中也指出："中国将积极实施标准化战略，以标准助力创新发展、协调发展、绿色发展、开放发展、共享发展。"① 这意味着标准化治理是当前推进国家治理体系和治理能力现代化的主攻方向，标准化战略是国家战略的重要构成。据此，推进新时代治理变革要立足标准化治理，包括标准化社会治理、标准化反贫困治理等，推进行业标准化、产业标准化、组织标准化，以标准化引领政府组织、非政府组织、社会组织及行业组织的发展。

2. 推进制度化建设

制度性是规范发展的首要特征。制度分正式制度和非正式制度，既是变革性力量的构成，也体现着规范化发展的要求。党的十八届三中全会提出全面深化改革的总目标是完善和发展中国特色社会主义制度，推进国家治理体系和治理能力现代化。其中，"完善和发展中国特色社会主义制度"是国家治理的前提，"国家治理体系现代化"是制度化建设的条件，"治理能力现代化"是治理变革的关键。进入后脱贫时代，更需注重规范化发展，强化制度力量供给，做到制度化治理与规范化治理统一、程序化治理与常规化治理统一。

### （三）价值与规范的逻辑关联

价值与规范是秩序建构的表现形式、国家及社会治理的保障条件。规范因价值而生，价值因规范而起，没有无规范的价值，也没有无价值的规范，正当性价值与正当性规范总是相伴相生的。"只有当价值表现为一种规范要求时，它才能真正被看作是（看作）价值的实现。"② 这也就是说，因为有了制度化价值，科学化规范才有了支撑，因为有了科学化规范，制

① 车俊.人民要论：以标准化战略推动发展迈上新台阶[EB/OL]. http：//opinion.people.com.cn/n1/2016/1017/c1003-28782921.html.

② 潘自勉.在价值与规范之间[J].哲学研究，2005（1）：88-92.

度化价值才得以延续。没有价值，难以促成规范；没有规范，价值将难以续存。第一，价值存在于规范之中。根据社会学的观点，人的社会价值的实现往往通过对社会规范的建构来完成，个人价值的实现方式要符合制度化价值的规范要求。据此，我们认为，价值需要规范、需要被规范，我们追求的价值应是正当性规范的价值，正当性规范的价值才是普遍的价值。在后脱贫时代推进反贫困治理的变革，要使价值存在于规范中，既要强化对自然规范的认知，也要强化对社会规范的认知，通过正当性规范建构实现治理价值。第二，规范续存主体性价值。著名哲学家康德认为："人的主体性不仅表现在对自然界的认识，更重要的是表现在对自身规范的认识。"基于此，我们认为，人的存在是结构性的存在，人的主体性确认也要在主体性规范中实现，个人价值要融入社会价值，自我规范要融入社会规范。据此，在推进反贫困治理的变革的过程中，价值活动要体现规范标准，规范要求要遵循价值导向。价值与规范的逻辑关联示意图如下：

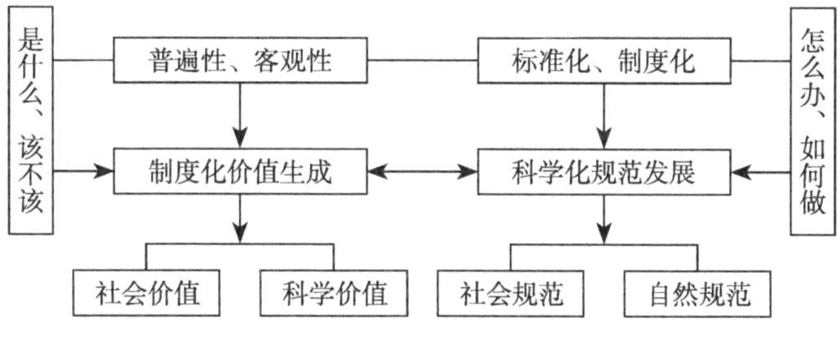


## 二、反贫困治理的价值诉求

农村反贫困治理是基层现代治理的有机构成，不仅体现为物质资料的供给性，还体现为精神文化的建构性，体现着价值理性与工具理性的统一、理论价值与现实价值的统一。马克思、恩格斯在对未来社会的构想中曾经提到，要让“所有人共同享受大家创造出来的福利”[①]。这既体现为对未来社会的理想架构，也体现为对科学化治理的价值追求。党的十八大以来，我国的反贫困治理正加快实现由“大水漫灌”到“精准滴灌”的治理方式的转变、由单一扶贫到系统化布局的治理路径的转变、由物质帮扶到“志智双扶”的治理理念的转变，反贫困治理的行动路径、行动策略体现着新时代反贫困治理的价值，以及中国特色社会主义的本质要求。

### （一）社会的公平和正义

推进社会的公平和正义是推进现代治理的根本价值取向。《吕氏春秋·孟春纪·贵公》有云：“昔先圣王之治天下也，必先公。公则天下平矣。”指出了公平、正义在国家及社会治理中的重要性。据此，公平、正义所体现的不仅是推进“善治”社会与“善政”国度应有的价值追求、现代治理的核心价值维度，它们同时也是衡量国家与社会文明进步的重要的价值尺度。美国哈佛大学罗尔斯教授的公平正义思想认为，实现“社会基本的善”，就是要确保社会成员平等享有“权利、自由和机会，收入和财富”，就是“要求社会经济制度的安排最大限度地改善最恶劣的状况，而衡量人的生活水平的不是快乐和欲望的满足，而是社会基本品的分配”[②]。在罗尔斯看来，公平和正义应体现为制度设置的首要价值，实现公平和正义，就是让人们在自愿达成的契约和协定中有自由的选择及发展空间。只有在弱势群体的地位得以改善时，公平与正义才能真正体现。据此，推进后脱贫时代反贫困治理要迎合中国反贫困治理的价值诉求，秉持公平、正义的价值观，强化制度化价值引领，切实将公平、正义的价值理念贯串于反贫困治理的全过程，使之体现在社会主义核心价值观的培育及践行中。

① 祁志伟.新时代贫困治理的预设图景及国外经验借鉴[J].西南民族大学学报（人文社科版），2009（1）：123-130.

② 左安东.罗尔斯公平正义思想对我国农村扶贫的启示[J].人间，2016（24）：98-99.

要以保障公民的权利为出发点，以维护公平、正义为第一原则，纠正“效率偏好”，推进经济、社会的包容性、共享性发展。要把社会的公平、正义作为衡量人民幸福感的重要标尺、增进人民福祉的一面“镜子”，以公平、正义引领反贫困治理，将正义与公平在治贫领域全面落实。

**（二）包容共享发展**

“发展为了人民，发展依靠人民，发展成果由人民共享”是我党一贯的政治立场和根本的价值取向。共享发展既是新时代社会治理的价值依据，也是新的发展理念的价值依归，更是中国反贫困治理的价值选择。共享发展理念给予了我国的反贫困治理前瞻性的指引，在共享理念的指导下，传统的反贫困治理格局将被打破，政府、企业、社会组织及公民个人协同参与的共享、共治、共建的治贫格局正加快形成。但是，共享发展既不意味着平均主义，也不意味着两极分化，既不是静态发展，也不是原始回归。反贫困治理中的包容性共享发展体现为全民共享与全面共享的统一、发展的共享与差异的共享的统一、共建的共享与共创的共享的统一。包容性共享发展与反贫困治理密切相关，包容性共享发展为脱贫攻坚指明了方向，后脱贫时代反贫困治理的目标在于实现包容性共享发展。为此，坚持包容性共享发展的价值理念，就是要遵循“自由人联合体”的价值基点，回归“以人民为中心”的发展向度，解决公平、正义问题，实现过程共享与结果共享的统一，让“共享、共建、共创”内化成为社会成员普遍的社会心理和共同的价值追求。一方面要发挥政府引导型公共职能。发挥政府引导型公共职能旨在强化政府在反贫困治理中的责任和义务。反贫困治理中的政府引导型职能具有战略规划性、行动主动性、治理灵活性等属性，强化公共服务、维护公平发展、实现共享发展是反贫困治理内在价值的体现。另一方面要积极回应公民和社会的基本需求。在反贫困治理中实施包容性共享发展，旨在实现与社会需求的有效对接，提升贫困人群反贫困治理的积极性、主动性和创造性，让社会成果更多、更公平地惠及贫困人群。

### （三）城乡融合发展

城乡融合发展既体现着推进城乡资源均衡配置、促进城乡要素双向流动、破除城乡二元结构、激发城乡发展活力的现实发展逻辑，也是我国新型城乡关系进入新的历史阶段的重要标志。习近平总书记强调："要走城乡融合发展之路，向改革要动力，加快建立、健全城乡融合发展体制、机制和政策体系。"① 实施城乡融合发展是新时代推进农业、农村工作，实现农村治理现代化的总抓手，要打开治理空间，推动城市资源下乡、农村资源进城、城乡发展共享、城乡深度融合。这也意味着推进后脱贫时代反贫困治理要站在促进城乡融合发展的高度，走出城乡分治的双重二元结构困境，以城乡融合发展促进脱贫攻坚。一要在反贫困治理中持续打破影响城乡融合发展的体制、机制樊篱。打破影响城乡融合发展的体制、机制樊篱旨在促进城乡资本等要素自由流动、资源要素合理配置，实现城乡基本公共服务均等化、设施建设便民化、产业发展融合化。当前，要着力构建城乡一体化的资本要素市场，促进金融供给，强化项目带动，盘活土地资源，实施人才支撑，让社会资本、技术、人才、信息及消费需求在贫困地区形成，推进市场化治贫。要着力构建城乡均等化的基础设施及公共服务体系，创新资源供给模式，促进教育、医疗、卫生及基础设施建设向贫困地区倾斜。二要在乡村振兴中构建多元供给的融合发展模式。根据不同地域的特点、不同人群的需求、不同的资源条件、不同的城乡发展基础因地制宜地构建城乡融合发展体系，创新推进城乡空间融合、产业融合、社会融合、文化融合、生态融合等发展模式，以城乡融合发展为支撑打造反贫困治理基础性平台。

---

① 习近平总书记2018年9月21日在十九届中共中央政治局第八次集体学习时的讲话[EB/OL].http：//guoqing.china.com.cn/2019zgxg/2019-05/06/content_74755439.html.

## 三、治贫结构的协同规范

后脱贫时代反贫困治理需要把握多样的治理技术、面对多维治理环境的协同治理。协同治理需要协同规范，协同规范促进协同治理。从一定意义上讲，脱贫攻坚是新的历史条件下一项具有特定意义的社会集体活动，在这项社会集体活动中，需厘清治理主体的角色定位，明确治理对象的要求标准，创造治理技术的有关条件，落实治理环境的相关要求，促进治理要素协同参与、治理结构规范运行。要强化协同规范，推进治贫主体角色定位、治贫对象要求、治贫技术运用、治贫环境塑造、治贫资源供给等的规范运行。

### （一）治贫主体角色协同规范

反贫困治理表现为多元主体进行共同“善政”与“善治”，在多元化及多向度反贫困治理视域下，对治贫主体进行角色划分及功能定位愈显重要，在反贫困治理中，多元主体并存的协同治理结构的优劣始终关系到治贫主体角色职能的正当性发挥。据此，推进反贫困治理需科学地认知协同治理体系中的角色定位，把握角色职能，进一步明确参与主体间的权责关系，加强反贫困治理主体角色行为的规范构建。

#### 1. 规范政府主体角色

政府是脱贫攻坚协同治理中制度的供给者、政策的推动者、关系的协调者、行动的召集人，是反贫困治理的主导力量。在反贫困治理的实践中，要发挥政府的主导功能，推进政府角色规范先行。比如，在反贫困治理的方案设计上，要吃透上情，掌握实情，把控行情，落实关键政策引领，依附相关项目带动；在治贫组织支撑上，要调整、优化组织机构，促进行动协同，提高专业技能，促进作风建设；在运作过程中，要强化组织力、协调力，提高监控力、约束力，使政府主导型反贫困治理结构得到优化与重构。

2. 规范市场主体角色

市场主体是反贫困治理的重要引擎，在反贫困治理中具有“调节器”的作用，要有效运用市场机制激发扶贫活力、拓展扶贫资源，推进市场化治贫。但是，推进市场化治贫要规避由资本引发的贫困地区及贫困人群的利益争夺现象。市场主体的有序参与需要市场主体的角色规范，市场主体的角色规范有助于促进益贫效应的有效发挥。

3. 规范社会组织主体角色

社会组织主体是社会治理体系的重要构成、反贫困治理的重要力量、脱贫攻坚的重要依托。在后脱贫时代，要善于引导社会组织参与反贫困治理，更要重视价值引领，强化规范运用，规范社会组织的主体角色，尤其要规避有些社会组织打着扶贫开发的旗号而进行的各种各样的违法、违规行为。

**（二）治贫客体要求协同规范**

反贫困治理离不开反贫困治理对象广泛、有序的参与，离不开贫困人群的有力配合，而反贫困治理对象的参与力、配合力在于治贫对象主体性条件的协同规范、参与型治理结构的有效建构、可行能力或预存能力的有效生成。一要协同规范治贫对象的识别与评选。事实证明，对扶贫对象的精准识别与评选是精准扶贫的首要环节，识别标准不统一、识别程序不规范、识别信息不完整等必然影响反贫困治理的精准性及有效性。据此，进入后脱贫时代，也要进一步规范识别与评选治贫对象的操作流程，优化大数据识别与评选标准，完善识别与评选的认定程序，健全动态管理机制，推进信息采集、识别和评选、建档立卡、动态管理的规范化、程序化进行。二要协同规范治贫客体的精神培育。物质贫困是贫困的外在表现，精神贫困是贫困的内在根源，推进反贫困治理要牢牢抓住“精神脱贫”这个关键。阿马蒂亚·森的贫困论观点认为，贫困者之所以贫困，是因为其丧失了主体性权利和活动的自由。这意味着推进后脱贫时代反贫困治理要致力于强化治贫客体的主体意识，促进其主体性条件建构。治贫客体主体性条件建构及协同规范运行往往存在于公民公共精神的培育，生成于自立、自强精神的集成，体现在自我形塑状态的显现当中。三要协同规范治贫客体的能力建设。贫困，从本质上讲是治贫客体可行能力的不足所导致的，所谓的“可行能力”指治贫客体在从事创造性、生产性、发展性实践中的预存能力。治贫客体的可行能力建设要体现出“赋权”的规范、“增能”的协同、“建树”的增加。在可行能力的建设中将扶贫对象培育成有文化、懂技术、善经营、会管理的新型职业农民体现着对治贫客体能力建设的协同规范要求。

**（三）治贫资源供给协同规范**

反贫困治理过程从一定意义上讲体现为扶贫资源的供给与再生过程，包括权威资源、信息资源、社会资源、生产资源、市场资源的供给与再生。而扶贫资源的有效配置需要在一定的技术条件下、一定的规范发展布局中促进资源要素的合理流动、资源供给的有效整合、反贫困治理的有序开展。推进治贫资源供给协同规范旨在规范治贫资源供给，需有效把握“度”与“效”的辩证关系，规避治贫资源供给负溢出效应的产生。

1. 推进反贫困治理供给侧结构性改革

精准扶贫体现为“扶”的供给侧与“贫”的需求侧的统一，“扶”的供给侧强调资源供给的协同规范，“贫”的需求侧突出资源再生的效果。推进反贫困治理供给侧结构性改革，就要着眼于优化治贫资源的供给结构，增强有效供给，促进供给质量的提升。据此，推进反贫困治理，规范治贫资源供给要“着点”，协同治贫资源嵌入要“立面”，通过规范化供给、协同化推进，在源头上确保土地、资金、技术、人才、项目、产业、信息、制度等反贫困治理资源的供给质量，以高质量治贫资源的协同规范嵌入促进反贫困治理效能的提升。

2. 推进治贫资源供给力建设

治贫资源供给力特指在反贫困治理中需要具备的资源供给能力、预存能力、承载能力及联动力。资源供给力大，意味着反贫困治理能力强、溢出效应大。从一般意义上讲，资源供给力的建设存在于权力规范力及权能协同力的发展中，权力规范力及权能协同力的发展有助于资源供给力的建设与推进。据此，在反贫困治理实践中，要增进党政权威资源的供给与再生，夯实扶贫开发的权威基础、反贫困治理政策执行的公信力建设，解决“权威资源焦虑”问题，要加强信息资源的供给与管理，建立标准化数据库体系，还要壮大财政资源供给力度，优化财政扶贫治理结构，在提升县域核心竞争力中实现增量治贫。

# 第七章　协同治理范式下反贫困治理的理路探究

从扶贫开发到精准扶贫、从精准扶贫到精准脱贫、从精准脱贫到协同治贫既是治贫行动上的大策略，也体现着反贫困治理理念的大变革。它倡导的是“以人民为中心”的治贫思想，启动的是多元参与的治贫行动，采取的是“志智双扶”的治贫策略，体现的是以结果为导向的治贫要求。在协同治理范式下，反贫困治理体现为“精准滴灌”与“内生造血”的有机统一、治理重构与协同嵌入的相互促进，“追求的是一种真实化、高效化、精准化、社会化、协同化的治理型治贫方式，反映的是一种协同型、建构型、诱发型、追责型的治理革新”[①]。据此，在后脱贫时代的协同治贫实践中，要重塑整体性反贫困治理，促进治贫主体的协同建构，推进贫困问题的整体性治理。协同化治贫行动、精准化脱贫攻坚、社会化反贫困治理、现代化精准治贫的协同治理范式赋予了新时代反贫困治理理念变革新的视角。

---

① 杨平璋，蒋永甫.协同治理范式下精准扶贫的理念变革及路径转向[J].广西大学学报（哲学社会科学版），2018（1）：56-61.

# 第一节　治贫行动协同化

精准扶贫在本质上是关于贫困领域的公共治理精准化行动，公共治理的行动框架和基本逻辑在于“国家 — 市场 — 公民社会”的协同治理。政府与市场、国家与社会作为反贫困治理的协同行动者，其行动体系构建及职能关系定位始终关系到治贫行动的成败，并影响、制约着反贫困治理的成效。治贫行动协同化逻辑在于构建“政府 — 市场”“国家 — 社会”等新型伙伴关系，明确功能定位，促进政府、市场、社会协同互动，推进体制、机制、理路的协同创新，通过协同化治贫行动，切实走出反贫困治理中“扶贫 — 返贫”等困境，解决脱贫攻坚“碎片化”等问题。

## 一、专项治贫协同化

专项治贫是脱贫攻坚的重要内容及实现“三位一体”大扶贫格局的重要举措。其既包括地域扶贫的专项，如革命老区建设专项、边境地区扶贫开发专项等；也包括项目扶贫专项，如易地扶贫搬迁专项、整村推进专项、产业发展专项等；还包括保障性扶贫专项，如以工代赈、就业促进、扶贫试点等。不难看出，专项治贫具有专项攻坚性、财政专项性、项目指标化、评估标准化等特性。进入后脱贫时代，推进专项治贫，要立足地域特点，发挥专项优势，围绕编制规划，强化协同治理。下面就长期以来我国持续推进的相关专项治贫协同化行动予以阐述。

### （一）易地扶贫搬迁

易地扶贫搬迁又称“移民搬迁”，西方国家常用“生态移民”“环境难民”等词语加以阐述，意为由于生存环境及条件不断恶化，不得不对“环境难民”实行迁移安置。现阶段，易地扶贫搬迁作为我国精准扶贫“五个一批”的重要构成部分、精准脱贫的重要途径，主要针对生存条件恶劣、生态环境脆弱、自然灾害频发的深度贫困地区的群众，通过迁移特困人群居住地、重构安置区、调整经济结构达到改善生产、生活条件，消除贫困状态，实现脱贫致富的目的。易地扶贫搬迁安置是一项系统的工程，从本质上讲，就是针对自然环境恶劣地区的贫困人群进行生计空间的再造，旨在打破恶劣的自然环境对特困群众的生存权、发展权的限制，切实走出“一方水土养不活一方人”的现实困境，达到消除贫困，调整、优化结构，改善环境，以及社会和谐发展的多重目的。生计空间的再造与重塑需要推进经济、社会、生态、文化、政治等多层面协同发展，需要搬迁主体确认、搬迁对象选择、搬迁政策优化、搬迁模式设计、搬迁环境治理等协同进行。一要统筹村庄布局。推进易地扶贫搬迁是一项有组织、有规划、有步骤、有愿景的治贫行动，要统筹村庄布局、生计空间设置，规划编制先行，使产业发展、村庄治理、文化发展、社会建设等成为新村发展的有力支撑。二要重构社会关系。搬迁后的移民或许由来自不同地域、不同民族、不同人文习俗、不同生活习惯的居民构成，移民之间、移民与本土居民之间难免在资源、利益分配，交流与交融中产生一些冲突或存在一些消极影响。这就需要在搬迁安置中加强引导与疏导，强化协同服务，重塑价值观念，重构社会关系。

### （二）整村推进扶贫

整村推进是以扶贫开发工作重点村为反贫困治理对象的专项治贫途径，通过分批、分类，整合资源，集中投入，逐村验收等环节推进贫困村基础设施建设，促进公益事业发展，增加群众收入，以实现协同治贫、整村脱贫。早在2001年6月，《国务院关于印发中国农村扶贫开发纲要（2001—2010年）的通知》（国发〔2001〕23号）中就指出："按照集中连片的原则……以贫困乡村为基础……实事求是、综合设计、因地制宜、分类指导，要统一评估，统一论证，一次批准，分年实施，分期投入，分期、分批地解决问题。"这为实施"整村推进"扶贫开发工作指明了方向。2005年，国务院《关于加强扶贫开发"整村推进"工作意见》（国开发〔2005〕2号）中明确指出，要"建立、健全多层次、宽领域、广覆盖的'整村推进'帮扶工作体系"；同年，国务院扶贫开发领导小组办公室、中央精神文明建设指导委员会办公室、教育部、科技部、交通部、水利部、农业部、卫生部、国家广播电影电视总局、国家林业局等单位联合发出了《关于共同做好整村推进扶贫开发构建和谐文明新村工作的意见》（国开发办〔2005〕62号），明确了部门的协同工作职责。依据相关文件精神，整村推进扶贫开发体现的是参与式规划，实施的是项目制管理，突出的是资源性整合，强调的是协同性发展，需正确处理好脱贫攻坚"点"与"面"的辩证关系，在"面"上做文章，在"点"上求突破，需充分发挥政府的主导职能，促进政府、社会、市场的协同参与，产业、设施、服务的协同推进。

**（三）兴边富民行动**

"兴边富民"既是我国边境民族地区的一项边境建设工程、区域性发展战略，也是国家专项扶贫行动的重要构成、精准扶贫行动在边境地区的生动实践。1998年，兴边富民行动由国家民委倡议发起，于2000年3月正式启动，主要通过加大对边境地区的投入及对边民的帮扶，使边境地区与全国其他地区协同发展，其重要目标指向就是消除边境贫困、振兴边境、富裕边民，最终达到兴边、富民、睦邻、强国的目的。"兴边富民"

涉及2.28万千米的陆地边境线、9个边境省区、136个边境县级行政区，所涉区域与14个国家接壤。兴边富民行动在消除边境贫困、开展边境治理、调整边境地区产业结构、优化资源配置等方面发挥了积极的作用。但是长期以来，由于边境地区经济与社会发展滞后、地理条件复杂、地广人稀、文化多样、境内外因素交织等情况的存在，在边境地区推进基于“兴边富民”行动的反贫困治理，需要进行系统思维，注重协同行动，强化务实举措，使边境地带成为发展的前沿。

1. 推进“文化兴边”

边境地区文化的多样性决定了“文化兴边”的必要性，边境的民族性特点呼唤边境的包容性发展。边境地区意识形态的建设具有重要的意义，推进意识形态的引领，需凸显以社会主义核心价值观为重要导向的文化引领，推进边境地区的反贫困治理，要着眼于边境地区知识积累率的提升，使边境地区的文化软实力成为边境治理的硬支撑。一方面要实施边境教育提升工程。通过发展高质量的边境教育，如全面普及边境地区高中阶段教育及巩固、提升边境地区职业教育，培育公民精神，打造“边境工匠”。另一方面要推进边境地区马克思主义大众化。要结合边境特点及时代主题，将社会主义核心价值观等马克思主义思想融入边民的生产和生活，尤其要强化国家认同、民族认同，深化文化认同。

2. 实施“产业富民”

摆脱贫困要靠产业，发展产业是推进“兴边富民”行动的根本之策、实现脱贫攻坚的有力支撑。要把找准富民产业、壮大富民产业作为“兴边富民”行动的助推器、实施脱贫攻坚战略的突破口。一方面要因地制宜建立产业选择机制，坚持规划引领、以“特”制胜，通过对特色产业品牌的打造、特色经营模式的再造促进边境扶贫产业精深化、品牌化发展。另一方面要因人而异建立产业目标市场，确立主攻方向，以“质”立业，通过提升扶贫产业质量拓展产业富民空间。

**（四）以工代赈济困**

有史以来，以工代赈一直是国家治理的工具、安抚民众的手段，以及回应难民需求、促进难民融入社会的重要举措。所谓的“以工代赈”就是政府通过组织工役、招募难民及困难群体参加项目工程建设，让其获得劳动报酬的办法。以工代赈既有反贫困治理的现代意义，也体现着荒政举措的历史价值。自秦汉以来，中国历史上就蕴含着丰富的以工代赈济困思想，《周礼·地官司徒》中有“周礼以荒政十二聚万民”①之说，北宋范仲淹提倡“召民为役，因而赈济”②，清朝乾隆年间有“一方告饥，百出其道以拯救之，荒政于是乎详焉”③之评述。这些都表明了以工代赈既是历史的延续，也体现着现实治理的逻辑，以及爱民、悯民、救民、济民的治贫思想。中华人民共和国成立之初，党中央、国务院就推行了“节约防灾、生产自救、群众互助、以工代赈”的救灾方针；1984年以来，我国大兴以工代赈，先后实施了6批大规模的以工代赈计划。进入中国特色社会主义新时代，以工代赈依然是农村反贫困治理的重要举措，在推行贫困地区村屯公路、农田水利等基础设施项目工程的过程中推行以工代赈，让项目落地贫困地区，使困难群众从中受益，既能有效改善贫困地区的生产、生活条件，也能充分调动贫困群众的积极性、主动性及创造精神。但是，以工代赈具有时空维度及地域特性，推行以工代赈，要强化对以工代赈的社会性、系统性及专题性的研究，要推进项目化运作，找准角色定位，促进以工代赈计划与乡村振兴、反贫困治理、农村社会建设等推进载

① 牛淑贞.先秦至汉唐时期的以工代赈思想及其实践[J].兰台世界，2019（5）：150-152.

② [北宋]范仲淹.范仲淹全集[M].成都：四川大学出版社，2007：265.

③ 余林媛.乾隆以工代赈思想产生源流考[J].南京农业大学学报（社会科学版），2016（4）：148-154.

体融合发展。

## 二、行业治贫协同化

行业治贫是脱贫攻坚的重要抓手及打造“三位一体”大扶贫格局的重要推力。推进后脱贫时代反贫困治理，在纵向上，需要各级政府职能的宏观统筹，在横向上，需要教育、科技、农业、金融、水利等行业部门职能的有效发挥。要依托行业优势，制定行业标准，夯实行业责任，发挥联动作用，努力在脱贫攻坚业务指导、项目落实、评估验收、资金使用与监管等方面提升行业资源质量，强化动力支撑。

### （一）从教育领域扶贫到依靠教育治贫

历史和现实一再证明并反复告知世人，教育治贫是推进反贫困治理的根本，以及最大限度消除贫困，走向富裕，实现人的自由、全面发展的根本途径。教育的匮乏是造成区域性贫困及个体性贫困的重要根源，阻断贫困的代际传递，解决物质贫困、权利贫困、精神贫困，最终还是要依靠教育。早在20世纪80年代，习近平总书记在福建宁德工作期间就强调：“越穷的地方越需要办教育，越不办教育就越穷。”[①] 这意味着缩小区域差距、贫富差距，要充分发挥教育的反贫困功能，推进后脱贫时代反贫困治理不应局限于解一时之困，要回归扶教治贫，切实依靠教育走出“人穷志短—志短人穷”的恶性循环怪圈。从个体贫困类型上来看，个体贫困直观体现为收入贫困、生活贫困，中观体现为权利贫困、能力贫困，微观体现为精神贫困、心理贫困。收入贫困、生活贫困是显性的、外在的，精神贫困、心理贫困是隐性的、内在的，权利贫困、能力贫困是本质的、根本的。隐

---

① 习近平.摆脱贫困[M].福州：福建人民出版社，2014：8.

性的精神贫困、心理贫困必然引起显性的收入贫困、生活贫困，进而导致权利贫困、能力贫困，形成恶性循环。据此，进入后脱贫时代，要加快实现从教育领域扶贫到依靠教育治贫的体制、机制转变。教育治贫冰山模型如下：

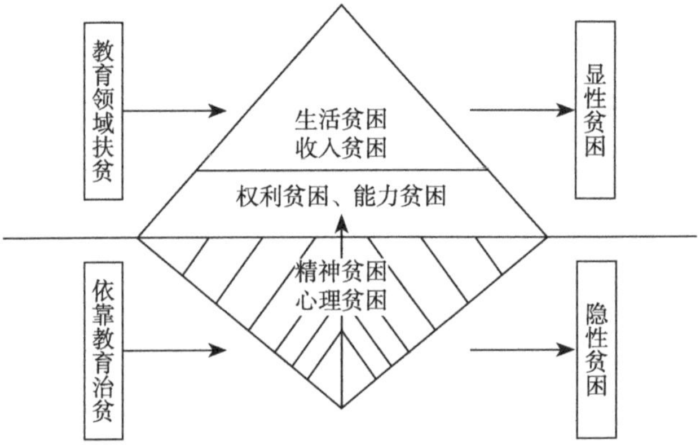


（二）从金融扶贫政策落地到金融治贫普惠实现

金融扶贫是实现由精准扶贫到精准脱贫的重要制度安排、行业扶贫的重点工程。习近平总书记强调“要做好金融扶贫这篇大文章”[①]。这个“大”意味着推进新时代金融精准扶贫要牢固树立大金融、大系统、大协同、大格局、大发展的反贫困治理理念，以大金融促进大格局，以大协同助推大发展。在反贫困治理中，金融扶贫以偿还为前提、以发展普惠金融为根基，通过低成本扶贫信贷支持贫困地区和贫困人群发展扶贫产业、助推民生工程，以实现协同治贫、自我脱贫。据此，进入后脱贫时代，要加强贫困地区支付服务环境及信用体系建设，在加快由金融扶贫政策落地到金融治贫普惠的实现中彰显金融价值，展现金融担当。要协同发挥开发性、政

① 中共中央党史和文献研究院.十八大以来重要文献选编（下）[M].北京：中央文献出版社，2018：49.

策性金融在脱贫攻坚中的主体作用，通过下沉金融服务重心完善金融综合服务，通过规范扶贫信贷市场促进有效金融服务供给。一方面要积极探索“小额信贷+贫困户”“金融机构+扶贫企业+贫困户”“金融机构+合作社+贫困户”等金融服务模式，使金融机构与贫困地区的治贫产业、龙头企业、贫困农户合作共赢、协同发展。另一方面要创新拓展金融扶贫信贷业务。比如，中国农业银行就根据不同地域的特点及反贫困治理需求，在甘肃推行由政府担保、公司增信的“双联贷款”金融治贫模式，在内蒙古通过联户联保方式实施“金融扶贫富民工程”，在山西、湖南等地实施“光伏扶贫贷”，在广西、贵州、江西等地推出“林果贷”“甜蜜贷”“油茶贷”等特色产业信贷产品，等等，使金融治贫信贷突出地域性、着眼创新性、更具针对性。

**（三）从产业扶贫选择偏差到产业脱贫致富支撑**

产业扶贫是农业产业化的重要构成。产业扶贫寄希望于政府、企业、贫困农户的联动，政府以项目资金及政策支持企业，企业在拓展业务空间中带动农户脱贫。进入后脱贫时代，推进产业脱贫致富，从逻辑上讲，一方面通过发挥农业龙头企业的作用，为农户脱贫致富创造更多的就地就业的机会，给予技术支撑，延伸产业链，另一方面通过“农业龙头企业+农业合作社+贫困农户”等运作模式，采取保底统收统购等方式，最大层面地促进贫困农户增收，最大限度减少贫困农户的生产风险及市场风险。第一，要避免产业扶贫选择偏差。在产业扶贫项目选择上及运营机制上，要以“产业”的逻辑引领“扶贫”的逻辑、以“扶贫”的思考启发对“产业”的思考，要充分尊重群众意愿，扩大社会参与，突出目标导向，避免产业选择的偏差，走出“重产业，轻扶贫”的困境，要强化扶贫企业与贫困农户的内在利益关联，通过激发扶贫企业的帮带活力来激发贫困农户的内生动力，形成扶贫企业与贫困农户的良性利益联结。第二，要强化产业脱贫致富导向。扶贫是为了脱贫，扶贫体现的是过程引领，脱贫体现的是结果导向。判断产业脱贫与否，要从“投入 — 产出”的视角强化“成本 — 效益”的分析。从直观效用评价角度，要着眼于贫困户增收核算；从反贫困治理角度，要看贫困户自我发展能力的提升。推进从产业扶贫选择到产业脱贫致富的价值引领，就是要消除行政逻辑主导的产业扶贫模式，消除贫困亚文化的影响，鼓励并支持农户扩大社会再生产，增强贫困农户的自我发展能力，促进外源性“要我脱贫”逻辑的转变、内源性“我要脱贫”动力源的形成。

### （四）从就业扶贫保障到就业脱贫防治

就业扶贫是最有效、最直接的反贫困治理方式，特指通过帮助具有劳动能力的贫困人群实现稳定就业，以增加其家庭收入，提高其生活质量，从而使其实现自我脱贫。习近平总书记直言：“一人就业，全家脱贫。”这意味着实现稳定就业不仅是改善民生的根本、社会建设的要义，也是后脱贫时代推进反贫困治理的主要途径、摆脱贫困的关键。当前，不少地方把实现贫困农户充分就业作为使贫困农户摆脱贫困的重要举措。比如湖南省郴州市桂东县就推行以实现“有劳动力的贫困家庭至少有1人充分就业”为主要目标的劳务协作脱贫战略。从预期贫困脆弱性（Vulnerability as Expected Poverty，VEP）视角，伴随反贫困治理转型的推进及后脱贫时代的到来，贫困地区的预期贫困脆弱性问题依然在一定范围内以不同的表现形式长期存在，预期贫困脆弱性可能导致贫困人口返贫致贫，贫困人口及贫困形式的识别偏差可能导致表面上的“非贫困人口”陷入贫困状态。这意味着，进入后脱贫时代，反贫困治理的目标设定将面临着“由绝对贫困向相对贫困、由贫困治理向贫困防治”[①] 的战略转型。实现贫困农户充分

① 谢玉梅，丁凤霞.基于贫困脆弱性视角下的就业扶贫影响效应研究[J].上海财经大学学报，2019（3）：18–33.

就业，要从就业扶贫保障向就业脱贫防治转变。因为，是否充分就业是衡量贫困脆弱性的重要指标及开展反贫困治理的重要构成，就业扶贫始终是贫困地区减缓贫困脆弱性的重要因素。进入后脱贫时代，实现充分就业是实现贫困人群由“脱贫”向“致富”飞跃的主要评判标准。“贫困 — 就业 — 贫困脆弱性”的内在逻辑表明，推进农村反贫困治理，需要夯实农村就业基础，在反贫困治理中着眼于贫困防治，在贫困防治中推进反贫困治理。据此，在后脱贫时代，开展就业扶贫、实现就业脱贫、做好贫困防治需要创新制度供给，引导贫困农户就地就业，需要坚持市场导向，有计划地开展劳务输出，需要强化组织保障，着眼于贫困防治，还需要开展劳务技能培训，增进可行能力建设。如图所示：

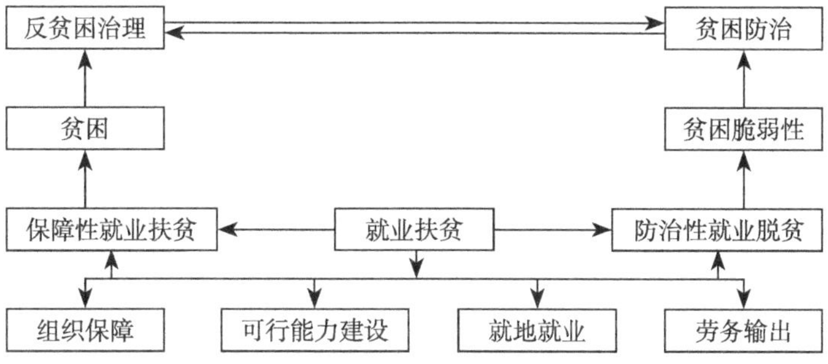


## 三、社会治贫协同化

社会治贫是形成政府、市场、社会“三位一体”的大扶贫格局的重要力量来源，是帮助贫困地区和贫困农户摆脱贫困的一种社会工作。伴随公民社会的兴起、东西部协作互动的加大，以及民间组织、社会团体等社会力量的发展壮大，社会治贫资源日渐成为我国反贫困治理的重要支撑。习近平总书记强调，“要动员全党、全国、全社会力量，坚持精准扶贫、精准脱贫”[①]，要“调动各方力量，加快形成全社会参与的大扶贫格局”[②]。这样的指示精神，一方面指出了推进新时代反贫困治理要注重依托社会力量和资源，融合社会力量助推脱贫攻坚，另一方面指出了具备一定社会力量的社会组织要承担相应的社会责任，履行社会职责是社会组织存在的根基。著名的管理大师德鲁克曾经指出：“现代组织之所以存在，就是为了向社会提供某种特别的服务，所以它必须存在于社会之中，存在于社区之中，并与其他机构和人员相处，在一定的社会环境中展开其活动。”[③] 据此，推进社会治贫协同化，必须明确社会力量的组织使命与组织责任、公民使命与公民责任的关系定位，通过构建“人人皆愿为、人人皆可为、人人皆能为”的社会参与机制，促进区域对接、社会联动的协同化社会治贫格局的形成。

### （一）东西部治贫协作：从对口帮扶到双向互动

社会主义的根本目标是实现共同富裕。早在20世纪80年代，邓小平同志就提出了“两个大局”的战略构想，指出：“东部沿海地区要加快对外开放，使这个拥有两亿人口的广大地带较快地发展起来，从而带动内地更好地发展，这是一个事关大局的问题。内地要顾全这个大局。反过来，发展到一定的时候，又要求沿海拿出更多力量来帮助内地发展，这也是个大局，那时沿海也要服从这个大局。”[④] 可以说，开展东西部帮扶协作，通过组织发达省份对口帮扶中西部贫困地区，是践行“共同富裕”理念及“两个大局”思想的必然要求，体现了社会主义的优越性。2016年中共中央办公厅、国务院办公厅《关于进一步加强东西部扶贫协作工作的指导意

---

① 中国共产党第十九次全国代表大会报告.

② 中共中央党史和文献研究院.十八大以来重要文献选编（下）[M].北京：中央文献出版社，2018：51.

③ 许源源，涂文.使命、责任及其限度：社会组织参与农村扶贫的反思[J].行政论坛，2019（2）：27-33.

④ 邓小平.邓小平文选（第3卷）[M].北京：人民出版社，1993：373.

见》对东西部扶贫协作结对关系做出了如下调整[①]：

2016年中共中央办公厅、国务院办公厅对东西部扶贫协作结对关系做出的调整

| 东部发达省市（帮扶方） | 西部欠发达地区（受援方） |
|---|---|
| 北京市 | 内蒙古自治区、河北省张家口市和保定市 |
| 上海市 | 云南省、贵州省遵义市 |
| 天津市 | 甘肃省、河北省承德市 |
| 广东省 | 广西壮族自治区、四川省甘孜藏族自治州 |
| 浙江省 | 四川省 |
| 江苏省 | 陕西省、青海省西宁市和海东市、贵州省铜仁市 |
| 山东省 | 重庆市 |
| 辽宁省 | 青海省 |
| 福建省 | 宁夏回族自治区 |
| 广东省珠海市 | 重庆市、云南省怒江傈僳族自治州 |
| 山东省青岛市 | 贵州省安顺市、甘肃省陇南市 |
| 辽宁省大连市 | 贵州省六盘水市 |
| 浙江省杭州市 | 湖北省恩施土家族苗族自治州、贵州省黔东南苗族侗族自治州 |
| 浙江省宁波市 | 吉林省延边朝鲜族自治州、贵州省黔西南布依族苗族自治州 |
| 福建省福州市 | 甘肃省定西市 |
| 福建省厦门市 | 甘肃省临夏回族自治州 |

① 曹洪民.中国东西扶贫协作战略及其效果[EB/OL].http：//www.docin.com/p-800854303.html.

续表

| 东部发达省市（帮扶方） | 西部欠发达地区（受援方） |
|---|---|
| 山东省济南市 | 湖南省湘西土家族苗族自治州 |
| 广东省广州市 | 贵州省黔南布依族苗族自治州和毕节市 |
| 广东省佛山市 | 四川省凉山彝族自治州 |
| 广东省中山市、东莞市 | 云南省昭通市 |

东西部对口帮扶结对关系调整进一步落实并增强了对深度贫困地区的帮扶力量，实现了对民族自治州和西部深度贫困地区的帮扶全覆盖，帮扶效用加快形成并呈现出良好的发展态势。以贵州为例，仅2018年，东部帮扶省市就向贵州省援助财政资金达27.13亿元；在人才支撑上，选派了360名支援干部，派出了4203名专业技术人员到黔开展扶贫开发工作；在就业扶贫上，解决了1.87万贫困人口的就业问题，就近转移就业11.85万人；引导423个扶贫企业参与，投资额为242.55亿元，总共带动了23万贫困人口脱贫。[①] 但是该做法更多体现为“输血式”的单向帮扶，而非“造血式”的互利共赢，扶贫项目选择随意性大、帮扶工作不平衡、扶贫协作不充分等问题难以避免。据此，在后脱贫时代开展东西扶贫协作，在扶贫理念上要加快实现从东西部对口帮扶向东西双向互动转变；在扶贫关系上要加快实现由单一供给、单向流入向东西互动、优势互补、合作共赢转变；在扶贫资源调配上要推进跨区域人才交流、跨区域产业转移、跨区域技术支撑、跨区域府际合作。

**（二）定点治贫行动：从定点挂钩到重心下沉**

定点治贫是推进我国大扶贫格局体系形成的重要力量，是引导社会扶贫重心下沉的重要举措。所谓的“定点治贫”主要指党政军机关、企事业

① 华姝.东西部扶贫协作“成绩单”[J].当代贵州，2019（4）：30-31.

单位有针对性地选择一个或几个特定的贫困点开展反贫困治理工作，既要立足“扶”，更要着眼于“治”。推进定点治贫旨在充分发挥部门和行业的优势，立足贫困实际，突破碎片化、分散化的扶贫状态，做实精准扶贫、精准脱贫、精准治贫。2013年，习近平总书记在湖南湘西调研脱贫攻坚时就强调要实事求是、因地制宜。他要求把三件事做实：一是发展生产要实事求是，二是要有基本公共保障，三是下一代要接受教育。据此，进入后脱贫时代，开展定点治贫工作，需始终围绕这“三件事”做好、做实、做强。第一，增强组织动力。定点治贫作为党政机关、企事业单位及人民团体通过下派干部、定点驻村、帮扶行动等举措参与反贫困治理的一项组织行动，需强化组织领导。要按照“不脱贫，不脱钩”的原则，切实将定点治贫纳入国家治贫制度框架及治贫单位主体责任范畴，要求责任到人、任务到岗、举措到位。第二，提高精准度及有效性。定点治贫最初作为扶贫领域的一种重要的社会动员，通过组织权威的推力，旨在凝聚更多的社会力量参与治贫行动，形成纵向联动、横向协作的扶贫开发格局。但是，笔者在调研中发现，诸多“领导挂点+部门包村+干部驻村”的定点扶贫方式看似形成了扶贫大格局，但实际上，就目前的情况来看，省级部门才是定点扶贫的主要力量。在定点扶贫中，中央部门“鞭长莫及”、市县单位“无能为力”、省级部门“左右为难”等困境依然存在。同时，由于扶贫实践中存在组织权威与行政权力的交织性和模糊性，难以避免部门在资金扶持、项目引进、驻村派人等定点扶贫中存在非规范性互动及博弈行为。据此，进入后脱贫时代，要加快实现由“定点扶贫”向“定点治贫”的治理方式转变，要在源头上厘清定点治贫的职能权限，规避行动偏差，提高精准度及有效性，要强化责任构建，理清发展思路，强化基层组织，注重文化培育，提高自我发展能力。同时，还要构建制度框架，推进标准化评估，确保定点治贫规范、有序地开展。

### （三）公民社会组织扶贫：由行政化、准行政化到去行政化

公民社会组织是反贫困治理的重要力量。2011年中共中央、国务院印发的《中国农村扶贫开发纲要（2011—2020年）》中明确指出："鼓励社会组织和个人通过各种方式参与扶贫开发"，从而在政策层面凸显了公民社会组织在反贫困治理中的突出位置。公民社会组织（Civil Society Organization）亦称"非营利组织""非政府组织""第三部门""志愿组织"等，具有非营利性、自愿性、自治性、向善性等特点和优势。公民社会组织伴随公民社会的发展而发展。随着公民社会的兴起及后工业时代的到来，公民社会组织在国家治理、社会建设、公民培育，以及连接国家与公民、政府与社会中发挥着越来越重要的作用。在"小政府、大社会"的政府治理变革中，由"全能政府"向"有限政府"、由"管理行政"向"服务行政"的治理变迁，必然给予公民社会组织广阔的发展空间。有关数据显示，我国约有81.6万个公民社会组织。一方面，组织发展类型多样。既有社会团体、基金会、民办非企业单位等法定公民社会组织，也有各类研究会、农村合作社等草根社会组织，还有红十字会、公益性协会等准公民社会组织。另一方面，组织发展态势迅猛。近20多年来，社会团体总数尤其是民办非企业单位年均以90%以上的增速增长。在新形势下尤其是进入后脱贫时代，需充分发挥公民社会组织的治理优势，积极强化公民社会组织参与反贫困治理的使命与职责。有关数据显示，2008年以来，在我国的社会扶贫资金募集上，公民社会组织已经超过了同期的民政部门，"政府对贫困农户的扶贫贷款率为47%，资金回收率为50%，而社会组织在资金回收率和项目成功率上都保持在90%以上"[①]。据此，进入后脱贫时代，要推进公民社会组织参与反贫困治理的去行政化改革，构建扁平化反

① 张宏伟.社会组织扶贫的困境与出路[J].人民论坛，2017（35）：52-53.

贫困治理组织结构，推进市场化运作，提高公民社会组织在反贫困治理中的独立性及专业化水平；要建立、健全公民社会组织参与反贫困治理的监督评估体系，强化政府、媒体及社会监督，引入第三方评估，提高反贫困治理的协同力、公信力。

## 第二节　反贫困治理社会化

在社会转型时期，反贫困治理社会化是对反贫困治理国家化的有力配合，是对“三位一体”的专项扶贫、行业扶贫、社会扶贫的有力支撑。反贫困治理社会化具有治理主体多元化、治理方式科学化、治理资源多样化、治理成效持久化等特性和要求。进入后脱贫时代，推进社会化反贫困治理，要始终坚持贫困问题的社会化导向，遵循党政引领、社会协同、公众参与的反贫困治理准则，要加强社会化治贫主体培育、治贫组织建设、治贫机制创新。通过“赋权”“增能”“归位”等方式扩大反贫困治理主体，拓宽反贫困治理渠道，增加反贫困治理资源，壮大社会治贫力量，切实解决“政府热”“社会弱”“市场冷”等问题。

### 一、社会化治贫主体培育

历史和现实表明，贫困从来不只是个别化表征，而是具有超越个体现象的社会性议题。综观欧美社会对反贫困治理中有关贫困问题的认知，其大致经历过个人道德化，社会结构化，个人、社会混合化的发展历程。其中，贫困问题“个人道德化”将贫困归结于公民个人的乏力与无能，强调救济与施舍，贫困问题“社会结构化”将贫困的焦点转向社会，强调福利与权利，贫困问题“个人、社会混合化”视贫困为个人与社会的交织，需突出主体性塑造与担当。据此，进入后脱贫时代，在社会化反贫困治理中，既要遵循贫困问题的社会化导向，也不能盲从于个人问题的社会化，既不能无限放大国家与社会的主体责任，也不能无限缩小公民个人的主体责任，使反贫困治理成为政府与市场、公民与社会的协作共生治理。

### （一）治贫客体的主体性塑造

马克思主义“人的主体性”思想认为，人的主体性体现为人的内在规定性的一种存在，需要在社会实践中不断强化，在主客体与环境的相互作用中充分体现。马克思在《黑格尔法哲学批判》中讲道：“人不是抽象地蛰居于世界之外的存在物。人就是人的世界，就是国家、社会。”[①] 据此，我们认为，人的主体性不仅作为自然属性的能动性存在，也作为社会属性的能动性存在，不仅要在主观意志上开发人的主体性，更要在对象化的社会实践活动中认识、理解、培植、塑造人的主体性。进入后脱贫时代，开展贫困识别及推进反贫困治理不应局限于收入指标、居住条件、劳动力构成等识别标准及治贫指向，而应将扶贫对象的主体性塑造、能动性条件构建纳入反贫困治理范畴。

#### 1. 厘清反贫困治理对象的贫困成因

对于真正贫困却发挥着主体性责任的反贫困治理对象，需强化赋权和增能，避免因“生存经济”主导而导致其心理失衡和动力衰退；对于得到国家福利补偿却未发挥主体责任的贫困者，要开展去除“贫困标签”的行

① ［德］马克思，恩格斯.马克思恩格斯选集（第1卷）[M].北京：人民出版社，1995：1.

动；对于真正贫困的农村社会弱势群体或反贫困治理对象，要避免其长期被“标签化”而使主体性和存在感弱化。

2. 激活反贫困治理对象的使命和责任

反贫困治理本质上是治贫领域的一场去除“贫困”标签的行动。据此，要帮助反贫困治理对象提高自我察觉能力、自我形塑能力，使其实现人格独立，走向自立和自强。

3. 摆脱贫困亚文化的影响

在反贫困治理中，反贫困治理对象的“主体性塑造”要针对“主体性贫困”，尤其是精神贫困进行。解决主体性贫困及精神贫困问题，务必植入现代文化，消除贫困亚文化的影响。美国著名经济学家奥斯卡·刘易斯的贫困文化理论认为，由于贫困者具有独特的居住方式及集体互动空间，其往往产生脱离社会主流文化的贫困亚文化，贫困亚文化的“圈内”交往、交融愈是增强，就愈容易再度发生贫困。这意味着，贫困亚文化具有代际传递性及再生产性，这种亚文化现象一旦形成，必将对贫困地区有关人群产生持久的影响。早在20世纪30年代，我国的平民教育家晏阳初先生就针对中国农民“愚、穷、弱、私”的特点提出了“以文艺教育治愚，以生计教育治穷，以卫生教育扶弱，以公民教育克私”的平民教育思想。在推进后脱贫时代反贫困治理中，需通过现代文化建构消除消极思想，这样，大众文化的构建就可以摆脱“听天由命”的宿命论困境。

**（二）治贫部门的职能化建设**

职能化建设是适应公共治理变革的善治表现，旨在通过实现部门职能结构的“帕累托最优”推进专业组织专业化、职能部门职业化、岗位职责分工化。推进部门职能化建设，本质上就是多元治理主体并存下公共权能关系的科学化调整、治理主体的社会化培育的体现。从内向度而言，需要正确处理好部门权利与义务的关系，在不涉及公共权力边界问题的前提下促进不同部门、不同层级、不同辖区职能的优化调整；从外向度而言，需要致力于政府与市场、国家与社会及公民权利的关系调整。社会化治贫主体培育体现为内外向度的结合、内涵式发展与外延式建构的统一。

1. 优化扶贫职能机构，促进权责匹配

通过调整、优化扶贫机构设置，调高扶贫机构级别，充实扶贫部门力量，着力解决扶贫开发组织机构职责模糊、含糊，职权弱化、虚化，规格偏低等所带来的“小马拉大车”问题。为增强扶贫开发的协调性、增进扶贫开发的能动性，有必要将各地的扶贫机构作为行政首长负责制下的行政机构，并使其级别略高于扶贫开发中的调配部门，促使其在区域范围内充分发挥自身的组织、协调、规划、运行等职能。

2. 推进公共部门扶贫职能的转变

政府职能转变是培育社会化反贫困治理主体的关键、扶贫部门职能化建设的根本。从本质意义上讲，政府职能转变的核心在于正确处理好政府与市场、公民与社会的关系，其目的就是进一步打开社会、市场及公众的发展空间，促进社会成长、市场发育、公众参与，避免政府职能越位、错位、缺位的“三位”现象，避免政府掉入“塔西佗陷阱”。

3. 发挥私营部门在反贫困治理中的职能优势

私营部门实行扁平化管理，具有“短、平、快”的优势。实践证明，在部门投资、设施建设等方面，私营部门的效率明显优于公共部门。在反贫困治理中构建起公共部门与私营部门的伙伴关系，既是现代治理变革的需要，也是社会化治贫主体培育的内在要求。

### （三）治贫人才的专业化发展

专业化是职业化的前提，职业化发展以专业化人才为支撑。在反贫困治理中，治贫人才专业化问题备受关注，推进新时代反贫困治理，需要一大批能力强、素质高、懂农业、爱农民、爱农村的专业化治贫人才给予知识、价值及能力支撑，以专业化手段引导社会资源集聚，在社会资源汇聚中推进专业化反贫困治理。治贫人才专业化是反贫困治理社会化的内在要求，反贫困治理越深入，越需要专业力量的投入及治贫人才内涵的提升。要通过专业化的治贫人才培育，给予反贫困治理人才保障和智力支撑。一要在治贫实践中提升治贫人员的岗位胜任力。岗位胜任力反映岗位人员的素质、素养与岗位发展需求的匹配状况，既包括岗位人员的专业知识、工作技能等显性胜任力，也包括岗位人员的道德、品质、动机、价值观等隐性胜任力。其中，隐性胜任力是支配、影响人的行为和动机的关键要素。据此，推进后脱贫时代反贫困治理，一方面要坚持“实践出真知”“一线育人才”的治贫工作导向，加强价值引领，促进自我认知，强化治贫动机，把反贫困治理工作一线作为发现、培养、历练、选拔干部的平台，另一方面要坚持专业化反贫困治理人才选拔和培养导向，把好人才选派关，促进岗位需求、组织需求、个人需求相结合。二要提高反贫困治理人员的专职化程度。坚持专职化治贫标准，旨在消除“驻村不在村”“专工而不专业”等现象，解决“走读式”“兼工型”“挂名式”扶贫等问题，将一线扶贫人员打造成为业务精湛、精神专注的精专型反贫困治理人才。

## 二、社会化治贫组织建设

面向新时代的公共治理，由行政性管制向社会性治理转变的制度变迁再造了更多的社会组织参与社会公共事务治理。“委托 — 代理”理论认为，专业化分工、生产力发展必然产生一大批具有专业知识和技能的代理组织和代理人。基于此，我们认为，“委托 — 代理”关系是普遍存在的，社会专业化分工越精细、规模化发展越深入，推进“委托 — 代理”中“经理人市场”作用的发挥就越迫切。从本质上讲，政府再造社会组织体现着政府职能转变及公民社会建设的内在逻辑，社会组织在社会化或准社会化运作中通过与国家及其政府的通力合作形成的“国家 — 市场”“政府 — 社会”的委托经营模式，是对社会转型中政府再造及国家治理社会化的重要尝试。推进后脱贫时代反贫困治理要强化社会组织的功能，推进社会化治贫组织建设，要依托社会组织的专业性、行业性、广泛性、自治性、自愿性及第三方性的特点和优势，延伸扶贫开发部门的功能，填补政府职能让渡空间。

**（一）发展民间性反贫困治理组织**

20世纪70年代以来，伴随公共管理改革运动及“结社革命”的兴起，各民间组织作为治理变革中的重要力量不断涌现。民间组织亦称“非政府组织”“社会中介组织”或“第三部门”，是具有共同志趣的社会组织、从事公益事业的社会团体，在英语中表述为“Non-Governmental Organizations”（NGO）。发展并鼓励民间组织参与反贫困治理既是新型反贫困治理秩序建构的内在要求，也是马克思主义反贫困观点的基本立场。进入后脱贫时代，中国的反贫困治理状况的多样性、复杂性，反贫困治理结构的变迁性、特殊性势必要求民间组织在反贫困治理中彰显更大的价值、发挥更大的作用。马克思主义思想认为，上层建筑发展到一定阶段，必然回归到社会层面上来。这意味着民间组织需承担更多的政府再造中的让渡职能。

1. 推进扶贫性农村民间组织建设

农村民间组织亦称“本土民间组织”，是农村基层反贫困治理的重要组织力量，需充分发挥扶贫性民间组织的反贫困治理效能。首先，要加强对农村民间组织的管理，强化制度供给，依法注册登记，使之赢得社会认同，切实走出“一管就死，一放就乱”的困境；其次，要强化扶贫性农村民间组织的专业化能力建设，促进民间组织的横向、纵向合作，在扶贫资金、人才建设、组织动员上给予支撑，促进农村民间组织持续健康发展；最后，要强化组织使命，坚持以公益为目的、以扶贫为使命，积极回应公民和社会的基本需求，尤其是贫困地区和贫困人群的发展需求。

2. 推进民间反贫困治理组织去行政化改革

民间反贫困治理组织具有民间性、独立性、社会性、自治性、自愿性及非营利性特点。推进民间反贫困治理组织去行政化改革，本质上就是在治贫领域推进公共服务社会化、市场化，促进利益再分配。需大力培植公民的社会理念，提倡公民自治精神，淡化行政色彩；要依托市场力量，强化利益驱使，发展社会动能，推进行业协会转型升级，促进治贫领域具有民间性质的行业协会民间化。

**（二）发展公益性反贫困治理组织**

公益组织是反贫困治理的重要主体，公益扶贫是社会化扶贫的重要构成部分。推进公益性反贫困治理组织发展、促进公益扶贫事业发展是公益组织嵌入反贫困治理行动的内在需求。所谓的“公益性反贫困治理组织”特指在反贫困治理中以从事社会公益性活动、解决社会性问题为主要业务，具有非政府性、非营利性、非党派性的社会中介组织。整体看，我国在反贫困治理领域的公益组织仍然稀缺，截至目前，规模性大、影响力远的全国性扶贫公益组织是1989年3月成立的中国扶贫基金会。中国扶贫基金会以“构建最值得信任、最值得期待、最值得尊敬的国际公益平台”为愿景，以“播善减贫，成就他人，让善更有力量”为使命，有效地助推了社会化减贫事业的发展。进入后脱贫时代，为更深入、更广泛地推进社会公益组织嵌入反贫困治理，需进一步厘清社会公益组织与反贫困治理行动的内在逻辑关系，强化网络化联合驱动，推动公益扶贫高效化、精准化、持续化发展。一要构建稳健的公益扶贫生态网络。反贫困治理从本质上讲是对贫困领域合作网络的嵌入式管理，扶贫公益组织在嵌入扶贫开发行动中必然构建稳健的、可持续的反贫困治理生态网络，必然依托政府主导下的协同治理框架，以促进社会化良性反贫困治理形态有序形成。一方面要打牢核心支点，强化公益使命，完善治理结构，做好技术支撑，有效促进扶贫公益组织嵌入乡村反贫困治理，积极探讨“互联网+公益”扶贫模式；另一方面要强化制度供给，推进公益生态圈建设，促进生态圈内公益合作社群的发展及公益扶贫主体的跨界合作，构建公益扶贫体系，创建公益扶贫品牌。二要推进公益反贫困治理组织可行能力的建设。公益反贫困治理组织嵌入反贫困治理必须苦练“内功”，促进可行能力提升。一方面要推进公益反贫困治理组织的组织化、专业化建设，提升公益扶贫的组织化程度、专业化水平；另一方面要在政府购买服务中完善市场机制、联合募集机制，促进公益扶贫有序竞争、资源要素有效整合，发挥自身优势，提高公益资源整合能力，打造公益扶贫产业链。

**（三）发展现代慈善性反贫困治理组织**

做慈善既是中华民族的优良传统，也是现代治理的价值遵循。我国的慈善事业源远流长，自古以来，慈善事业始终作为推进良好的社会治理、促进社会再生产的必要组织形式。比如，官办有“天子布德兴惠，命有司发仓廪，赐贫穷，振乏”（《礼记·月令》）、“齐宣王亦尝发棠邑之仓，以赈贫民”（《孟子·尽心》）等记述，民间有义举、义田、义舍、社仓、粥局、义聚、义学等记载。著名实业家、社会活动家、爱国华侨陈嘉庚曾慷慨陈词“财自我辛苦得来，亦当由我慷慨捐去”“金钱如肥料，散播才有用”。据此，我们认为，慈善事业既是官方推进社会治理的重要组织形式，也是民间社会关系建构的桥梁和纽带。推进后脱贫时代反贫困治理需大力开发慈善扶贫组织，盘活慈善扶贫的“存量”与“增量”，扩大其“总量”，增进社会关联度，强化政社联动性，促进慈善组织嵌入脱贫攻坚。

1. 从传统慈善向现代公益转换

马克思指出："人们自己创造自己的历史，但是，他们并不是随心所欲地创造，并不是在他们自己选定的条件下创造，而是在直接碰到的、既定的、从过去承继下来的条件下创造。"[①] 这意味着，推进任何事物的发展，都要从感性与理性的视角去把握，从历史与现实的向度去审视。传统慈善体现传统理性精神、行为规范和价值导向，而现代公益源于传统慈善，体现的是传统慈善在新的历史条件下的创新和发展。发展现代慈善性反贫困治理组织，要遵循传统慈善文化的理性逻辑，把握现代公益的发展态势，促进慈善扶贫组织继承性发展、创造性转换。

2. 从爱心逻辑的自发性行为到治理逻辑的自主性回应

自主性是慈善性反贫困治理组织生存的基本条件，然而，慈善性反贫困治理组织的自主性具有对资源及环境的依赖性。资源依赖理论认为任何一个组织都不可能完全生产出目标任务，要想获得所需的一切资源和条件，组织必须与所处环境的因素进行物质能量交换。这意味着慈善性反贫困治理组织嵌入反贫困治理要加强技术规范，壮大资源供给，强化"政府 — 慈善组织""二元关系模式"逻辑，防止慈善扶贫组织"自主性悖论"。

## 三、社会化治贫机制创新

制度创新理论的提出者道格拉斯·诺思（Douglass C.North）认为："有效率的组织需要在制度上做出安排，确立所有权，以便造成一种刺激。"[②] 指出了制度是变革性力量，制度变革影响着组织变革，制度创新决定着技

① 李扬.中国特色社会主义发展机遇观形成的背景[J].领导科学论坛，2015（16）：1.

② 文魁，徐则荣.制度创新理论的生成与发展[J].当代经济研究，2013（7）：52-56.

术创新。社会化治贫是我国反贫困治理的行动策略，要想实现广泛、多元的社会力量参与扶贫开发，必须强化制度力量，促进体制和机制创新。党的十八届三中全会关于“鼓励社会资本投向农村建设，允许企业和社会组织在农村兴办各类事业”的论述，为社会组织嵌入反贫困治理明确了要求，指出“推广政府购买服务，凡属事务性管理服务，原则上都要引入竞争机制，通过合同、委托等方式向社会购买”“正确处理政府和社会关系，加快实施政社分开，推进社会组织明确责权、依法自治、发挥作用”，为体制和机制的创新指明了方向。重构社会资本、走出“碎片化”困境、促进政府和社会良性互动、推进服务平台打造、强化管理监督等是创新社会化反贫困治理机制的逻辑选择。

**（一）农村反贫困治理的社会资本重构**

社会资本与物质资本、人力资本一样，其借力点在“资本”，落脚点也在“资本”。20世纪70年代以来，社会资本理论在与社会学、经济学、政治学、公共管理学等诸多学科的融合发展中被日渐重视。社会资本理论赋予了新时期农村反贫困治理方略启迪并为之提供了有益思考。美国著名社会哲学家普特南（R.Putnam）认为：“社会资本存在于社会结构中的个人资本，它为结构内的行动者提供便利资源，包括关系网络、信任和规范。”[①] 这意味着社会资本是社会组织的特征，社会信任、公民精神、价值规范等是社会资本的重要构成和有效治理的精神基础。世界银行也将社会资本作为反贫困治理的重要因素，认为“社会资本构成要素中的各种社会经济准则和网络是人们用以摆脱贫困的主要资本形式”[②] 。在农村反贫困治

① 谭英俊.重构社会资本：新时期创新农村扶贫开发机制的逻辑选择[J].求实，2016（4）：81-87.

② 李红玲.农民专业合作组织的多元扶贫逻辑与公共治理[J].贵州社会科学，2014（7）：133-137.

理中，贫困户精神动力不足等问题和现象无不与农村社会资本培育滞后有着莫大的关系。进入后脱贫时代，农村社会化反贫困治理机制创新要着眼于农村社会资本建构。

1. 重构农村信任根基

社会信任是社会资本的核心、良序社会治理的基础，表现为建构良好的社会秩序的心灵契约和精神自律。开展反贫困治理需创新体制和机制，打牢农村社会信任根基，改良农村社会信任现状。首先，要建立政府诚信机制。通过规范施政行为重建政府信任，扩大“信任半径”，以政府诚信带“公信”，以优良的党风促政风、带民风。其次，要建立农村市场信任机制。扶贫开发、项目建设等需要市场力量的注入与推动，市场经济是“信任经济”，市场扶贫是“信任扶贫”，市场的运行基础是信任，市场运行的成败在于信任，迫切需要将信任机制纳入后脱贫时代反贫困治理范畴。最后，要强化活动交流，重构人际信任。通过开展丰富多彩、积极向上的农村联谊活动，打牢“熟人社会”根基，促进交往、交流、交融。

2. 培育农村公共精神，强化农村规范供给

农村公共精神及规范供给存在于农村公民社会的建设中，体现在公共秩序的建构及公民精神的培育上。推进后脱贫时代反贫困治理，一方面要加强农村贫困人群独立人格及公共精神的培养，把培育新型农民作为反贫困治理的硬支撑，另一方面要加强农村正式制度的供给，发挥非正式制度的作用，促进农村贫困户主体意识的增强，强化其责任担当，让竞争、民主、规范、革新等现代意识在乡村社会有效形成。

### （二）农村治贫行动的政府、社会良性互动

合作型反贫困从本质上讲体现为国家权力与社会权能的良性互动。伴随公民社会的兴起，促进政府与社会组织（第三部门）的合作伙伴关系越来越成为各地推进政府治理变革的战略选择。政府、社会的良性互动意味

着迫切需要一个“有限政府”的形成及“有效社会”的运作，促进政府、市场、社会的“合力治事”，在构建社会秩序中推进国家与社会的合作治理。恩格斯也曾表述过“国家来自社会又同社会相异化”①。从一定意义上讲，国家是社会组织的集中体现，但国家又不可能代表社会的全部，有别于社会的功能。国家与社会只有走向良性互动，才会实现良性治理。据此，政府组织与社会组织“双主体”地位的确立是国家权力与社会权力“双重心”合作治贫使然。

1. 实施政府购买社会扶贫服务单列计划

在反贫困治理中，可以将社会组织提供的扶贫专项单列出来，设置相关条件，推进政府购买扶贫服务标准化、规范化建设。一方面要明确购买扶贫服务的内容清单及专项范围。凡能够由社会组织有效提供的，通过公开招标、统一购买等方式，积极引导并鼓励社会力量参与，交由社会组织承担；暂时不能由社会组织直接提供的，要创造条件，广开门路，促进政社合作。另一方面要建立、健全购买扶贫服务的政府采购体系并遴选评价机制，建立扶贫项目招投标市场，推进扶贫服务的品牌化运作，促进扶贫项目连锁效应的形成。

2. 创新政府、社会合作治贫机制

政府单向扶贫的弊端呼唤政府、社会合作治贫的兴起。政府、社会合作治贫在客观上要求加快实现由限权控制向通力合作转变，代表国家权力的政府组织与代表社会权力的社会组织始终二元依存、互动互控。携手推进反贫困治理体现国家权力与社会权力关系的重构。据此，推进后脱贫时代反贫困治理要创新合作治贫机制，高度重视社会权力的发展，既要彰显政府的“治理权威”，又要体现社会的“权能回归”，推进“分立—分

① 蔡科云.论政府与社会组织的合作扶贫及法律治理[J].国家行政学院学报，2013（2）：33-37.

治—分享”的政社共治的反贫困治理模式的形成。

**（三）社会组织嵌入脱贫攻坚的服务平台打造**

美国社会学家塔尔科特·帕森斯（Talcott Parsons）的社会行动理论认为，任何单元行动都牵涉外在社会结构因素的影响，牵涉秩序构建、价值规范、制度化行动等问题。根据帕森斯的社会行动观点，社会行动应该体现为“行动者（行动主体）、行动目标（行为动机）、行动情境（角色身份和物质环境）和行动规范（价值期待）”① 的结构构建。这意味着，任何社会组织的单元行动都需基于行动主体、目标情境、价值规范等要素的建构而开展，促进单元行动向社会行动转变。社会组织嵌入脱贫攻坚，投入反贫困治理，从形式上讲，有政府购买服务、公开募集、项目化运作等模式，从本质上讲，体现为个体化、单向性的单元行动向结构化、制度化的社会行动转换的过程。社会组织嵌入脱贫攻坚，需要建构共同的价值认同，形成良好的行动秩序，打造高效的服务平台。一要搭建信息服务平台。进入后脱贫时代，更要依托互联网、大数据、云计算等现代信息技术，加快推进反贫困治理信息系统建设，构建运用体系、评估体系、保障体系，强化信息监管，提高精准化程度；通过信息服务平台，及时将反贫困治理规划、脱贫攻坚需求、政府购买服务事项、服务流程等信息向社会公开，努力探索“互联网+区域信息+社会组织”等社会治贫新模式。二要搭建协调联动平台。有效的反贫困治理表现出的不是国家权力在反贫困治理实践中无限的扩张，而是在合理的反贫困治理范围内通过国家权力的有效运作及社会自治的有效开展来实现。据此，进入后脱贫时代，要建立政府、社会的协同联动机制，引导社会组织参与反贫困治理，组建社会组织参与反贫困治理的协调机构；推进政府组织与社会组织的跨界合作，解

---

① 李荣誉.社会行动理论视角下的社区治安参与路径研究[J].福建警察学院学报，2019（2）：53-59.

决社会组织参与反贫困治理遇到的难题。

**（四）社会化治贫组织的管理与监督**

对社会组织的有效监督和管理是社会化反贫困治理有序开展的支撑、发挥社会资源集约扶贫效用的举措、克服“碎片化”社会扶贫弊端的良方。在现行政府主导、社会参与的反贫困治理框架下，迫切需要构建“政府组织权威监管、社会组织自我监管、社会力量广泛监管”的多元反贫困治理监管机制。

1. 建立社会扶贫组织内部的自我监管机制

社会扶贫组织多为自主行事、自主监管、自我发展的公益扶贫组织，需依据组织章程建立行业自律体系，加强自身建设与规范，完善组织治理结构，推进社会扶贫组织的健康、有序发展。一方面要着眼于建立、健全自律监管制度，推进行业诚信建设，努力提高社会扶贫组织的自治力、自律力、公信力。另一方面要着眼于设立社会组织内部的专门业务监管与绩效评估机构，在资源整合、资金调配、项目运作、组织实施等方面强化监管。

2. 建立政府组织对社会化扶贫的监管机制

在社会化反贫困治理及政府购买扶贫服务中，社会组织要想获得一定的制度空间，并达成相应的合作协议，必然要求政府组织对社会组织进行全面而有效的监管。一方面要完善社会扶贫组织管理体系，简化反贫困治理类的登记管理程序，允许社会扶贫组织直接申请登记注册，积极探索针对社会扶贫组织的管理，由依靠申请登记的“审批制”向免于申请登记的“备案制”，由事前监管向事中、事后监管转变。另一方面要建立、健全社会扶贫组织准入、激励、退出机制，明确社会组织参与反贫困治理的相关政策，在税收、项目实施、专业人才建设、专业资格认定、社会福利保障、社会扶贫组织联盟等方面给予政策倾斜。

3. 建立社会广泛监督机制

要充分发挥社会大众、新闻媒体、社会舆论等多方监督作用，建立社会组织参与扶贫的信息服务平台及社会组织业务活动的评估体系，定期公开资源捐赠、财务报告、资质条件、资金投向、效果体现等信息，在多方监管中促进社会扶贫组织的高质量发展。

## 第三节　精准治贫现代化

"现代化"是一个表示集成变迁过程的综合性概念，现代化形成过程往往以经济财富自由、现代人格形成、环境治理有效、技术方法管用等现代性元素的集成为重要标志。但"现代化"不等于"现代性"，"现代性"体现时代特征，"现代化"彰显发展趋势。推进现代化的集成变迁，既要在化传统为现代中获取现代性元素，也要在现代性集成中促进现代治理转型。从历史的视角看，国家治贫体系和治贫能力现代化是国家治理体系和治理能力现代化的重要构成，国家治理现代化为国家治贫现代化提供了方向和路径，国家治贫现代化给予了国家治理现代化有力的支撑。进入后脱贫时代，推进现代反贫困治理，需夯实反贫困治理的现代化基础，找准治贫动力，回应时代呼唤，需强化协同论导向，坚持本体论地位，着眼方法论研究，推进现代化精准治贫环境的形成、治贫主体的集成、治贫客体的塑成、治贫技术的生成。

## 一、协同论视角：治贫主体现代化

推进序参量生成、协同运行历来体现着协同治理的内在机理。协同治理范式下的反贫困治理始终以治理主体的现代化为基础，以主体性要素构建为条件。在反贫困治理中，各参与主体始终是反贫困治理的能动力量，需坚持协同论导向，建构主体性条件。在后脱贫时代反贫困治理体系的构建中，反贫困治理主体既包括党政主体，也包括社会个体、社会群体，各社会个体、社会群体及党政主体必须通过有序化组织、有目的地运作、有步调地行动，促进现代化治贫主体的集成。

### （一）"共同富裕"引领反贫困治理

"共同富裕"既是社会主义的基本原则和目标导向，也是推进国家治理现代化根本的价值体现。自古以来，"共同富裕"就展示着诸多圣贤、先哲的非凡智慧，书写着无数仁人志士的无限追求。从孔子的"富而好礼"到孟子的"恒产恒心"，到墨子的"兼相爱"，再到康有为的"大同书"、孙中山的"共和梦"，等等，无不体现着先贤们对共同富裕的向往和追求。党的十八大以来，以习近平同志为核心的党中央紧紧围绕"实现中华民族伟大复兴的中国梦"这一主题，聚焦改善民生，聚力脱贫攻坚，着眼共同富裕，补齐发展短板，引领反贫困治理。推进后脱贫时代反贫困治理，一方面要致力于推动社会生产力持续健康发展，另一方面要着力消除两级分化。一要强化"共同富裕路上，一个不能掉队"的刚性规定。习近平总书记关于"全面建成小康社会，一个不能少；共同富裕路上，一个不能掉队"的重要论述体现着实践论与工具论的统一、合目的性与合规范性的统一。"全面小康""共同富裕"是目标，是方向，"一个不能少""一个不能掉队"是规范，是要求。推进后脱贫时代反贫困治理要按照"不能少""不掉队"的要求，在实现"全面小康"的基础上向"共同富裕"的目标迈进。二要落实“小康不小康，关键看老乡”的柔性管理。习近平总书记关于“小康不小康，关键看老乡”的重要定论道出了小康社会的构建与反贫困治理的内在逻辑关系，小康之“全”存在于老乡之“富”，乡村之美反映着国家之强。“没有农村的小康，特别是没有贫困地区的小康，就没有全面建成小康社会。”① 这意味着推进新时代反贫困治理要凸显老乡之“富”及乡村之美的衡量标准，体现“中国要富，农民必须富”② 的现实逻辑。

### （二）“主体责任”夯实反贫困治理

反贫困治理中的主体责任特指党政主体在脱贫攻坚中应当履行的领导责任和政治责任。责任主体能否切实履行职责直接关系到反贫困治理的实效。夯实治贫工作责任，要坚持唯物论与辩证法的统一、两点论与重点论的统一，既要实事求是，也要辩证施治，既要着眼全面，也要善抓关键。

#### 1. 持续构建“五级书记抓扶贫”责任体系

“五级书记抓扶贫”是我国现阶段反贫困治理的经验总结，该责任体系的构建旨在形成主体责任的“面”。治贫“责任面”的形成有助于推进反贫困治理向更深的层次发展。基于此，坚持党对反贫困治理的绝对领导是落实主体责任的关键，必须充分发挥党的政治优势和社会主义集中力量办大事的制度优势，持续通过层层落实责任、级级传导压力，着重构建后脱贫时代反贫困治理责任体系。

#### 2. 持续压实“一线总指挥”治贫责任

“郡县治则天下安”，压实“一线总指挥”的治贫责任，也就抓住了

---

① 中共中央党史和文献研究院.习近平扶贫论述摘编[M].北京：中央文献出版社，2018：4.

② 人民日报评论员.小康不小康，关键看老乡[EB/OL].http：//z.hangzhou.com.cn/2017/xzsjdyjh/content/2017-10/11/content_6682501.htm.

反贫困治理的主要矛盾和矛盾的主要方面，进入后脱贫时代，依然要体现狠抓“关键少数”的矛盾论逻辑。习近平总书记指出：“县级党委是全县脱贫攻坚的总指挥部，县委书记要统揽脱贫攻坚。”① 从而指出了县委是党执政兴国的“一线指挥部”，县委书记是“一线总指挥”。2020年后即进入了后脱贫时代，地方可以采取因地制宜的办法，考虑设置1—3年的“脱贫成效巩固期”，在“巩固期”内持续保持贫困县党政正职的稳定。“党政正职的稳定”是使命，是定力，是方略，更是对新时代反贫困治理的经验总结。

### （三）“社会互构”强化反贫困治理

社会互构论认为，各行为主体在彼此互构的关系中，由于互构主体的多元性、互构内容的二重性及互构时空的多维性，各行为主体在互构过程中会凸显共时性、共变性、共生性等特性。新时代反贫困治理需突出多元互构的特点，体现多维互动的要求，国家、市场、社会三大主体力量的关系结构既要在彼此互动中形成，也要在相互作用中优化。一要推进以拓展社会资本为主导的协同式治贫。党的十八大以来，中国的扶贫开发工作正经历着由以扩大物质资本为主导的“输血式”扶贫到以扩充人力资本为主导的“造血式”扶贫，再到以拓展社会资本为导向的协同式治贫的嬗变。而基于社会资本的序参量集成及有序化形成是新时代推进反贫困治理的内在要求。一方面要促进反贫困治理的有序化集体行动发生，另一方面要促进反贫困治理的高效化自组织行为效应生成。二要推进以改善社会治理为主导的相融促的合作型反贫困。贫困地区的社会治理与反贫困治理始终是同体两面、相互嵌入、目标同构、互为条件的。进入后脱贫时代，要善于在乡村社会治理中推进反贫困治理，在反贫困治理中完善乡村社会治理结

---

① 中共中央党史和文献研究院.习近平扶贫论述摘编[M].北京：中央文献出版社，2018：47.

构，切实摆脱“部门—贫困户”的碎片化扶贫状态，走出“政府—贫困人群”的单向性扶贫结构困境。据此，要正确处理好政府与市场、国家与社会的“多轮驱动”关系，寓反贫困治理于社会治理，以社会治理促脱贫攻坚，努力构建党委领导、政府主导、社会协同、公众参与的“一核多元”治贫格局。

## 二、本体论视角：治贫客体现代化

马克思主义本体论认为：“现实不是‘理性的自我展开’，也不是‘直观形式的自发性’，而是对象的、劳动的和社会形成的实践主体的活动。”[①] 指出了现实社会的发展是变革社会、塑造自我的人的主体性活动过程，必须将人置于具体的社会情境中及关联的社会关系中，促进变革对象在社会性、对象性实践中生成自我。在反贫困治理中，贫困人群既是反贫困治理的客体即反贫困治理的对象，也是反贫困治理的主要力量，将反贫困治理对象纳入反贫困治理主体范畴体现了马克思主义本体论思想。

### （一）赋权、增能强化“精准治贫”

推进后脱贫时代反贫困治理需要通过持续打开贫困人群的权利选择空间、夯实反贫困治理对象的能力基础激发其内生动能，在权能并举中推进反贫困治理，在赋权和增能中强化精准治贫。一要夯实精准治贫的外生赋权和增能基础。通过提高反贫困治理的制度供给水平，壮大贫困人群的权能基础，激活贫困对象的主体性，强化其能动性，着眼于精准性。通过赋权和增能、精准施策，实现共建、共治、共享，人的全面发展，以及人民的共同富裕。二要强化精准治贫的内生赋权、增能功能。通过激励性措施

① 李昕桐.马克思现实性概念的本体论意蕴——现实的“劳动—经济—实践”结构[J].江海学刊，2017（6）：229-233.

和诱发性政策真正赋予特困地区、贫困人群社会关系资源、发展机遇、治贫技能，提高其治贫参与能力、可行能力、行动力，强化其市场发展权能、民主决策权能、学习实践权能。比如“不让孩子输在起跑线上，尽力阻断贫困代际传递”的治贫要求就是要通过教育赋权促进内生增能；提出“两不愁、三保障”的治理目标，就是想通过坚守底线打开权能空间。

**（二）“志智双扶”对标“精神脱贫”**

党的十八大以来，我国始终把“扶贫先扶志，扶贫必扶智”作为反贫困治理的根本依据，把激发群众的内生动力作为反贫困治理的基本方略。进入后脱贫时代，“扶志”始终是反贫困治理的内在源头，“扶智”则是脱贫攻坚的内生动力，需秉持“扶志”与“扶智”相结合、“治愚”与“治穷”相呼应、“治弱”与“强能”相统一的反贫困治理理念。一要强化“弱鸟先飞”意识。习近平总书记曾多次提及“弱鸟可望先飞，至贫可能先富”，指出了反贫困治理中的矛盾是可以转化的，关键要善于创造条件，善用条件促进矛盾转化。据此，对反贫困治理对象来说，一方面要有识别“弱鸟”的勇气，善于查找“至贫”的原因，另一方面要有敢于“先飞”的意识、谋划“先富”的行动。对于反贫困治理主体，既要有“强鸟”的高见、“促飞”的高招，也要有“治贫”的方略、“致富”的绝招。二要激发“群众首创”精神。习近平总书记指出：“脱贫致富终究要靠贫困群众用自己的辛勤劳动来实现。没有比人更高的山，没有比脚更长的路。”①推进后脱贫时代反贫困治理要让贫困群众真正热起来、动起来。而“热起来”“动起来”在于群众首创精神的培育、内生动力的激发及公民公共精神的养成。

---

① 习近平.确保2020年所有贫困地区人口迈入小康[EB/OL]. http：//bj.people.com.cn/n/2015/1129/c233086-27204121.html.

### （三）因地制宜着眼“攻坚拔寨”

因地制宜，就是要因势利导，立足地方实际，依托地方资源，凸显治理特色。习近平总书记指出：“扶贫要实事求是，因地制宜。要精准扶贫，切忌喊口号，也不要定好高骛远的目标。”① 据此，推进后脱贫时代反贫困治理，因地制宜是原则，因人而异是准则，因势利导是方略。第一，要有“捡进篮子的未必都是菜”的视野。“一个地方的发展，关键在于找准路子、突出特色。欠发达地区抓发展，更要立足资源和产业基础，做好特色文章，实现差异竞争、错位发展。”② 要宜农则农、宜林则林、宜游则游、宜迁则迁。第二，要有“开对药方拔穷根”的定力。开对了“药方子”才能拔掉“穷根子”。开“药方子”就是要因地制宜、因势利导、精准施策，拔“穷根子”就是要攻坚拔寨、克难攻坚、注重结果。

## 三、方法论视角：治贫技术现代化

方法论以认识世界、改造世界为根本原则，反贫困治理以治贫技术现代化为支撑。开展反贫困治理始终体现着马克思主义世界观与方法论的统一。在反贫困治理中，反贫困治理主体、治理客体及环境的相互作用不是直接促使治理行为的发生，而是以一定的治理技术为中介，需着眼于方法论研究，强化技术方法运用。

### （一）构建分级、分类治贫体系

分级、分类是反贫困治理的重要机制，是贫困地区推进脱贫攻坚的基

① 习近平的“扶贫观”：因地制宜“扶真贫、真扶贫”[EB/OL].http：//politics.people.com.cn/n/2014/1017/c1001-25854660.html.

② 习近平下达消灭贫困决战令[EB/OL].http：//www.xinhuanet.com//politics/2015-11/24/c_128464091.htm.

础工具及实现反贫困治理目标的前提条件。在后脱贫时代，要针对贫困地区、贫困人群致贫的差异性确定贫困类型，厘清贫困形式，构建分级、分类治贫体系，开展分类施策，实施差异化反贫困治理。同时聚焦解决好“扶持谁”“谁来扶”“怎么扶”“如何退”等基本问题。比如，之前所讲到的关于“六个精准”的理路逻辑，讲的就是要在扶贫政策的制定上出实招，在精准政策的执行上做实功，在脱贫攻坚的目标上见实效；关于“五个一批”的治理价值，提倡的是善于推进多维反贫困治理，采取多种有效手段，促进贫困地区嵌入型治理、内源性发展。

**（二）推进源头治理“点”“线”“面”**

反贫困治理所体现的应该是“道”与“术”的统一，“点”“线”“面”的结合。进入后脱贫时代，中国的反贫困治理更需高超的治术技艺，既要关注于“点”，也要着眼于“面”，还要契合于“线”，在“面”上做文章，在“点”上求突破，在“线”上见实效，着力构建点面结合、以点带面、点线连面的反贫困治理格局。一要坚持“整体数”与“个别数”的统一。如“确保到2020年现行标准下农村贫困人口全部脱贫，贫困县全部摘帽，解决区域性整体贫困”讲的是“整体数”，“在扶贫的路上，不能落下一个贫困家庭，丢下一个贫困群众”“全面建成小康社会，一个不能少；共同富裕路上，一个不能掉队”讲的是“个别数”。推进后脱贫时代反贫困治理既要着眼宏观，又要立足微观，不以宏观代替微观，既要看“整体数”，又要看“个别数”，不以“平均数”代替“大多数”。二要坚持新发展理念。“创新、协调、绿色、开放、共享”五大发展理念为持续推进反贫困治理提供了根本依据。其中，创新发展是实施精准扶贫的根本动力，协调发展是实施反贫困治理的内在要求，绿色发展是实施反贫困治理的基础性条件，开放发展是反贫困治理的外在动力，共享发展是反贫困治理的最终归宿。进入后脱贫时代，必须始终以新发展理念引领反贫困治理。

### （三）下足反贫困治理“绣花功”

习近平总书记关于“精准扶贫要下一番‘绣花’功夫”的重要论断，为深入推进后脱贫时代反贫困治理提供了根本依据。这也就要求反贫困治理主体在新的历史条件下要肯下“绣花功”、敢啃“硬骨头”。马克思、恩格斯曾说过：“当我们通过思维来考察自然界或人类历史，或我们自己的精神活动的时候，首先呈现在我们眼前的，是一幅由种种联系和相互作用无穷无尽地交织起来的画面。”[①] 说明了事物的发展体现为普遍联系、相互作用的统一，而每一个要素在构成一个有机整体的同时以其精致而独特的方式存在。“绣花”讲究的是精细化运作、精准化治理，越是攻坚拔寨，越要像绣花一样精细用心、精心推进、不浮不躁。既要有“绣花”的定力、“绣花”的底气，也要有“绣花”的精神、“绣花”的担当。在练就“绣花功”的过程中不断激发反贫困治理主体的内生动力，释放反贫困治理客体自我形塑的热情。

① ［德］马克思，恩格斯.马克思恩格斯选集（第3卷）［M].北京：人民出版社，1995：359.

# 第八章 协同治理范式下反贫困治理的策略转向

改革开放以来，我国的扶贫工作历经改革扶贫、开发扶贫、攻坚扶贫、定点扶贫、专项扶贫、精准扶贫的治理变迁，体现的是基于一定的历史条件的反贫困治理策略转向。尤其是精准扶贫策略是对传统扶贫方式的巨大变革，其扶贫思路之变、发展理念之变是在新的历史条件下致力于筑牢底层结构、夯实治国基础的重要战略之举。然而，当前的精准扶贫中既存在“治贫改革与发展视角偏狭，被动适应性扶贫远远大于主动前瞻性治贫”[①]等思想认知的障碍，也尚存扶贫目标与过程、内容与形式偏离社会现实，背离公共性本质等报表异化困境，还面临制度供给力量不足，创新推动不力，联动扶贫不强，重开发、轻管理、少治理等现实问题。据此，进入后脱贫时代，推进国家反贫困治理体系及治贫能力现代化，需要在现代治理变革中有效推进精准解构与重组、治贫改革与创新、协同治理与增效，在反贫困治理的实践中摒弃旧机制、旧观念，创建新章法、新思维，在协同治理范式下实现反贫困治理的策略转向。

---

① 杨平璋，蒋永甫.协同治理范式下精准扶贫的理念变革及路径转向[J].广西大学学报（哲学社会科学版），2018（1）：56-61.

# 第一节　整分合意识转向

整分合原理体现的是整体规划与分工治理的有机统一，强调推进高效现代治理，要在整体布局下明确责任分工、合理分解，在责任分工的基础上进行有效整合、系统综合。其中，整体状况把握是前提，科学、有效分解是关键，组织综合协同是核心，持续、精准发力是要义。推进反贫困治理整分合意识转向，就是要强化对反贫困治理的整体把握，促进治贫工作的科学分解，做好反贫困治理的组织综合，加快实现由局部性、选择性扶贫开发向全局性、协同性反贫困治理转变，推进由无序扶贫开发向有序反贫困治理转型。习近平总书记指出："消除贫困、改善民生、实现共同富裕，是社会主义的本质要求。""全面建成小康社会，最艰巨、最繁重的任务在农村，特别是在贫困地区。没有农村的小康，特别是没有贫困地区的小康，就没有全面建成小康社会。"[①] 据此，推进后脱贫时代反贫困治理需整体把握"共同富裕"的根本原则，科学分解"乡村振兴战略"的目标任务，组织综合"国家现代治理"的动力机制及动力源。进入后脱贫时代，更需发挥"整分合"治理的优势，推进能级对应，促进优化组合，强化主体责任，形成反贫困治理的"最大公约数"，勾画乡村治理的"最大同心圆"。

---

① 中共中央党史和文献研究院.习近平扶贫论述摘编[M].北京：中央文献出版社，2018：3-4.

## 一、整体性反贫困治理目标确立

整体性治理（holistic governance）理论认为，为达成合作无间、连续一致的目标治理行动，组织机构需充分沟通与协作、有效协同与整合、彼此信赖与尊重。整体性治理是破解碎片化问题的良药、推进跨界合作的良方，需坚持以问题创新解决为导向、以功能整合为支撑、以满足治理需求为核心，注重目标引领、整体谋划、系统运作，旨在走出碎片化、分散化的治理困境。通过建构整体性治理思维及扁平化、网络化治理结构推动跨层级、跨部门、跨职能资源整合与协同治理。进入后脱贫时代，在反贫困治理中实施“整分合”驱动，推进整体性治理，就是要从反贫困治理的整体视角，站在推进国家现代治理的总体高度科学地设计反贫困治理系统的组织结构，明确功能定位，确定整体目标，进而形成反贫困治理的“目标树”，落实脱贫攻坚的“责任田”，就是要夯实治贫基础，提高治贫实效，让贫困地区及贫困人群最大程度地摆脱各类形式、各种性质的贫困。习近平总书记指出：“抓扶贫开发，既要整体联动，有共性的要求和措施，又要突出重点，加强对特困村和特困户的帮扶。”[①] 这意味着确立反贫困治理的整体目标不仅需要加快形成整体性治贫思维，回应核心需求，更需高效聚焦反贫困治理元要素，夯实反贫困治理主体、客体、产业、政策、环境等基础要素，做到以整体性思维推进反贫困治理。

### （一）强化反贫困治理系统环境分析

根据系统原理，任何组织系统都是由人、物、机制、信息等有机构成的，任何治理工作都表现为对系统的治理，治理系统是一个与外部环境密切相关的开放性系统，系统要适应环境，环境会影响系统。据此，在设计

---

① 2013年11月3日至5日习近平总书记在湖南考察时的讲话[EB/OL]. http：//www.xinhuanet.com//politics/2015- 12/01/c_128491293.htm.

反贫困治理系统结构、确立治贫整体目标时，需强化对系统运行环境的分析，优化治贫系统环境，推进跨界合作，避免政策消解现象，拓宽治理途径，提高治贫效果。

**（二）强化反贫困治理系统属性分析**

一方面要系统分析治贫组织中的要素构成、结构功能、要素间的相互作用等，着眼于脱贫攻坚元要素的构建，努力建构反贫困治理“结构网”“政策圈”；另一方面要系统分析反贫困主体，聚焦脱贫攻坚，激发主观能动性，积极培育反贫困治理人才，壮大反贫困力量，扩大治贫主体面，形成贫困地区反贫困治理联盟。当前，要大力联合治贫主体，构建扶贫产业链，促进政策耦合、项目联动、区域协同、环境优化。整体性反贫困治理元要素构成示意图如下：

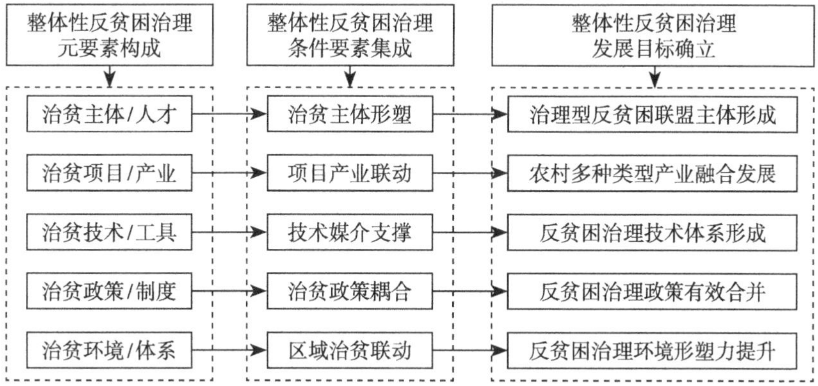


基于整体性反贫困治理元要素的构成、条件要素的集成、确立发展目标的分析，我们认为，在反贫困治理领域推进整体性治理，确立整体性反贫困治理目标，需正确处理好公共部门与私人部门及第三部门的关系。“协同”是整体性治理的核心要义，“整合”是整体性治理的深层内核，要激活体制和机制，强化动力源，促进反贫困治理不断“从分散走向集中，

从部分走向整体，从破碎走向整合”① 。据此，进入后脱贫时代，推进反贫困治理是一项系统的工程，要有系统化的思维，着眼于系统化的布局，推进系统化的运作。要构建以公共需求为导向的整体性治理范式，打破碎片化、分散化、等级化的反贫困治理模式，促进反贫困治理联合主体沟通协同、扶贫资源整合联结、元要素精准聚焦。第一，形塑治贫主体。美国政治家本杰明·富兰克林曾经说过：“贫穷本身不可怕，可怕的是自己以为命中注定贫穷或一定老死于贫穷的思想。”② 从而指出了形塑贫困主体的重要性和必要性，“人穷”与“志短”往往密切相关，思想保守、精神贫困必然导致物质贫困、能力贫困。推进整体性反贫困治理，需进一步清晰界定反贫困治理主体，强调自我形塑，积极培育农村反贫困治理人才，打造反贫困治理联盟。第二，找准发展路子。找准发展路子、发展特色产业是脱贫攻坚的关键及精准扶贫的核心工作。习近平总书记指出：“一个地方的发展，关键在于找准路子、突出特色。欠发达地区抓发展，更要立足资源和产业基础，做好特色文章，实现差异竞争、错位发展。”③ 但特色产业的发展要依托特色发展资源，特色发展资源需以特色发展打造。当前，需强化项目产业联动，激活发展要素，促进特色资源跨界融合，着力解决农村发展资源缺失、离散等问题。第三，强化技术力量供给。反贫困治理要以一定的技术条件为支撑，其核心问题在于如何提高反贫困治理资源的使用效率，以技术精准推进益贫发展。习近平总书记关于“下一番绣花功夫”等重要论断、“开对了‘药方子’，才能拔掉‘穷根子’”等重磅提醒，指出了开展反贫困治理要讲技术、讲策略、讲方法。要创新扶贫开发模

① 竺乾威.从新公共管理到整体性治理[J].中国行政管理，2008（10）：52-58.

② 李文政.思想扶贫是贫困治理的治本之策[J].经济研究导刊，2016（6）：28-29.

③ 孙爱军.扶贫必须突出重点（治理之道）[EB/OL]. http：//gongyi.people.com.cn/n1/2016/0805/c151132-28612521.html.

式，提高反贫困治理的针对性，因地制宜开展项目扶贫、产业扶贫、教育扶贫等；要强化现代信息技术运用，促进公私部门信息系统有机协同与耦合。第四，耦合治贫政策。通过构建反贫困治理“政策圈”，促进扶贫开发政策有效耦合，实现治贫主体、治贫资源、体制和机制扶贫项目有效匹配，着力制定扶贫政策，消解难题。

## 二、系统性反贫困治理任务分解

系统分解理论认为，推进国家现代治理有待于通过治理系统分解、功能式分化来完成，在系统分解、功能分化中推进治理变革的动力机制源于促进现代治理发展的动力要素。据此，推进国家现代治理的发展，要着眼于现代治理系统及动力体系研究，把握动态要素，构建动力机制，拓展动力源。在国家现代治理的视角下，我国现行的反贫困治理应集中体现为系统性、规范性的“宏观顶层制度设计+中观执行机制配合+微观政社集体行动”[①]的反贫困治理任务分解的“三元机理”运行，“党政治理现代化+公私合作有序化+自主发展形塑化”始终是反贫困治理功能式分解、系统性运行的内核动力。在“三元机理”运行中，宏观顶层、中观执行、微观行动并非自成体系，需立足微观主体，把握宏观方向，着眼中观贯通。为此，在推进反贫困治理中，中央顶层政策设计需经过地方执行框架的消化吸收，进而转化为基层治理的网络化落实与推行。我国的反贫困治理尤其是党的十八大以来的精准扶贫开发实践，在中央宏观层面，始终坚持社会主义“共同富裕”的反贫困治理理念，开展顶层设计，明确目标战略、时间节点，确定治贫方略，落实任务要求，在省、市中观层面，编制整体规

① 贾海薇.中国的贫困治理：运行机理与内核动力——基于“闽宁模式”的思考[J].治理研究，2018（6）：46-49.

划，注重建章立制，统筹治贫格局，落实议定事项，推进反贫困治理资源及社会资本的良性积累，在县、乡微观层面，狠抓主体责任，推进治理创新，注重市场运作，强化人才支撑，兑现相关承诺，回应群众需求。反贫困治理任务分解“三元机理”运行示意图如下：

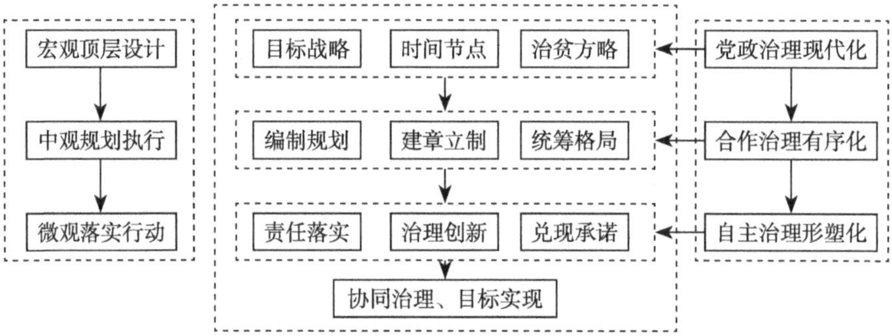


基于反贫困治理任务分解的“三元机理”运行分析，我们认为，新时代反贫困治理应是宏观顶层设计、中观规划执行、微观落实行动的三元协同治理的结果，级级任务分解、层层传导压力则构成系统性、网络型反贫困治理的显著特征。

**（一）坚持结果导向，推进刚性任务分解**

刚性任务分解源于“中央统筹，省负总责，市、县抓落实”的压力型扶贫工作机制，源于顶层设计“压力源”、目标管理“责任点”。这种压力聚散模式一方面通过建立责任清单、明确对口帮扶、落实主体责任促进扶贫开发刚性任务分解，便于强化扶贫目标考评；另一方面通过建档立卡、量化指标、台账管理、倒排工期促进反贫困治理的功能式分化，以及反贫困治理的聚散式推进。

**（二）做到因地制宜，促进柔性扶贫攻坚**

“柔性扶贫”表现为对“刚性扶贫”的修复与促进，认为各贫困单元自有其价值体系，外来要素需与贫困地区乡村治理体系深度融合。据此，需立足地方实际，着眼于制度、方法的创新，因地制宜地推进反贫困治理。例如，广西结合“老、少、边、山”的实际，将中央提出的“扶持生产和就业发展一批，易地搬迁安置一批，生态保护脱贫一批，教育扶贫脱贫一批，低保政策兜底一批”① 的“五个一批”精准扶贫目标任务分解为“实施生产发展一批，转移就业扶持一批，移民搬迁安置一批，生态补偿脱贫一批，教育扶智帮助一批，医疗救助解困一批，低保政策兜底一批，边贸政策扶助一批”② 的“八个一批”脱贫攻坚任务；中央关于“因人、因地施策，因贫困原因施策，因贫困类型施策”③ 的分类施策要求，在广西被具体落实为“特色产业富民、扶贫移民搬迁、农村电商扶贫、农民工培训创业、贫困户产权收益、基础设施建设、科技文化扶贫、金融扶贫、社会扶贫、农村‘三留守’人员和残疾人关爱服务”④ 的脱贫攻坚“十大行动”。广西推行的“八个一批”精准扶贫及“十大行动”脱贫攻坚战，正是基于反贫困治理“三元机理”的系统性分解及功能式分化，是执行中央刚性扶贫任务的柔性扶贫策略。进入后脱贫时代，要进一步明确治贫对象，查明致贫原因，落实帮扶需求，做好分类施策，促进任务分解，避免“平均数”扶贫，落实“每一个”脱贫，强化“造血式”治贫，夯实“输血式”扶贫，切实走出“扶贫返贫”的困境，避免“撒胡椒面”的做法。

---

① 程冠军.精准脱贫中国方案[M].北京：中央编译出版社，2017：100.

② 樊英卓，李佳颖.决不让一个群众在全面小康路上掉队[J].当代广西，2018（9）：22-23.

③ 程冠军.精准脱贫中国方案[M].北京：中央编译出版社，2017：84.

④ 覃波.打好组合拳，谱写新赞歌——岑溪大力推进精准扶贫[J].广西经济，2016（7）：53-54.

## 三、组织化反贫困治理综合协同

现代组织理论认为，有序化组织应是一个系统性、开发式的权变理性模式，强调组织的权威、组织的生存价值、组织领导的影响力，要求组织结构服从组织战略、治理方式对标治理需求。据此，组织化综合协同是实施“整分合”策略的关键，推进组织化综合协同治理，要着眼于培育并塑造共同的价值观念，搞好组织战略，强化组织协调及组织中的人的行为分析。进入后脱贫时代，推进反贫困治理要遵循“共同富裕”的理论逻辑、“共享发展”的价值追求，在“以人民为中心”的发展思想的指引下推进组织化综合性反贫困治理，需要在系统分解中促进组织战略目标组合、治理环境优化，需要在职能式分化中强化组织力量供给、治理结构优化，使“组织化”成为反贫困治理的强有力的支撑。习近平总书记指出：“农村基层党组织是党在农村全部工作和战斗力的基础，是贯彻落实党的扶贫开发工作部署的战斗堡垒。抓好党建促扶贫，是贫困地区脱贫致富的重要经验。要把扶贫开发同基层组织建设有机结合起来，抓好以村党组织为核心的村级组织配套建设，把（让）基层党组织建设成为带领乡亲们脱贫致富、维护农村稳定的坚强领导核心，发展经济，改善民生，建设服务型党支部，寓管理于服务之中，真正发挥战斗堡垒作用。”[①] 这意味着农村基层党组织建设是农村反贫困治理的常态化工作、重点要抓的关键环节，需抓好以村级党组织为核心的村级组织配套建设。

### （一）以党建引领脱贫攻坚

党建扶贫是依托中国特色社会主义政治优势和制度优势的特有的扶贫模式，实现农村基层党建与扶贫开发深度融合是新时代反贫困治理的内在

---

① 中共中央党史和文献研究院.习近平扶贫论述摘编[M].北京：中央文献出版社，2018：32.

要求。推进后脱贫时代反贫困治理要有“农村要发展，农民要致富，关键靠支部”[①]的治贫方针，农村基层党建与反贫困治理需要在同一时空领域中发挥叠加效应，还要有“抓好党建促脱贫攻坚，是贫困地区脱贫致富的重要经验”[②]的治贫要求，需在夯实农村基层党建中推进扶贫开发工作，在反贫困治理中夯实党建基础。俗话讲，“火车跑得快，全靠车头带”“支部强不强，全靠领头羊”。进入后脱贫时代，党支部依然是反贫困治理的“火车头”，支部书记依然是反贫困治理的“领头羊”，“火车头”和“领头羊”的聚合功能及作用发挥关系到反贫困治理的成败。据此，需积极探索“党建+”的反贫困治理模式，解决就党建抓党建、就扶贫抓扶贫的农村基层党建与反贫困治理分离的问题。一方面要推进党建带扶贫。依托党组织强大的政治动员及资源整合优势，持续通过推行“支部+贫困户”“支部+专业合作社”等模式强化基层党组织在反贫困治理中的公共权威。另一方面要强化扶贫促党建。要立足农村的经济发展、社会建设、文化氛围，在拔掉“穷根”、摘掉“穷帽”中强化农村基层党员的工作动力，激发他们的活力，提升农村基层党组织的战斗力、凝聚力。

### （二）强机制汇聚攻坚合力

推进反贫困治理，实现贫困地区脱贫致富奔小康不仅仅是贫困地区的“大事”，也是全社会的“要事”，要推进制度供给，强化机制创新，促进社会资本在反贫困治理地域有效集成。习近平总书记指出：“必须坚持充分发挥政府和社会两方面力量作用，构建专项扶贫、行业扶贫、社会扶贫互为补充的大扶贫格局，调动各方面积极性，引领市场、社会协同发

---

① 中共中央党史和文献研究院.习近平扶贫论述摘编[M].北京：中央文献出版社，2018：31.

② 李善龙，卯丹.以党建引领精准扶贫[J].人民论坛，2019（6）：72-73.

力，形成全社会广泛参与脱贫攻坚格局。"[①] 这意味着政府和社会始终是反贫困治理的两大巨轮，市场和社会力量源于政府良好的制度供给。一要促进反贫困治理内外要素优化组合。根据赫尔曼·哈肯协同学说的自组织化观点，"序参量"的有序化生成对促进系统良性运行具有决定性作用。推进反贫困治理需着眼于反贫困治理系统内外"序参量"的优化综合，探索"PPP+脱贫攻坚"等反贫困治理模式，整合帮扶资源，凝聚社会力量，汇聚多方共识，形成反贫困治理合力。二要促进反贫困治理空间拓展。社会组织的发展、公民社会的壮大在客观上要求政治国家与公民社会建立新型合作关系，引导社会力量参与反贫困治理。需优化反贫困治理政策，拓宽治贫资源汇聚渠道，促进反贫困治理多方功能的协调，促进专业化组织及社工团体积极参与反贫困治理。

## 第二节 人民性价值依归

"人民性是马克思主义最鲜明的品格"[②] 是中国特色社会主义的本质属性，是永葆党的先进性和纯洁性的集中体现，体现了"人民至上"的核心价值追求。推进后脱贫时代反贫困治理要以解决"不平衡不充分"的发展问题为着力点，以实现好、维护好、发展好"人民日益增长的美好生活需

① 中共中央党史和文献研究院.习近平扶贫论述摘编[M].北京：中央文献出版社，2018：107.

② 习近平.在纪念马克思诞辰200周年大会上的讲话[N].人民日报，2018-05-05.

要”为目标，以增进民生福祉为目的，旨在通过赋权、增能帮助贫困地区及贫困人群摆脱贫困，实现由“脱贫”向“致富”飞跃，以及“共同富裕”。习近平总书记指出：“坚持人民性，就是要把实现好、维护好、发展好最广大人民根本利益作为出发点和落脚点，坚持以民为本、以人为本。”① 在习近平总书记看来，实施精准扶贫、开展精准脱贫、推进反贫困治理必须把群众路线作为根本政治路线，把人民立场作为根本政治立场，必须秉持“我是谁、为了谁、依靠谁”的核心价值理念，立足“看真贫、扶真贫、真扶贫”的扶贫标准，围绕“全面建成小康社会”的目标任务，体现“共同富裕”的根本原则，实事求是，因地制宜，联合行动，精准发力，取得实效。据此，推进人民性价值依归始终是反贫困治理的内在要求和根本依据。进入后脱贫时代，需要加快实现由模糊化、抽象化扶贫开发向明确化、具体化脱贫攻坚转变，由笼统化、定性型描述到可视化、定量型落实的反贫困治理变迁。

## 一、我是谁：反贫困治理的价值依据

“我是谁、从哪里来、要到哪里去”的问题是哲学命题的根基。千百年来，不少中外思想家对其发表过诸多感慨和见解，并进行过终极追问。如《庄子·齐物论》中有“吾丧我”的感慨，《论语·子罕》中有“毋我”的表述，古希腊阿波罗神殿有“人啊，认识你自己”的哲学警句，这些都指出了对人的本质的认知的重要性。马克思曾经指出：“人的根本就是人本身”“人是人的最高本质”② 。马克思主义观点认为，人是一切社会关系

① 习近平.习近平谈治国理政[M].北京：外文出版社，2016.

② 路向峰，高宏利.中国特色社会主义道德建设人民性的价值追问[J].齐鲁学刊，2019（4）：74-81.

的总和，人在生存和发展中倾向于对自身本质的全面占有及有效需求的全面满足。从另外一个层面上讲，也就是人的全面发展需要人的自我意识的形成，社会的全面进步需要立足人的全面解放。党的十九大关于社会主要矛盾的转化的重要论述，意味着国家治理及社会建设需要加快实现由“物”到“人”的变迁。之前的“人民日益增长的物质文化需要同落后的社会生产之间的矛盾”体现的是以“物”为中心；当前的表述为“人民日益增长的美好生活需要和不平衡不充分的发展之间的矛盾”，体现的是以“人”为中心。新时代反贫困治理的核心理念是“精准脱贫”，核心要义是“人民性”。推进后脱贫时代反贫困治理要进一步补足发展短板，坚持“人民至上”的价值原则，体现鲜明的人民性价值导向。一方面要突出全面性，实现人的自由而全面的发展。一切扶贫开发工作、一切联动治贫行为，归根到底都要聚焦到人的本质上来。新时代反贫困治理要在更大范围内促进人类“自由联合体”的形成，使“每个人的自由发展是一切人自由发展的条件”①。另一方面要释放主体性，扩大人民群众的自主权。马克思曾经指出：“历史不过是追求着自己目的的人的活动而已。”② 基于此，我们认为，在扶贫开发的实践中，人民既是反贫困治理的“剧中人”，也是脱贫攻坚的“剧作者”。推进后脱贫时代反贫困治理要着眼于促进现代化人的主体性回归，回归于“自由、自觉而有意识的活动”③。

---

① [德]马克思，恩格斯.马克思恩格斯文集（第2卷）[M].北京：人民出版社，2009：53.

② 张三元.历史变迁与文化命运——丹尼斯·贝尔“马克思主义文化矛盾”批判[J].广东社会科学，2013（5）：54-60.

③ 桂翔，张景泊.马克思主体性理论与我国社会治理创新[J].西北大学学报（哲学社会科学版），2019（5）：111-116.

## 二、为了谁：反贫困治理的价值澄明

“一切为了人民，为了人民的一切”是我国反贫困治理的出发点和落脚点，摆脱贫困旨在实现人的自由而全面的发展及社会的全面进步。马克思曾经指出：“未来新社会是以每个人的全面而自由的发展为基本原则的社会形式。”① 这意味着人不仅要努力实现财富自由，还要着眼于精神境界的提升，不仅要成为自然和社会的主人，更要成为自身的主人。从中华人民共和国成立后的救济式扶贫到20世纪七八十年代的变革式扶贫、90年代的开发式扶贫、21世纪的参与式扶贫，再到党的十八大以来的攻坚式精准扶贫的反贫困治理实践表明，每当反贫困治理的价值归结到人民“共建、共创、共享”的维度，以及“人民性”的向度，人民的主体性就得到了根本的体现，扶贫开发实践就得到了进一步的推进。在反贫困治理中，时代是“出卷人”，各参与主体是“答卷人”，人民是“阅卷人”，反贫困治理的成果由人民共享，脱贫攻坚的成效由人民评判。第一，推进以“增进民生福祉”为目的的反贫困治理。聚焦贫困群体是精准扶贫的内在要义，增进民生福祉是后脱贫时代反贫困治理的根本目的，要坚持保障为先、发展为本、民生为重的反贫困治理理念，坚持在推动发展中保障并改善民生。要从人民群众最直接、最关心、最现实的反贫困治理问题入手，聚焦深度贫困区域，坚持目标结果导向，决战贫中之贫、困中之困；要通过因地制宜推进产业扶贫，通过“志智双扶”强化精神扶贫，通过劳动力转移促进就业扶贫，在治贫中扩大生产，在变革中共享、共建，从本质上消除贫困。第二，强化“美好生活向往”的脱贫攻坚。党的十八大以来，以习近平同志为核心的党中央向人民做出了“人民对美好生活的向往，就是我

① [德]马克思.资本论（第1卷）[M].北京：人民出版社，2004：683.

们的奋斗目标”[①] 的庄严承诺。“人民对美好生活的向往”既是扶贫开发的价值依归，也是今后反贫困治理的目标取向。推进后脱贫时代反贫困治理不应满足于解决物质上的贫困问题，局限于保障性扶贫，更要站在解决我国新时代社会主要矛盾的高度推进乡村全面振兴，让反贫困治理趋向“人民对美好生活的向往”，满足“人民日益增长的美好生活需要”。

## 三、依靠谁：反贫困治理的价值驱动

治理变革理论的概述中常提及“变量”（variables）的概念，基于对产生变化的原因的分析，变量有“自变量”（independent variable）与“因变量”（dependent variable）之分。引起变量变化的“原因”为自变量，导致变量变化的“结果”为因变量。自变量诱发因变量，因变量依赖自变量。自变量与因变量理论可用于反贫困治理，反贫困治理表现为“自变量”增量与“因变量”增量的统一。推进后脱贫时代反贫困治理，就“自变量”而言，需唤起包括扶贫对象在内的反贫困治理主体的自我觉醒、自我认知、自我形塑，强化制度供给，整合资源力量，推进赋权和增能，提升反贫困治理能力，就“因变量”而言，要着眼于乡村治理变革，强化目标结果导向，通过从以“物”为中心的反贫困治理到以“人”为中心的反贫困治理的转变，实现乡村治理模式的改变，促进贫困地区、贫困人群“自主能力”的生成。依据马克思主义历史唯物论关于人民群众是历史的创造者、社会变革的决定力量的认识，依靠人民群众始终是反贫困治理的内在驱动。推进新时代反贫困治理，要坚持以人民为中心，强化动力机制，开发动力源。一要坚持人民主体性地位。新时代反贫困治理体现着外援扶贫

① 习近平.习近平谈治国理政[M].北京：外文出版社，2016：3.

与内源扶贫的统一，既要依靠政府和社会的推力，更要激发贫困地区及贫困人群的内生动力。“人民创造历史，劳动开创未来…… 幸福不会从天而降，梦想不会自动成真。”① 贫困地区、贫困人群脱贫致富奔小康，归根到底要依靠自身的辛勤劳动、诚实劳动、创造性劳动来实现。二要发挥人民的创造精神。习近平总书记指出：“没有比人更高的山，没有比脚更长的路。要重视发挥广大基层干部群众的首创精神，让他们的心热起来，行动起来，靠辛勤劳动改变贫困落后面貌。”② “热起来”需“志智双扶”、强心强智，“行动起来”要精准施策、见底见效。进入后脱贫时代，要积极引导各类反贫困治理主体参与反贫困治理，力求在参与反贫困治理的实践中改造自然、改造社会、改造现实，同时也改造自己，要增强贫困地区、贫困人群的自我发展能力、自我脱贫攻坚能力，使其走出扶贫行动中“帮扶即富，搬走即穷”的窘境。

## 第三节　治理型范式体现

贫困地区的反贫困治理内嵌于国家现代治理。伴随国家现代治理的推进，贫困地区的反贫困治理工作正加快实现由政府逻辑到市场逻辑，再到

① 习近平.幸福不会从天而降，梦想不会自动成真[EB/OL].http：//news.youth.cn/gn/201304/t20130428_3164332.htm.

② 习近平.脱贫攻坚战冲锋号吹响，咬定目标实干苦干[EB/OL]. http：//cul.chinanews.com/gn/2015/11-28/7646249.shtml.

治理逻辑的范式转型，乡村治理需在“国家—乡村”的关系定位中优化调整。在治理理念范式下，农村反贫困治理的供给主体、供给技术、支撑条件等都发生了深刻的变化，这意味着后脱贫时代反贫困治理需超越单维治贫逻辑，走出“中心—边缘”的结构困境，趋向多元价值整合，促进多维协同治理。

## 一、盘活反贫困治理的“存量”

公共治理理论认为，多元化治理主体存在彼此依赖、互动治理的伙伴关系。在治理语境下，需立足相互形塑，强化联合行动，走向共同体治理。反贫困治理理论范式基于公共治理，强调全域性、系统性治理。反贫困治理问题不体现为单一的主体应对，其核心要义在于多元价值的有效整合、多维技术的有力支撑、多元主体的协同参与。推进后脱贫时代反贫困治理要着眼于盘活反贫困治理的“存量”，通过构建合作网络、建构多元主体的伙伴关系、优化治理过程、夯实治理行为、打开治理空间，促进反贫困治理资源优化配置、反贫困治理要素竞相迸发。

### （一）盘活贫困地区及反贫困治理对象的社会资本存量

社会资本作为一种生产型、嵌入型的社会结构资源，在农村反贫困治理中扮演着重要的角色。但是，社会资源并非完全被优化配置，社会资本并非全然自发性形成，社会资源的获取和利用存在于个体的意识和意愿，社会资本的形成往往嵌在一定的社会组织结构中。据此，推进后脱贫时代反贫困治理需投资社会资本，积极培育并有效激活乡村社会的资本存量，依托诱发性制度供给，促进社会资源优化配置、社会行动有效整合。首先，要提高反贫困治理对象的社会地位。社会学理论认为，在社会阶层结构中，个体所拥有的社会资源往往与其在社会结构中的地位密切相关。提高反贫困治理对象的社会地位，需跳出“先赋地位”的束缚，激发社会行动者（贫困者）在自主扶贫中提高“自致地位”。其次，要构建贫困地区社会支持体系。社会行动者的关系网络是获取、利用社会资源的重要渠道，实现社会行动的重要中介。贫困者社会关系网络的“强”与“弱”、社会支持体系的健全与否直接影响其反贫困治理能力及“自致地位”的提升。最后，要扩充贫困地区的社会资本存量。社会资源的匮乏必然导致行动能力的匮乏，社会资本的稀缺必将影响行动能力的生成。推进后脱贫时代反贫困治理，既要重视对贫困地区社会资源的投资，更要注重对社会资本的培育，通过夯实道德与法理、规范与信任、责任与奉献，以及社会资源、社会关系等社会资本基础，促进反贫困治理要素有效集成。下为社会资本存量示意图：

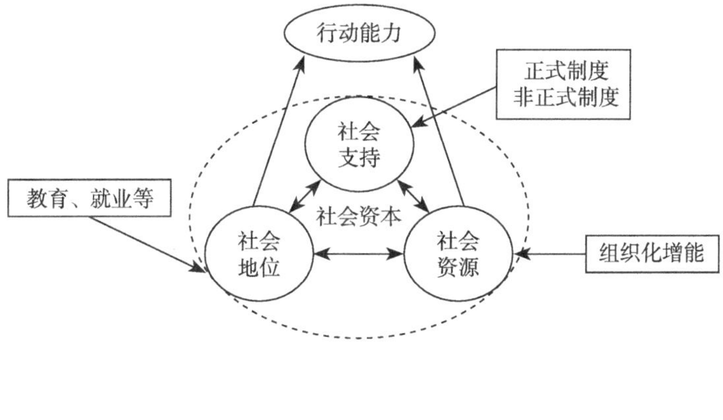


### （二）推进贫困地区的整体性治理联合行动

我国社会学家费孝通先生在《乡土中国》中提及“差序格局”概念，认为以宗法群体为本位、以亲属关系为主轴的中国乡土社会反映的是一种“以自己为中心，以网络为延伸”的差序格局。扶贫开发中的碎片化、分散化、空心化现象也在一定程度上折射出反贫困治理的“差序格局”。基于公共治理视角推进整体性反贫困治理联合行动，是对扶贫开发碎片化、分散化、空心化的深刻反思与积极回应，是解决空心化现象、碎片化问题的现实选择，其核心内涵在于协同与整合。主张通过整体规划及联合行动强化基础支撑，重构信任机制，促进反贫困治理由分散到集中、由碎片到整合，在协同治理中盘活“存量”。在后脱贫时代，虽然绝对贫困已被消除，贫困县整体脱帽，但是相对贫困状态、多维贫困形式依然存在。需依托新的组织形式提升组织力，强调“造血”功能的发挥，强调由“减贫”向“防贫”提升、由“脱贫”向“致富”飞跃；需加快整体性、均衡性反贫困治理体系构建，从城乡一体化和乡村全面振兴视角激活农村资源，盘活社会资本，完善保障体系，解决跨区域贫困及非均衡贫困问题，强化反贫困治理的整体性、联动性效应。

## 二、壮大反贫困治理的“增量”

根据马克思主义观点，推进事物发展，既要关注外延的拓展，更要依托内涵的提升，既要关注“量”的积累，又要着眼“质”的提升。“外延”与“内涵”是相对的概念。外延式发展的动力机制源于外部因素，通过推动外部事物的发展和延伸促进发展，扩大增量；内涵式发展的动力机制源于内部因素，通过强化内部建设、优化内部资源、调整并优化内部结构，促进内部属性的发展，提升发展质量，扩大增量。反贫困治理表现为外延式发展（外援扶贫）与内涵式发展（内源治贫）的统一。在初期治理阶段，需强化外部力量的植入，拓展外延发展空间；在后期治理阶段，需强化技术力量的支撑，探索内涵发展路径。进入后脱贫时代，更需加快实现由外延式反贫困治理向内涵式反贫困治理转型。

### （一）从外援扶贫到内源治贫

外援扶贫是“输血式”扶贫，重在推动外部资源整合、强化外部力量供给；内源治贫是“造血式”扶贫，重在为反贫困治理对象提供发展机会，提升其自我发展的能力。实现从外援扶贫到内源治贫的发展变迁，关键在于推进人力资本与社会资本的协同作用。需夯实治贫基础，着眼提质增效，实现从“突击帮扶”到“长效治贫”的转变、从“数量减贫”到“质量治贫”的升级；需突出赋权和增能，强化教育功能，激活扶贫对象的人力资本，促进贫困地区知识积累率集成，加快实现由“授人以鱼”到“授人以渔”的反贫困治理转型；需创造有利条件，培植内生动力，改善基础设施和市场环境，真正使“内源治贫”成为根治“外援依赖”的终极选择。

**（二）从低端帮扶到高端治贫**

扶贫开发理论认为，低端贫困是物质层面的贫困，集中体现为资源的匮乏及物质的稀缺，中端贫困是发展要素层面的贫困，集中体现为人力资源的稀缺、制度的稀缺及发展机会的稀缺，高端贫困是心灵层面的稀缺的表现，集中体现为精神贫困、知识贫困及思想贫困。物质扶贫重在扶贫物质的供给及扶贫资源的输入，物质资源的有效供给及扶贫资源的有效输入会产生正溢出效应，而物质资源的过度供给及扶贫资源的超额输入会产生负溢出效应。要素扶贫重在推进反贫困治理元素的体制、机制安排，推进扶贫要素的集聚，激发反贫困治理的活力。推进扶贫要素的合理安排及元要素的充分集聚，有助于贫困地区及扶贫对象在短时期内实现有效的反贫困治理，摆脱贫困。但他们或许只是暂时摆脱贫困，一旦反贫困治理的外部力量退出，他们往往难以摆脱“脱贫 — 返贫”的困境。精神扶贫重在扶德、扶技，“志智双扶”，通过提高扶贫对象的知识素养、能力、素质、智慧、勇气、职业技能、道德水平等增强贫困者的内生动能。实现从低端帮扶到高端治贫的提升，就是要强化物质扶贫的正溢出效应，避免负溢出效应，就是要推进诸多扶贫要素的“折叠”，尤其是元要素的有效聚集，消除扶贫政策消解现象，形成长效机制，就是要推进精准扶贫的优化升级，坚持“志智双扶”，强化行为主体的作用，塑造扶贫对象更高的精神追求，使之摆脱精神贫困，真正实现从物质扶贫到资本扶贫的治理转换。

**（三）从分散化扶贫到组织化治贫**

能力贫困理论认为，贫困者之所以贫困，原因在于其可行能力不足。而贫困者生产行为的个体化和生产活动的分散化往往导致其可行能力不足。纵观我国反贫困治理的进程，其发展模式经历了“救济式 — 开发式 — 参与式 — 精准式”的历史变迁，扶贫政策经历了“生存型 — 支持型 — 开发型 — 治理型”的转变，这无不体现为分散化扶贫到组织化治贫的发展。农民组织化内嵌于乡村治理的建构中，离不开政治权威的引领，开展农村反贫困治理，需补足贫困地区农业、农村、农民的组织化短板。马克思、恩格斯在对未来理想社会的描绘中也提及“自由人的联合体”思想。马克思指出：“以自由的、联合的劳动条件去代替受奴役的经济条件，只能随着时间的推进而逐步完成，他们不仅需要改变分配，而且需要一种新的生产组织。”① 恩格斯则直言：“既不能永远保存小农的私有土地，又不能用强制手段去剥夺小农的私有土地，唯一的途径就是引导农民为了自己的共同利益去自愿组织合作社。”② 据此，进入后脱贫时代，需增强贫困者的可行能力，提高贫困地区、贫困群众的组织化程度，以“化解‘小生产’与‘大市场’之间的矛盾”③，增进行为主体在市场中的主体性地位，摆脱扶贫开发的分散性困境，搭建反贫困治理组织化平台，走脱贫攻坚合作化道路。

①② 王维平，杨智.西部农村农民组织化的意义、瓶颈与对策[J].西北农林科技大学学报（社会科学版），2015（5）：95-104.

③ 拜茹.农民组织化的反贫困效应研究[J].云南社会科学，2019（4）：83-90.

## 三、拓展反贫困治理的“流量”

“流量”“增量”及“存量”同为经济学活动的三种不同类型的变量。以上所提及的“存量”指在一定的时空内系统所具有的积累数量的变化，“增量”指在一定的时空内系统保有的总数量的变化，“流量”则指在一定的时空内流出及流入系统的数量变化。其内在关系是：存量由增量转化、由流量蓄积而成；流量来自存量又归于存量，影响增量；增量会转变为存量并加速流量。这种经济活动变量原理也可用于反贫困治理。推进后脱贫时代反贫困治理，既要盘活反贫困治理的“存量”，也要壮大反贫困治理的“增量”，更要拓展反贫困治理的“流量”。既要在扶贫项目投资、集资和融资、扶贫环境塑造、扶贫机制供给上下功夫，也要在行为能力建设、满足治贫需求、兑现治贫成果、提高反贫困治理对象的收入及形成长效机制上见实效。

### （一）凸显公共能力建设

公共能力建设是多元价值整合的条件支撑、反贫困治理的重要“流量”构成。在重塑与建构治理能力的过程中，要强调包容性增长、公民精神的培育及合作精神的养成，促进行为逻辑由理性建构向社会建构转型。同时，在反贫困治理中，应强化公共价值目标引领，着眼公共能力建设，构建公共服务平台，优化治理行为，着力解决主体性缺失、政策性消解等问题。第一，个体能力形塑。个体能力建设是开展反贫困治理的根本和终极体现，更是巩固脱贫攻坚成果的关键，反贫困治理的最终落脚点就在于增进“造血功能”、激发内生动力。第二，组织能力建设。组织力凸显脱贫攻坚力，要努力发挥正式组织、非正式组织、民间组织、政府组织、非政府组织等在反贫困治理中的作用。第三，环境能力塑造。贫困问题是在一定的环境状态下产生，并相互影响、制约的，反贫困治理是在一定的环境中及条件下的治理。进入后脱贫时代，推进反贫困治理，既要有适应环境的耐力，也要有塑造环境的能力。要善于创设有利于开展反贫困治理的环境及条件，既包括自然环境、社会环境，也包括人文环境、政治环境，使环境塑造力成为反贫困治理的硬支撑。

### （二）凸显要素市场建设

推进农村发展要素市场是市场体系建设的内在要求之一。反贫困治理的重要环节在于实现贫困地区、贫困人口与生产要素尤其是市场要素的有效对接，解决要素市场差异化问题。而建立城乡一体化、高流动性的要素市场尤其是劳动市场、商品市场是实现贫困人口与生产要素的有效对接的关键。在后脱贫时代，要强化制度的有效供给，着眼于改革创新，以市场为导向，积极推进贫困地区要素市场的建设，为深入开展反贫困治理提供人才、资源、技术支撑及组织保障。通过壮大资金流、信息流、人员流、物流盘活“存量”，拓展“流量”，壮大“增量”。一要推行“流量扶贫”工程。“流量扶贫”体现为信息化条件下扶贫方式的革命，是推进网络新型社交及销售服务平台创新的重要尝试，主要依托自媒体、网络、信息传播平台等促进扶贫开发工作项目化运作、扶贫开发产品商业化转化、扶贫开发产业优质化升级。比如，江苏省宿迁市就通过积极推行“流量扶贫村村行”“流量扶贫社区行”“流量扶贫卖场行”等系列活动，将“一村、一品、一店”提档升级，促“商流、物流、资金流、信息流”四流合一，实现供需有效对接。二要促进贫困地区生产要素流动。促进贫困地区生产要素流动是提高扶贫资源配置效率的重要举措、开展反贫困治理的内在要求，生产要素的流转与流动必然产生交易收益效应、适度规模效应及边界拉平效应。劳动力、土地、资金为农村三大基本生产要素即农村要素市场的三大支柱，贫困地区三大要素市场的培育及发展程度对反贫困治理具有深层次的影响。据此，进入后脱贫时代，在贫困地区，尤其要推进资金要素市场化改革，大力培植农村劳动力要素市场，促进人员流动，要激发农村土地要素市场的活力，促进土地流转，还要建立农村金融要素市场，强化金融支撑，促进“人、地、钱”协同匹配，“人流、地流、资金流”有机统一。

**（三）凸显城乡融合发展**

从城乡发展的关系看，我国正经历着一种“城乡分割 — 城乡联系 — 城乡统筹 — 城乡一体化 — 城乡融合”的发展变迁。城乡的二元分割基于城乡双轨制体制的存在，城乡联系始于城乡管理体制改革，城乡统筹着眼于新型城镇化发展，城乡一体化凸显城乡发展新格局，城乡融合彰显新时代城乡发展的新定位。推进新时代的发展，要明确乡村发展新定位，打开城乡发展新空间，在统筹城乡发展中实现从城乡一体化到城乡融合的发展。推进后脱贫时代反贫困治理要站在城乡融合发展的高度，着力构建互补且深度融合的城乡关系，促进城乡要素自由流动、城乡资源优化配置。在推动城市资源下乡、农村资源进城、城乡发展共享、城乡深度融合的过程中开展反贫困治理，在承接城市资源拓展、消费要素转移、聚焦目标市场中摆脱贫困，走向富裕。因为在推进城乡融合发展的反贫困治理中，城市化的“质”的深化必然带来“面”的扩张，中心城市及中心乡镇附近的行政村必将逐步由农村社区过渡到城市社区。基于此，推进后脱贫时代反贫困治理需突出以贫困地区中心城市及中心乡镇为轴点，以距贫困地区中心城市（县城）20千米及距中心乡镇10千米所辐射范围内的行政村为重点，打造城乡接合部，促进城乡要素转移、均衡优化配置，强化辐射带动，着眼梯度推进。在促进城乡融合发展、要素自由流动的过程中惠及贫困区域及贫困人群，找准治贫模式，根治穷根谋发展，摆脱贫困奔小康。示意图如下：

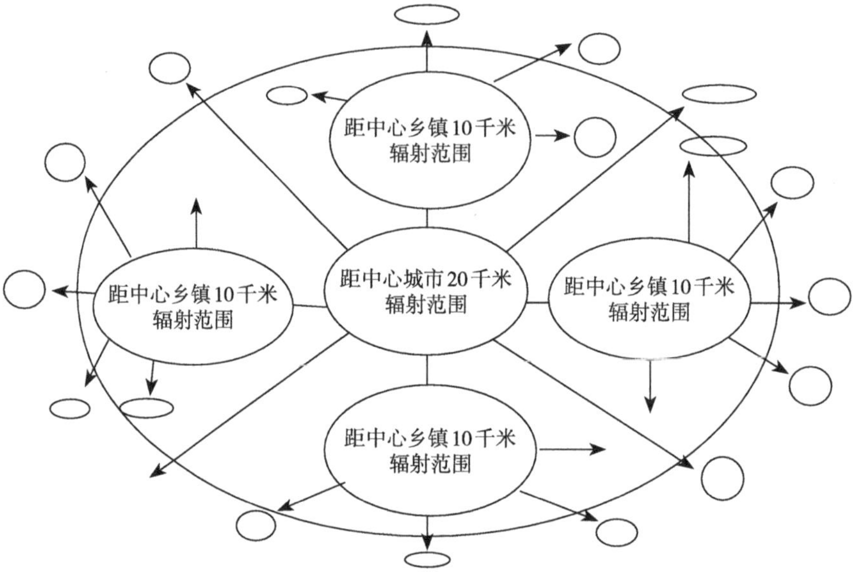
距中心乡镇10千米
辐射范围
距中心乡镇10千米
辐射范围
距中心城市20千米
辐射范围
距中心乡镇10千米
辐射范围
距中心乡镇10千米
辐射范围

# 第九章　协同治理范式下反贫困治理运作模式探讨

贫困与反贫困既有一定的普遍性，也有内在的特殊性，既有普遍的共性，也有鲜明的个性，体现为普遍性与特殊性的统一、共性与个性的统一。推进反贫困治理要立足贫困地区扶贫开发的现状，着眼于反贫困治理的普遍性与特殊性、共性与个性等相关问题的研究，依托资源条件，突出协同治理范式，寻找精准脱贫运作模式。尤其是伴随绝对贫困的被消除及后脱贫时代的到来，我国的农村反贫困治理将进入一个新的阶段，构建均衡性、协同性的治贫体系是新时代反贫困治理的内在要求。据此，后脱贫时代反贫困治理运作模式的选择要体现城乡一体化融合发展的维度，站在乡村全面振兴的高度，全面激活城乡发展要素，促进贫困地区产业化、市场化、组织化协同发展。

# 第一节　产业化协同治贫模式

产业化扶贫是反贫困治理的重要模式，强调政府组织、企业组织、贫困户等治理主体的协同参与，但是，产业化扶贫并非为了产业的发展而发展。产业化扶贫既要凸显集约化、专业化优势，也要着眼市场化、协同化发展，既要积极推进政府组织、非政府组织及扶贫对象的协同协作，也要有效促进贫困地区相关产业协同、产业联盟发展。需针对地方实际及贫困区域发展的特点强化产业扶贫组织模式分析，在特色产业协同发展、产业政策协同构建、产业脱贫区域协作中选择产业化协同治贫模式。

## 一、特色扶贫产业协同发展

产业化扶贫以优势资源及特色产业为基础、以市场为导向，是农、工、商一体化，产、贸一条龙，三产业相融合的反贫困治理模式。中共中央、国务院印发的《中国农村扶贫开发纲要（2011—2020年）》明确指出，要“充分发挥贫困地区生态环境和自然资源优势，推广先进实用技术，培植、壮大特色支柱产业，大力推进旅游扶贫。促进产业结构调整，通过扶贫龙头企业、农民专业合作社和互助资金组织，带动和帮助贫困农户发展生产。引导和支持企业到贫困地区投资兴业，带动贫困农户增收”，“到2020年，初步构建特色支柱产业体系”[①]。据此，进入后脱贫时代，推进特色扶贫产业协同发展，要立足“特”、着眼于“专”，要强化“协”、深化“融”，在特色发展上做文章，在专业发展上求生存，在协同治理上出实招，在融合发展上务实效。

### （一）旅游产业协同治贫模式

旅游产业是“旅游”与“产业”融合发展的产物，旅游扶贫是产业扶贫的重要构成部分。推进旅游产业扶贫，要依托本土特色，发挥地缘优势，加强规划设计，聚焦目标市场，挖掘地方资源，通过寓教于乐等形式促进贫困地区政治、经济、社会、文化、生态协同发展，推进旅游产业链的延伸，以及旅游产业与茶产业、竹产业、畜牧业、水果业、中草药业、养生业等关联产业的融合联动发展。

#### 1. 打造“旅＋农＋工＋商”的联动模式

比如，休闲观光农业就是乡村旅游产业与农业深度融合发展的生动体现，其核心价值理念为通过“茶旅联动、果旅联动、药旅联动、畜牧旅联动等”[②]推进现代农业的发展，传播农耕文明，彰显乡土风情，释放“礼耕”情怀，促进共享发展。推进“旅+农+工+商”的联动发展，要以观光休闲农业园建设为重点，以乡村文化建设为内核，以贫困农户参与为动力，以农业产业化发展为推力，以农业商品化为延伸，促进农业生产、农业加工、农业休闲等协同发展。

#### 2. 推进乡村旅游产业链协同发展

乡村旅游业作为乡村综合性较强的产业，与诸多产业存在内在的关

---

① 中共中央、国务院印发《中国农村扶贫开发纲要（2011 — 2020年）》[EB/OL].http：//www.gov.cn/gongbao/content/2011/content_2020905.htm.

② 殷红梅，徐燕.贵州省贫困地区乡村旅游产业化扶贫建设模式探讨[J].贵州农业科学，2011（10）：197-200.

联。在乡村产业体系的构建中，乡村旅游业的发展能够较大层面地促进产业扶贫、教育扶贫、文化扶贫、生态扶贫。要依托自然风光、地缘优势、民俗风情，积极推进旅游小镇、特色旅游村、主题乐园等的建设，使民俗文化、历史古迹、红色旅游、生态建设等成为后脱贫时代反贫困治理的硬支撑。一方面，通过标准化、品牌化建设提升贫困地区的旅游扶贫运营能力、资源优化整合能力、公共服务能力，提升旅游扶贫产业的核心竞争力，促进产业链延伸。另一方面，通过打造乡村旅游专线、拓宽乡村旅游空间，推进乡村旅游扶贫产业与农、林、渔、牧、服等产业融合发展。

### （二）“扶贫产业园+”协同治贫模式

扶贫产业园区化是产业化协同扶贫的重要构成，也是推进精准有效脱贫和全面乡村建设的重要举措。推行“扶贫产业园+”协同治贫，旨在“筑巢引凤”、以园招商、以园治贫，以及改善就业环境，提升产业水平，促进就地扶贫、就地脱贫，这有助于更好地推进扶贫生产要素集聚，促进扶贫产业融合，提高农业生产品质，辐射、带动周边农户。

#### 1. 探索“产业园＋集体经济＋贫困户”的协同经营模式

推进扶贫产业园及集体经济组织建设，既要强化财政资金注入，让园区形成规模，也要刺激社会资本入股参与，使资本合理集聚，更要激发贫困农户直接以劳动的形式参与，让贫困人群获得报酬。

#### 2. 遵循因地制宜、集约化、品牌化原则

扶贫产业园不同于工业园，不适合搞圈地开发，不宜追求“高大上”的呈现，必须遵循乡村治理之道，朝“富、美、安、乐”的方向发展。在项目选择上，要立足“精”，立足地方实际，突出发展特色，找准扶贫项目，对标目标市场，强化辐射带动；在发展功能上，要着眼于“全”，加强产业园区的基础设施建设，推进农、文、旅同发展，产、供、销一体化；在外延发展上，要强化“美”，既要满足生产、生活的便利，也要符

合休闲、观光的需求，延伸发展价值；在内涵发展上，要聚焦“品”，走品牌化、集约化发展之路，盘活存量，壮大增量，拓展流量，努力提高乡村建设的品位。

3. 突出标准化、专业化特色

通过标准化、专业化及股份制建设推进集体经济组织与相关合作社合作，带动贫困农户参与农业发展。引导民间资本进入园区参与入股投资，壮大乡村集体经济，贫困农户可通过土地流转、土地入股、务工分红等方式参与分配。该方法可激发贫困农户的信心，提高贫困地区、贫困人群的“造血”功能。

**（三）三次产业融合发展治贫模式**

促进贫困地区三产融合发展既是国际反贫困战略的一贯呼声，也是当前及今后我国开展反贫困治理的现实选择。早在20世纪90年代中期，日本社团法人今村奈良臣就提出了“1+2+3=6”或“1×2×3=6”的“六次产业化”概念。“六次产业化”表现为第一、第二、第三产业的乘积，鼓励农业生产者参与多种经营，形成“产—供—销—服”一体化格局。韩国面对农村老龄化及青壮年流失问题，也积极推进农业“六次产业化”，促进农业向第二、第三产业延伸。法国从20世纪60年代起也积极探索以农耕文明为特征的乡村旅游融合发展模式，将体验农耕文明拓展到休闲、探险、运动等项目。据此，进入后脱贫时代，在农村推进三次产业融合发展，应该以农村产业的相互渗透、重组建构为条件，“以延伸产业链、拓展产业范围、转变产业功能为表征，以达到发展产业和转变发展方式的结果”①，进而达到反贫困治理的目的。一要促进全产业链延伸。全产业链延伸是推进农业产业化、农业工业化、农业市场化的选择。要以构建现代农

① 王颜齐，李玉琴.贫困地区农村一、二、三产业融合的现实困境及模式选择——以黑龙江省6个贫困县为例[J].农业经济，2018（12）：6-8.

业体系、生产体系、经营体系为抓手，以带动扶贫促进就业、全面乡村振兴为目的，以形成规模化、集约化、专业化、市场化、社会化为主攻方向实施优质品牌战略，推进产、销一体化，农、旅、服产业共同发展。二要培育新型农业经营主体。培育新型农业经营主体是新时代推进农业产业化、现代化的重大战略举措。贫困地区之所以贫困，其中一个重要原因在于专业大户、家庭农场、专业合作社、农业龙头企业等新型农业经营主体的匮乏。在农村贫困地区将反贫困治理深入推进，必须充分发挥好新型农业经营主体对普通农户尤其是贫困农户的带动作用，既要搞活专业大户、家庭农场的家庭经营，也要搞活专业合作社、农业龙头企业的合作经营。

## 二、产业扶贫政策协同构建

推进贫困地区产业扶贫协同治理的逻辑框架就是通过体制和机制创新构建起政府组织、非政府组织、农业龙头企业、专业合作社、农村基层组织、贫困户等多元协同参与的实践路径及产业化扶贫模式。既要着眼于理念创新，强化意识协同，回应发展需求；更要突出机制创新，发挥多元优势，形成联动效应。一方面要完善协同联动机制，促进政府与社会协同增效。协同治理视阈下的公共治理所推崇的是正和博弈而非零和博弈。构建产业扶贫政策体系，就是要通过制度变迁、政策供给，促进政府、市场、公民、社会各类治理主体通力合作，变“大水漫灌”为“精准滴灌”，变“单一管理”为“协同治理”，以实现“政府 — 市场 — 社会”的有效联结。另一方面要完善利益关联机制，实现参与主体合作共赢。根据“经济人”的假设，居于市场主体地位的参与主体在产业扶贫中必然存在逐利性张力。建立互利共赢、责任共担的产业扶贫联结机制及政策体系，旨在实现产业扶贫协同联动、政策效应协同发挥。

### （一）与乡村振兴政策协同构建

实施乡村振兴战略是新时代党和国家重要的战略抉择。在党的十九大报告中，党中央明确提出了“产业兴旺、生态宜居、乡风文明、治理有效、生活富裕”的“五个定位”新方略，为实施乡村振兴战略指明了方向。对于乡村振兴战略，习近平总书记提出了“产业振兴、人才振兴、文化振兴、生态振兴、组织振兴”的“五个振兴”总要求。如果说“五个定位”新方略是目标、是方向，那么“五个振兴”则是实现目标、方向的具体途径。其中，“产业兴旺”“产业振兴”被摆在首位意味着产业不仅仅是支撑乡村振兴的“基石”，更是引领乡村全面振兴的关键。进入后脱贫时代，构建产业扶贫政策，要使之与农村产业发展政策形成内在关联、与乡村振兴政策有机衔接。

1. 夯实农业龙头企业扶持政策

农业龙头企业是产业化扶贫的根基、乡村振兴的重要力量，发挥农业龙头企业的引擎作用，需加强政策引导，积极培育优势特色农业龙头企业。当前，要在贫困地区强化风险评估，引入竞争机制，优化政策组合，着力构建促进农业龙头企业优先发展的政策体系。一方面要强化政策规划、政策配套，对于被列入产业扶贫、乡村振兴战略的特色农业龙头企业，应在财政、金融、土地、税收、用水、用电等方面给予相应的支持；另一方面要建立奖赏机制，实行“星级认定”，对治贫效果好、带动能力强、辐射范围广的特色农业龙头企业给予相应的奖励。

2. 夯实农业合作组织、农村合作社等扶持政策

发展农业合作组织、农村合作社是产业化扶贫的重要体现、乡村振兴的重要支撑。发展农村专业合作组织，夯实相关扶持政策，对于促进家庭自主经营、集体合作经营、企业联合经营协同发展，对于推进农业产业化、集约化、市场化、组织化发展具有重要的作用。一方面要完善农村专

业合作组织、专业合作社财税、金融及社会保障政策，增强合作社的自我发展能力、生产合作能力及预防风险能力；另一方面要建立、健全贫困农户融入合作组织及合作社的体制和机制，积极探索“龙头企业+合作社+贫困农户”“基层组织+合作社+贫困农户”等运作模式，在产业化、组织化、专业化、规模化运作中实现反贫困治理。

### （二）与金融扶贫政策协同构建

政策性金融扶贫是扶贫开发的有机构成及重要的制度安排。“产业+金融”扶贫模式能有效发挥金融在产业扶贫中的作用，促进金融支持产业脱贫。在贫困地区开展反贫困治理，要加强政策引领，建立支持体系，开展分类指导，促进产业扶贫政策与金融扶贫政策协同构建、相得益彰、同步施行。要进一步完善金融市场，强化扶贫性、政策性金融扶贫的导向作用，建立金融益贫机制，避免金融扶贫中“扶农不扶贫”等现象。一是制定产业扶贫政策要遵循特色化、市场化、融合化原则。政策性金融扶贫要因地制宜，宜农则农，宜工则工，宜林则林，宜游则游；要立足资源条件，做足“特”的文章，激活生产力要素，释放产业化扶贫潜能；要遵循市场化导向，建立金融扶贫与产业扶贫融合的市场机制、风险防范机制、抵押担保机制、双赢合作机制，打通金融资本进入扶贫领域的“最后一公里”，确保金融扶贫资金“贷得出、用得活、有效益、收得回”，推动产业扶贫项目产业链、价值链融合发展。二是确定金融扶贫对象要规划先行、突出重点、精准投向、务求实效。将贫困地区脱贫攻坚规划作为选择金融扶贫对象的重要依据，重点支持辐射带动大，治贫效果好，经营能力、抗风险能力强，并具有示范作用的产业扶贫龙头企业、优质新型经营主体及脱贫攻坚致富带头人，重点聚焦特色农业产业、扶贫产业园、休闲产业园、扶贫产业示范区及现代脱贫致富模式探究，同时发挥政策性金融优势，强化财政等相关政策配套，促进贫困地区扶贫开发对先进生产力及经济实体开放，解决产业主体不足及金融支撑薄弱的问题。

### （三）与“三农”政策协同构建

“三农”问题即农业、农民、农村问题，是关乎国计民生的根本问题，“三农”政策则是为解决农业、农民、农村问题而制定的政策体系的总称。改革开放以来，党和国家对“三农”问题给予了足够的重视，1982—1986年连续5年的“中央一号文件”精神都以“三农”工作为主题。时隔18年，自2004年以来，“中央一号文件”精神回归“三农”工作主题。“三农”问题是当前国家治理的聚焦问题，“三农”政策是推进农村现代治理的首要政策。截至目前已连续17年以“三农”为主题而下发的“中央一号文件”充分体现了党中央关于我国农村治理的政策导向。具体情况见下表：

| 年份 | 中央一号文件 | 政策聚焦导向 |
| --- | --- | --- |
| 2004 | 中共中央、国务院《关于促进农民增加收入若干政策的意见》 | 农民增收，采取“多予、少取、放活”方针，调整农业结构，扩大农民就业 |
| 2005 | 中共中央、国务院《关于进一步加强农村工作提高农业综合生产能力若干政策的意见》 | 农业综合生产，强农、惠农政策 |
| 2006 | 中共中央、国务院《关于推进社会主义新农村建设的若干意见》 | 统筹城乡发展、新农村建设 |
| 2007 | 中共中央、国务院《关于积极发展现代农业扎实推进社会主义新农村建设的若干意见》 | 推进现代农业发展、培养新型农民、推进农村综合改革 |
| 2008 | 中共中央、国务院《关于切实加强农业基础建设进一步促进农业发展农民增收的若干意见》 | 建立农业基础建设，以工促农、以城带乡长效机制 |

续表

| 年份 | 中央一号文件 | 政策聚焦导向 |
|---|---|---|
| 2009 | 中共中央、国务院《关于2009年促进农业稳定发展农民持续增收的若干意见》 | 新土改：允许土地流转承包、城乡一体化 |
| 2010 | 中共中央、国务院《关于加大统筹城乡发展力度进一步夯实农业农村发展基础的若干意见》 | 实现城镇化、扩大农村内需、引导信贷资金投向“三农” |
| 2011 | 中共中央、国务院《关于加快水利改革发展的决定》 | 加强农田水利建设、水资源管理，实行水价改革，推行阶梯式水价制度 |
| 2012 | 中共中央、国务院《关于加快推进农业科技创新持续增强农产品供给保障能力的若干意见》 | 强科技保发展、强生产保供给、强民生保稳定 |
| 2013 | 中共中央、国务院《关于加快发展现代农业进一步增强农村发展活力的若干意见》 | 构建集约化、专业化、组织化、社会化新型农业经营体系，土地承包向专业大户、家庭农场、农业合作社流转 |
| 2014 | 中共中央、国务院《关于全面深化农村改革加快推进农业现代化的若干意见》 | 城乡要素平等交换、公共资源均衡配置、形成农产品价格机制 |
| 2015 | 中共中央、国务院《关于加大改革创新力度加快农业现代化建设的若干意见》 | 农业转变：新型工业化、信息化、城镇化、农业现代化同步发展，土地确权，农村法治建设 |
| 2016 | 中共中央、国务院《关于落实发展新理念加快农业现代化实现全面小康目标的若干意见》 | 提高农业质量、效益、竞争力，绿色农业发展水平；促进农村产业融合；增强农村发展内生动力 |
| 2017 | 中共中央、国务院《关于深入推进农业供给侧结构性改革加快培育农业农村发展新动能的若干意见》 | 农业供给侧结构性改革，新产业、新业态，产品、产业结构，科技创新驱动 |

续表

| 年份 | 中央一号文件 | 政策聚焦导向 |
|---|---|---|
| 2018 | 中共中央、国务院《关于实施乡村振兴战略的意见》 | 构建乡村治理新体系、推进城乡融合发展、打好脱贫攻坚战、拓宽投融资渠道 |
| 2019 | 中共中央、国务院《关于坚持农业农村优先发展做好“三农”工作的若干意见》 | 决战、决胜脱贫攻坚，优化乡村治理机制 |
| 2020 | 中共中央、国务院《关于抓好“三农”领域重点工作确保如期实现全面小康的意见》 | 坚决打赢脱贫攻坚战、补上农村基础设施和公共服务短板、加强农村基层治理 |

通过对2004—2020年“中央一号文件”精神的梳理，我们不难看出，如果说1982—1986年的“中央一号文件”精神旨在“放开搞活”，那么，21世纪以来2004—2020年的“中央一号文件”精神则体现由“统筹城乡”到“城乡融合”的政策变迁。其政策演变可以分为三个阶段：第一，增量、增收阶段。党的十七大以前即2004—2007年，根据“中央一号文件”精神，“三农”政策重在促进农民增收、农业增产、农村发展，聚焦关键词“新农村”“增收”“科技”“新型农民”“培训”“市场”“特色农业”等。第二，存量拓展阶段。从党的十七大到十八大即2008—2012年，“三农”政策重在加大农村基础设施建设、扩大农村内需、推进城乡一体化及土地流转改革，聚焦关键词“农田水利”“设施建设”“城乡互动”等。第三，变量发展阶段。党的十八大以来即2012年至今，“三农”政策重在强化农业、农村制度供给，推进现代农业，造就新型农民，优化乡村治理体系，聚焦关键词“现代治理”“现代农业”“制度化”“专业合作”“基层组织”“精准扶贫”等。基于此，我们认为，未来“三农”政策在发展动能上，将逐步由“物”的供给向“人”的促动转变，在发展格局上，将由以城带乡、以工促农向城乡统筹、城乡融合转变。这些转变必将使我们更

加注重乡村治理尤其是反贫困治理的治理体系、组织体系、保障体系的构建。进入后脱贫时代，推进产业化扶贫政策，要符合新时期“三农”的发展定位，用足、用活相关的“三农”政策，在城乡融合推进，在第一、第二、第三产业融合发展中推进产业扶贫的新发展。

## 三、产业脱贫区域协同协作

推动区域协同发展、协调发展、共同发展是促进区域合作、优化产业布局、实现从产业扶贫到产业脱贫的重要战略举措。伴随区域一体化进程的推进，区域间相互依存的程度日趋加深，区域间产业布局、产业结构、产业要素、市场环境等的关联性日趋加大，区域间资源要素的高效流动及产业分工协作有助于产业集聚的形成。推进特定区域产业发展协同协作，促进毗邻区域生产要素自由流动是消除“行政区边缘经济”现象的现实选择。进入后脱贫时代，为促进贫困地区尤其是连片贫困地区产业互补、产业联动，推动区域间产业融合发展，迫切需要建构贫困区域治理机制，增进区域协作、产业协作，避免因体制障碍而在各区域内形成“大而全”或“小而全”的产业体系，消除单体利益驱动致使的不合理竞争或盲目竞争。在贫困地区开展区域协作扶贫、协同脱贫，需着眼于提升贫困区域经济主体的协作能力，聚焦资本关联，强化产业联盟，推动产业资源跨区域分配、生产要素跨区域转移。

### （一）避免毗邻区域扶贫产业同构化

产业同构化现象是产业结构失衡的体现，指在特定区域或毗邻区域的产业要素转移及产业结构调整中出现的产业发展策略相互效仿、跟风追随的现象，从而形成产业结构相似或雷同、产业发展中存在不良竞争，以及产能过剩、产业空洞等问题。产业同构化现象能够在一定的时间段内促使区域内产业集群效应形成，但随之而来的是低效率资源配置、各行其是、生产能力放空、不合理竞争等。解决毗邻区域扶贫产业同构化问题，一方面要提高区域联动性、产业协作性，加强扶贫产业专业化分工。早在18世纪，西方经济学鼻祖亚当·史斯密（Adam Smith）在《国民财富的性质和原因的研究》中阐述产业分工理论时认为："增加国民财富的途径就是提高经济结构的效率，而提高经济结构的效率又首先依赖于分工的发展。"① 从而指出了经济效率、经济结构、专业化分工间存在内在关联性。在毗邻区域推进产业结构与经济、社会协同发展，要着眼于毗邻区域产业结构的内在机理分析，发挥资源优势，强化产业专业化、产业分工与协作对区域联动的正向影响，加快形成产业资源互通、扶贫产业互补、产业发展要素有序流动的产业扶贫战略联盟。另一方面要强化产业关联效用，打破区域产业跟随策略中的"囚徒困境"。事实证明，在一定的区域范围内，产业间关联效用强则向心力强，关联效用弱则离心力强，产业同构化现象必然导致优势地区的产业集聚、劣势地区的产业衰退。据此，推进毗邻区域产业扶贫，首先要加强毗邻区域的府际合作，优化资源配置，改变复制型发展策略，避免产生"跟随行为"，消除同构化现象。

**（二）促进毗邻区域扶贫产业融合发展**

扶贫产业融合是扶贫产业发展的新策略，扶贫产业组合是产业扶贫振兴的新选择。在毗邻区域推进扶贫产业渗透、产业重组、产业融合发展有助于优化产业结构、激活产业功能、延伸产业链，促进贫困地区就近就业、就地脱贫。据此，推进毗邻区域扶贫产业融合发展，要强化扶贫产业的关联性，提升产业化发展水平，要强化毗邻区域的政策供给，推动技术创新，要强化市场参与，使产业适应市场需求，提高市场竞争力。首

---

① 杨丹丹，马红梅.产业结构的同构化与专业化——以粤桂黔为例[J].开发研究，2018（6）：31-38.

先，要促进毗邻区域扶贫产业链及价值链的分解。产业融合发展体现为不断形成新业态的动态发展过程，需要有效把握产业发展方式、产业功能定位、产业运作模式的动态变化，正确对待产业交叉、产业重组、产业渗透的融合态势，积极培育毗邻区域第一、第二、第三产业融合发展的主体，促进毗邻区域多类型产业融合集聚、体制和机制融合运行。其次，要促进毗邻区域文化产业及文化事业融合发展。在毗邻区域促进经营性的文化产业与公益性的文化事业的发展是产业化扶贫的有力支撑及成效体现，有助于推进产业化扶贫的内涵式发展。要深度挖掘毗邻区域的历史文化，赋予产业化扶贫人文内涵；要植入民俗性、地域性文化元素，促进产业扶贫集约化、全域性经营。最后，要充分挖掘毗邻区域“互联网+”的商业价值，培育关联业态，促进毗邻区域大数据产业与扶贫产业深度融合。

### （三）探索特色小镇与扶贫产业融合发展

特色小镇建设既是我国新型城镇化建设的重要战略选择，也是推进“扶贫产业+”融合发展模式的重要尝试。在产业扶贫毗邻区域推进特色小镇与扶贫产业融合发展，有助于推动乡村人口由分散走向集聚、乡村治理由单一走向多元，必将产生较大的扶贫效应。特色小镇建设必须聚焦乡村特色产业发展，乡村特色产业发展必然诱发特色小镇建设。其一，在理论支撑上，特色小镇与特色产业融合发展符合城乡一体化的发展定位。早在19世纪末，英国社会活动家埃比尼泽·霍华德（Ebenezer Howard）就提出了田园城市论，主张围绕永久性农业地带，在乡村规划设计健康、养生、生产、生活产业协同发展的“城乡结合体”；20世纪初，美国学者泰勒（G.R.Taylor）提出了卫星城市论，主张依托现有“母城”，在城市外围建立有产业发展、有就业岗位、有生活设施等的“卫星城”；20世纪40年代，芬兰学者埃列尔·萨里宁（Eliel Saarinen）提出了有机疏散论，主张在城市化过程中将无序的分散集中为有序的分散……这种城乡双向迎合的发展理念为特色小镇建设与扶贫产业发展提供了前期的理论支撑。其二，在实践探索中，特色小镇与特色产业融合发展有经验可循。比如，美国的纳帕谷就是一个世界级具有“葡萄庄园”之称的特色农业型小镇。自19世纪中期以来，纳帕谷地区就有着传统葡萄种植业及酿酒业的发展基础，但是始终没有摆脱贫困状态。“二战”以后，当地开始推行酿酒工艺的现代化改造，到了20世纪80年代，又开始着眼于酒庄文化打造、特色小镇建设，推进“葡萄酒+”的产业融合发展。如今，其已在毗邻区域形成了8个各具特色、协同发展的葡萄产业小镇。再比如我国浙江、云南等地，自2011年以来也积极依托特色农业产业，特色小镇建设呈现出如火如荼的态势。2016年10月，住房和城乡建设部正式公布了第一批中国特色小镇（127个）；广西等地也致力于形成特色小镇与扶贫产业融合的发展态势，如广西的横县基于茉莉花扶贫产业形成的“茉莉小镇”，目前已吸引89家农业龙头企业进驻。总体看，旅游发展型、人文历史型、民俗聚居型、农业服务型、工贸流通型等特色小镇都不是孤立存在的，在空间布局上需与毗邻区域协同发展，在功能拓展上需强化对周边地区的辐射带动。推进后脱贫时代反贫困治理，为加快实现贫困地区由“脱贫”向“致富”飞跃，需凸显“依附发展”，立足地方的资源优势及条件，探究与特色小镇、特色村庄等深度融合的产业化协同治贫模式。

## 四、产业化治贫生动实践——武陵山片区“三位一体”产业协同治贫模式

武陵山片区是集边远山区、革命老区及少数民族地区为一体的连片贫困地区，也是我国14个集中连片的特困地区之一及重要的经济协作区。

其地处我国地势第一、第二阶梯的过渡带，湘、鄂、渝、黔四省市交界地带，涵盖11个地（市、州）、71个县（市、区），面积为17.18万平方千米，总人口达3645万，其中，城镇人口约853万，乡村人口约2792万（2010年）①，少数民族如土家族、苗族、侗族、白族、回族、仡佬族等人口超过60%。有史以来，武陵山片区以生物多样性著称，素有“华中动植物基因库”“中国旅游第一走廊区”“中国绿心”之称。得益于群山连绵的山体优势、得天独厚的自然环境、亚热带季风湿润性气候条件，以及悠久的历史和人文基础，茶产业成为武陵山片区的特色农业主导产业，古丈毛尖茶、石门银峰茶、桃源大叶茶、恩施富硒茶、鹤峰绿林翠峰茶等已驰名中外。当前，在毗邻区域已逐步形成以茶产业为根基、以民族文化产业为推力、以旅游产业为动力的“茶 — 文化 — 旅游”的“三位一体”产业协同发展模式。该模式以促进产业协作为重点，以推进区域合作为推力，通过区域性有效开发，利用茶叶资源，挖掘旅游资源，拓展民族文化资源，使茶产业、旅游业、民族文化产业在融合发展中梯度推进，做法如下：

### （一）立足规划，推进片区区域合作，开展区域形象塑造

区域形象就是一个地域的符号、品牌和标志，体现着一个地域无形的价值。根据国务院《武陵山片区区域发展与扶贫攻坚规划（2011 — 2020年）》，武陵山片区脱贫攻坚的目标定位是建设成为“扶贫攻坚示范区、跨省协作创新区、民族团结模范区、国际知名生态文化旅游区、长江流域重要生态安全屏障”②。其产业定位为发展旅游业、特色农业、加工制造业、现代服务业、民族文化产业五大产业。基本思路是通过区域协同发展

① 赵熙，包小村.推动武陵山区茶叶产业发展探讨[J].茶叶通讯，2013（3）：11-15.

② 国务院扶贫办，国家发展改革委.关于印发武陵山片区区域发展与扶贫攻坚规划的通知（国开办发〔2011〕95号）[EB/OL].http：//www.ndrc.gov.cn/zcfb/zcfbqt/201304/t20130425538575.html.

带动扶贫开发，以扶贫开发促进区域协同发展，尤其要推进集中连片脱贫攻坚和跨省合作协同发展的有机结合。实施这一区域发展战略，目的是在空间布局上整合优势资源，突破现有区域的行政规划，开展区域形象塑造，合力打造武陵山片区地域品牌。

1. 组建高层次跨省边界区域协作组织

为深层次推进跨省合作，增进府际的协作交流，当地政府在更高层面组建了跨省边界区域协作组织，并明确了国务院扶贫开发领导小组办公室、国家发展和改革委员会在脱贫攻坚规划实施中的指导、协调、监督职能，国家民族事务委员会作为整个片区扶贫攻坚试点工作联系单位，等等，为推进武陵山片区“三位一体”扶贫产业联动发展提供了强力支撑。

2. 建立跨省及府际联席会议制度

比如在旅游合作上大力推进片区旅游开发合作，并且每年至少召开一次联席会议商讨解决相关事宜；在环境治理上建立专门的协调委员会，就基础设施建设、公共服务、交通运输等开展专门协调；在民族文化建设上以举办民族文化节为载体，推进市长联席会议作用的发挥，促进以土家族文化、苗族文化为主体的民族文化产业的发展。

3. 以点带面开展整体形象定位

推进“三位一体”扶贫产业协同发展，旨在树立产业、旅游、人文融合发展的“大武陵”品牌。据有关统计，武陵山片区总共拥有自然保护区13个、世界文化自然遗产3个、国家森林公园15个、国家地质公园4个、国家级风景名胜区7个，同时还拥有一大批历史文化名村、名镇[①]。独特的地理、人文优势及自然条件为当地以点带面塑造“大武陵”茶文化旅游品牌奠定了基础。他们在“点”上打造了张家界武陵风景、凤凰人文古城

① 邓懿珊，朱海燕，陈升华.武陵山片区“三位一体”茶产业协作发展模式探研[J].农学学报，2016（1）：129-133.

等，在“面”上延伸出大湘西生态人文旅游圈、黔东北人文旅游圈等；同时，通过深入实施茶文化旅游宣传共享计划，“大武陵”品牌得以推广。

**（二）强化功能，推进片区区域组团，开展精品路线设计**

从《全国主体功能区规划》来看，武陵山片区整体为限制开发区，必须遵循整体保护、点状发展的原则。按照《武陵山片区区域发展与扶贫攻坚规划（2011—2020年）》的片区划分，武陵山片区约18%的区域面积为农业生态区，76%的区域面积为生态保护区。这意味着推进武陵山片区产业化扶贫，要走开发与保护并重的道路，在开发、挖掘自然及人文资源中保护自然和人文景观，在联合行动中谋划产业布局、延伸产业链。组团式开展精品路线设计正是出于开发与保护并重的策略考虑的。近年来，武陵山片区通过深度开发茶旅游资源，打造土家族文化、苗族文化，逐步形成了独具特色的茶文化旅游模式，同时在组团式旅游开发中推出了“农旅”“茶旅”“文旅”融合发展的茶文化精品旅游路线。《武陵山片区区域发展与扶贫攻坚规划（2011—2020年）》提出以中心城市为依托，重点构建渝东南山水生态旅游组团、渝东鄂西山水风情旅游组团、张家界湘西风情旅游组团、湘西南山水文化旅游组团、梵净山生态休闲文化旅游组团五大特色旅游组团，同时以历史文化名城、自然遗产旅游区等为依托，着重打造12条精品旅游路线。其中，“张家界—吉首—怀化—铜仁—酉阳—黔江—恩施—张家界”为核心旅游圈，“张家界—沅陵—溆浦—洞口—绥宁—通道—会同—玉屏—印江—石阡—思南—德江—沿河—务川—道真—武隆—彭水—石柱—利川—建始—长阳—五峰—慈利—张家界”为“大武陵”旅游圈。这些旅游路线既是在推进跨区域旅游协作网的过程中形成的“大武陵”旅游路线，也是在推进武陵山片区产业化扶贫发展的过程中形成的茶文化旅游主线。同时，在统一旅游品牌定位的过程中也形成了具体的茶文化旅游路线。比如，为大力推进古丈毛尖茶、红石林、芙蓉镇、猛洞河、凤凰古城、苗族文化、侗族文化协同发展，则开辟“古丈 — 永顺 — 凤凰 — 芷江”路线；为有效推进石阡苔茶、梵净山贡茶、梵净山佛教圣地、乌江画廊、武隆天坑茶文化旅游的发展，则开辟“铜仁 — 武隆”路线；为加快石门银峰茶、石门夹山国家森林公园、张家界国家地质公园及苗族文化的发展，则开辟“石门 — 桑植 — 张家界 — 德夯”路线①；等等。这些茶文化旅游路线的形成，对于打造以茶产业为着力点的特色农业基地、农业技术的集成、民族文化的挖掘，对于构建“三位一体”产业协作发展模式，促进点面结合、以点带面、点线连面的武陵山片区茶文化旅游发展大格局的形成等，都产生了较大的助推作用。

**（三）做足“茶”文章，延伸产业链，推进全域运营**

武陵山片区是茶产业带富集区、旅游资源的聚集区、民族文化的沉积区，尤其是茶产业作为传统优势产业，具有深厚的文化底蕴。在武陵山片区推进产业化协同发展，做大、做强茶文化旅游，茶产业的发展始终处于主体地位。以茶产业的发展辐射带动其他产业的发展是该片区有效推进“三位一体”产业协同模式的前提条件，推进全域运营、促进协作经营是采用产业协同治贫模式的现实选择。根据产业联动理论，基于产业关联的存在，区域产业发展会在产业化建构及产业链延伸中突破现有的产业界限和区域界线，产生“1+1>2”的联动效应。近年来，武陵山片区以茶产业发展为龙头，以旅游发展为延伸，以民族文化发展为内涵，采取的是从茶叶种植、茶叶加工、品牌研发、流通服务、旅游设计到人才培养等的一体化策略，推行的是融产业开发、休闲体验、文化打造、旅游推荐、社会建设等为一体的全域型茶文化旅游发展。一方面体现了政府引导、市场运

① 邓懿珊，朱海燕，陈升华.武陵山片区“三位一体”茶产业协作发展模式探研[J].农学学报，2016（1）：129-133.

作、社会参与的总基调。积极推进乡村旅游，开展市场化运作，突出力量参与，调动农家经营，同时注重在各个环节融入地域民族文化元素。比如，在文化休闲旅游村落，游客会欣赏到具有地域特色的茶艺表演、茶歌、茶舞等。另一方面打破了区域界线，建立了协作机制，开展了联合行动及人才交流，实现了资源共享。比如在毗邻区域合作举办茶文化节庆活动及项目推荐，从而促进了茶文化旅游的长足发展、旅游产品的多元化开发、反贫困治理的整体推进、乡土人才的大力培养。

## 第二节　市场化协同治贫模式

从世界反贫困治理的状况看，其大概有两种职能模式：一种是以亚洲新兴工业国为主体的政府职能模式，一种是以欧美国家为主体的市场职能模式。政府职能模式以政府为主导，以政府为推力，旨在通过强大的政治动员和行政手段在短时期内消除贫困，能集中力量办大事，但也难以摆脱由信息不对称、低效率、“三位”（越位、错位、缺位）现象等导致的“政府失灵”；市场职能模式以市场为导向，以市场为动力，旨在通过市场化运作及市场化手段激发内在动力，提高反贫困治理的专业性和效率，但其中也不乏由负外部性问题、不完全竞争市场、竞争垄断等导致的“市场失灵”。据此，在反贫困治理中，正确定位政府与市场的关系是实现资源有效配置及实施良好治理的关键。如果说政府是消除贫困的主导力量，那么市场则是摆脱贫困的重要路径。推进后脱贫时代反贫困治理，既要走出

“保姆型政府”的角色困境，也要改变“强政府、弱市场”的格局，政府与市场需协作共融、共生共进，政府主导下的市场化协同治贫模式是反贫困治理在发展过程中的必然产物。

## 一、市场化协同治贫运营模式

实施政府主导下的市场化反贫困治理，既要发挥政府这只“看得见的手”的作用，也要发挥市场这只“看不见的手”的作用。一方面，反贫困治理是各级政府的重要职能，单纯依靠市场不能从根本上解决中国的贫困问题，政府的反贫困职能只能被强化，不能被弱化。另一方面，推进市场化发展是反贫困治理的重要选择，单纯依靠政府难以精准、高效地消除贫困，市场化扶贫必须被夯实，不可丢失。政府主导下的市场扶贫，需更加重视顶层设计及扶贫法规体系建设，将市场化扶贫纳入法规化范畴，需更加重视动力机制建设，以构建开放、透明、高效的竞争机制，科学、务实的激励机制及考评机制的方式促进市场化扶贫规范运作、有序开展，需特别重视对弱势群体的保障，增进其资产处置权及收益权，提高其在市场运作中的博弈能力等。

### （一）“PPP+扶贫”模式

PPP即“公私合营”，倡导推行政府与社会资本的合作，指政府与社会资本通过签订协议促成合作伙伴关系，就基础设施、项目建设等开展公私合作。政府通过竞争性方式选择社会资本，社会资本本着利益共享、风险共担、合作共赢的原则注入资本运营、提供公共服务。在反贫困治理领域引入PPP模式，让社会资本参与扶贫开发PPP项目，旨在转变政府的反贫困治理职能，构建“共治、共建、共享”的反贫困治理体系。这将有利于缓解政府的扶贫投资压力、激活社会资本、提高社会资本的使用率、发挥社会资本的专业技能优势等。同时，通过市场化运作及规范化运营鼓励社会资本、民营资本、私人企业参与扶贫产业开发、扶贫项目基础设施建设等，必将起到“让专业人干专业事”的良好效果，真正使政府组织与非政府组织在反贫困治理合作中实现互利共赢。第一，要强化PPP在反贫困治理中的正外部效应，拓展“PPP+扶贫”空间。在贫困地区的扶贫领域推进PPP具有很大的发展空间，PPP反贫困治理模式可以在诸多方面尝试推行。比如，湖北省恩施州来凤县在推进水利扶贫即农村饮水安全项目建设中就采用了PPP模式，实现了农村饮水安全全覆盖；湖南省湘西州凤凰县在推进全域旅游基础设施建设中也采取了PPP模式，以推进旅游扶贫成效的全面提升；等等。产业扶贫PPP、生态扶贫PPP、教育扶贫PPP等项目的带动，必将有助于实现“活业”带动“活人”，实现“活村”①。第二，要基于区域反贫困治理的需求完善相关制度，搭建PPP合作平台。推进PPP反贫困治理模式，在项目选择及运营中，要正确处理好政府与社会资本、政府与贫困人群、社会资本与贫困人群的关系，既要提升反贫困治理的成效，也要保障社会资本收益。要以规范运营、合法经营为条件，以确保贫困区域、贫困人群及人民权益不受侵害为前提，以摆脱贫困为目的；要科学、合理地规范PPP项目的运作流程，在项目识别、可行性研究、利益相关者参与论证、项目立项、项目采购、协议签订、项目运营管理、项目评估移交等环节都要有相关的制度安排、智力支持和人才保障，做到运营有序、监管有力、保证供给、有的放矢。

### （二）“政府购买服务+扶贫”模式

新公共服务理论认为，公共服务的供给与生产主体并非单一。公共服务既可由政府直接提供，也可由市场和社会提供，政府还可以通过购买的

① 韩斌.PPP扶贫的发展机遇和担当[J].中国财政，2018（20）：30–31.

方式实现公共管理、公共服务的有效供给。政府购买服务是当前及今后反贫困治理的重要构成部分。党的十八届三中全会在《中共中央关于全面深化改革若干重大问题的决定》中明确指出:“推广政府购买服务，凡属事务性管理服务，原则上都要引入竞争机制，通过合同、委托等方式向社会购买。”政府购买服务作为一种新型公共服务供给方式，要在推进政府治理变革、转变政府职能、深化“放管服”改革、激发社会活力、发展社会组织、实现新时代社会主要矛盾转化等方面发挥重要作用。反贫困治理是当前国家治理中一项重要的公共服务事项，将政府购买服务引入脱贫攻坚，既可使政府走出资源分配者、服务提供者的角色困境，提升资源配置效率，也有助于解决政府在单方供给中出现的一系列问题。一要科学设计“政府购买服务+扶贫”方案的实施框架。要加强顶层设计，界定购买主体、明确购买内容、规范购买流程、理顺关系和环节，重点考虑谁来买、谁来卖，如何买卖、买卖什么，如何评估、验收、交易等问题。二要科学建构“政府购买服务+扶贫”服务监管体系。要积极创建良好的交易环境，规范交易流程，维护交易秩序，秉持契约精神，为服务供给主体提供必要的支持，避免“一买了之”“甩包袱”等现象，解决好“质量风险”“合谋风险”等问题。三要明确资质条件，积极培育扶贫开发竞争性服务市场。要构建服务平台，充分发挥社会慈善组织、行业协会组织等在农村反贫困治理中的作用，增进社会组织与扶贫开发工作的关联度，在推进政府购买扶贫服务标准化建设中获得政府、社会合作共治的“最佳秩序”。

### (三)“资产收益+扶贫”模式

资产收益扶贫是新时期我国推进市场化扶贫的重要尝试、拓宽贫困人群增收渠道的重要手段，体现着产业扶贫与金融扶贫的有机结合。就是在不改变原有资金用途的前提下，把财政专项扶贫资金或部分涉农资金、土地使用权等作为贫困户的股份，让贫困户在参与专业大户、农业龙头企业、农业合作社、家庭农场等生产经营中分红受益。推进“资产收益+扶贫”模式，旨在激活财政扶贫资源要素，把分散的资源整合到优势产业中，以“存量”促“增量”、拓“流量”，把贫困人群引向市场化经营，使其由相对“无权”转变为被“赋权”，从而增加贫困人群的财政性收入、股权性创收。自党的十八届五中全会提出“探索对贫困人口实行资产收益扶持制度”以来，广西、四川、云南、贵州、重庆等地就“探索资产收益扶贫”进行了积极的探索。比如，2015年6月，四川出台了《创新投资收益扶贫新模式试点方案》，设立了“贫困户优先股”，确定了“贫困户分红底线”，并以优先股的形式将财政专项扶贫资金投入形成的资产全部量化给贫困户；2016年1月，广西印发了《脱贫攻坚增加贫困户资产收益实施方案》，提出“探索将自然资源、公共资产、财政专项扶贫资金和其他涉农资金、农户权益资本化和股权化”①。这种变资源为股权、变资金为股金、变农民为股民的“资产收益+扶贫”模式，对于优化资源配置，提高财政扶贫资金的精准性、使用率及反贫困治理的针对性具有重要的助推作用。据此，一要强化政府的主导功能。要善于统筹财政资金，尤其要对财政扶贫资金及涉农资金进行统筹安排，以财政扶贫资金打开资产收益空间，用政府的“有形之手”搞活市场的“无形之手”。二要做好折股量化工作。“资产收益+扶贫”模式的核心要义在于“股权量化、按股分红、收益保底”②，首要前提在于明确产权。同时，要夯实产业平台，做好财政扶贫资金、土地使用权等的股权量化服务、风险防范等工作，确保资产收益分配的安全和稳定。

---

① 参见广西壮族自治区人民政府办公厅印发《脱贫攻坚增加贫困户资产收益实施方案》（桂政办发〔2016〕9号）。

② 冉桂芹.资产性收益扶贫存在问题及对策——以眉县为例[J].西部财会，2019（1）：53–55.

## 二、市场化协同治贫运营机制

市场化反贫困以“使市场在资源配置中起决定性作用并更好地发挥政府的作用”为宏观背景，以竞争性扶贫、契约化扶贫为推力。推进市场化协同治贫，要充分运用市场化机制，遵循“农民主体、政府主导、社会参与、市场运作”的治贫思路。建立市场化协同治贫运营机制，就是要将制度建设植入市场化治贫范畴，在政府主导的框架下充分发挥市场机制在反贫困治理中的作用，提高扶贫运营效率，增强治贫能力。在实际运作中，市场化协同治贫运营机制应包括四个层面：主体运作、要素支撑、资源整合、制度保障[①]。市场化协同治贫运营机制框架设计如下：

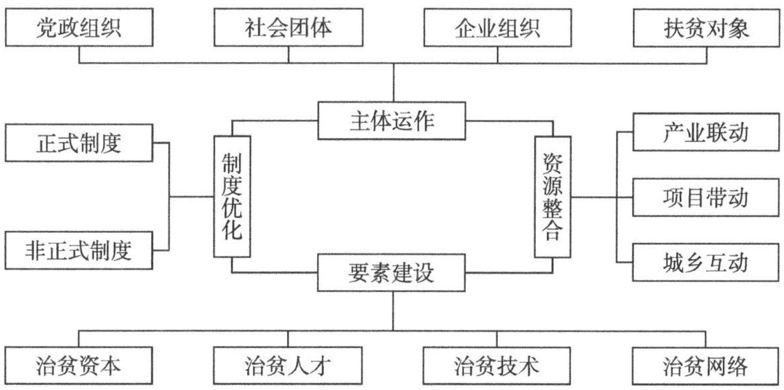


据此，进入后脱贫时代，推进市场化反贫困治理，要着眼于市场化协同治贫运营机制框架的主体设计，一方面要解决反贫困治理的动力源问题，推进反贫困治理主体及反贫困治理资源的多元有效植入，另一方面要解决反贫困治理的动能机制问题，强化反贫困治理制度及治理要素的有效

① 刘雪.市场化扶贫机制在精准扶贫中的运用研究——以甘肃为例[D]. 兰州：兰州大学，2017.

供给，推进反贫困治理体系及治理能力现代化。

### （一）市场化治贫主体培育

多元参与并存既是公共治理的逻辑起点，也是反贫困治理的价值构成。市场化反贫困治理要着眼于多元扶贫主体结构创建及多元治贫主体培育。在多元反贫困治理结构的建构中，市场化反贫困治理主体既包括处于主导地位的政府组织，也囊括企业团体、社会组织、金融机构、民间社团等非政府组织，以及处于主体地位的贫困农户。需充分发挥反贫困治理主体的作用，强化各参与主体的功能，使新型反贫困治理主体在培植中不断涌现、壮大。一要强化贫困人群的主体地位。贫困农户既是扶贫对象，也是自我扶贫的主体，需把贫困农户纳入市场化扶贫的产业链发展体系范畴，提高贫困农户参与扶贫生产的自主性，强化其市场意识、竞争意识及主体意识。二要大力培植市场化、专业化合作组织。合作组织是市场化扶贫、专业化扶贫的重要载体，需立足特色产业及资源优势，创造条件引导营利组织、非营利组织等社会力量多元、广泛参与。三要强化政府组织的主导功能。在市场化扶贫中，政府尤其是基层政府既要扮演好组织者、主导者的角色，也要发挥好监管者、服务者的作用，改变“大包大揽”的做法，使政府职能转移到为市场化扶贫主体服务及创造良好的发展环境上来。

### （二）市场化治贫要素建设

推进市场化扶贫，要注重要素市场建设，市场化治贫主体的多元性决定了市场化治贫要素的多维支撑性。所谓的“市场化治贫要素”就是在市场化反贫困治理中所需的生产要素，既包括自然资源、土地、民俗风情、人文、历史等非流动性要素，也包括社会资本、信息技术、人力资源、融资、集资、机制、体制等流动性要素。不管是非流动性要素还是流动性要素，都可以通过市场化手段来实现要素资源的优化配置、生产活力的充分激发。据此，要素市场建设是市场化扶贫的基础性建设，推进市场化协同治贫，需着眼于产权制度改革，促进土地、资源、资本、信息、技术、劳动力等要素市场的发展。要促进土地承包经营权流转，使土地要素资源在市场化运作中增值，提升综合使用效率；要加强农村人力资本及农民知识的积累，夯实农村公民教育、职业教育基础，强化技能培训，使贫困地区的知识积累率成为市场化反贫困治理的强有力支撑；要推进贫困地区信息技术建设，强化乡村振兴、扶贫开发、社会资源网与农村信息化建设的互动关系，以信息化推动贫困地区治贫资源集聚、知识技术再造、服务集群发展。

### （三）市场化治贫资源整合

市场化扶贫的核心要义在于推进扶贫资源的整合。推进贫困地区市场化协同治贫所需资源既包括有形的自然资源，也包括无形的人文资源，既需有效整合产业政策、扶贫规划、区域联动等政治资源，也需大力整合社会资本、信息技术、人脉支撑等社会资源，更需对标整合产业项目、金融扶持、园区发展等经济资源。推进反贫困治理资源整合，旨在强化市场化协同治贫“1+1>2”聚合效应，推动贫困地区协同式发展、“抱团式”治贫。一要以产业联动实现治贫资源实体性整合。产业联动是实现反贫困治理资源要素整合的关键。要依据土地资源、交通发展等条件，优化贫困地区特色产业发展布局，通过延伸产业链、提升价值链、拓宽增收链、完善利益链，实现“供、产、加、社、销、服”等环节有机统一，第一、第二、第三产业融合发展。二要以项目带动促进治贫资源聚焦性整合。项目带动是实现治贫资源要素整合的路径。通过项目带动及项目分类施策，一方面可以促进多元反贫困治理主体积极参与，另一方面可以实现治贫资源与治贫需求的有效对接。三要以城乡互动实现治贫资源空间性整合。城乡互动是实现城乡资源整合及空间集聚的重要形态。要注重贫困地区城乡接合部农业龙头企业及配套服务业的发展，创造条件促进城乡资源有序流动，在城乡互动中实现城乡资源整合。

**（四）市场化治贫制度优化**

市场化脱贫攻坚有赖于市场化制度的优化，制度稀缺或制度失效必然导致制度性贫困。推进贫困地区市场化协同治贫所需制度既包括权益制度、保障制度、价值标准、政策规范等正式制度，也包括约定俗成、道德规范、风俗习惯、文明传承、意识形态等非正式制度。既要规范强制性制度变迁，也要着眼于诱致性制度变迁，努力实现正式制度与非正式制度相对接、强制性制度变迁与诱致性制度变迁相补充。进入后脱贫时代，就目前来说，迫切需要抓好两项制度优化工作：一是优化贫困地区发展权益保障制度。在项目选择、基础设施建设、扶贫产业发展、社会保障服务、治贫成果巩固等方面进一步扩大贫困人群发展权能空间。二是优化农村财产性权益制度。党的十八届三中全会明确指出：要“赋予农民更多财产权利”。赋予“财产权利”旨在增进“财产权益”。所谓的“农村财产权益”指农户对土地、山林、宅基地等不动产资源的承包经营权、开发使用权、发展管理权、分配处置权、流转收益权等。一方面要提高农户尤其是贫困农户的财产性权益意识；另一方面要进一步推进农村确权制度改革，在确权、赋权、拓权中增加贫困农户的财产性收入。

## 三、市场化治贫生动实践——广西东兴“边贸+”协同治贫模式

边海之城，国门东兴。东兴市是广西防城港市所辖的县级市，位于中国西南边陲，西南与越南接壤，东南濒临北部湾，是我国与越南等东盟国家互通往来最便捷的陆海大通道，与越南北部开放度最大、开

发度最热、商贸最繁荣的广宁省芒街口岸经济特区仅一河之隔，是中国边界线起点与海岸线终点的交汇城市，素有“中国最具海外影响力城市”“中国电子商务百强县”及“小香港”之称。全市所辖乡镇3个、行政村31个、社区10个，有39千米的陆地边境线、50千米的海岸线、590平方千米的区域面积、15.71万常住人口。《东兴市脱贫攻坚“十三五”规划》有关数据显示，2011年，东兴市尚有贫困村4个，全市有建档立卡贫困农户2555户、贫困人口6578人，贫困村人均年收入不足5000元。由于该地区与越南地缘相近、人们语言相通、山水相连、人缘相亲，长期以来，中越两国边民就有着浓厚的互市贸易传统及经贸往来。这既为推进边境地区经济合作、促进边民互市贸易、构建开放型经济、发展口岸经济等提供了方向选择，也为在反贫困治理中探索“边贸+”协同治贫模式奠定了人文基础。“边贸+产业+加工+贫困户”“边贸+金融服务+贫困户”“边贸+电子商务+贫困户”“边贸+旅游+贫困户”等协同治贫模式的推行有效助推了边境地区的反贫困治理。截至2018年12月，共带动1100多贫困人口就业，基于“边贸+”的产业扶贫覆盖率达88.6%，4个贫困村集体经济收入达4.7万元以上，并顺利通过了自治区核查验收。（以上数据来源于2019年东兴市政府工作报告）

**（一）推行“边贸+”协同治贫模式的核心要义**

边贸即“边境贸易”，是在边境地区推行边民互市贸易、边境小额贸易及开展边境经济技术合作的总称，具有发展规模小、交易份额小、交易地域散、交易市场窄等特性。比如，边民互市贸易交易场所必须限制在边境线20千米内，在经政府批准的指定集市或开放点开展边境贸易，除此之外，双方边民不得在任何地方开展互市，且交易金额或数量份额不能超过规定；边境小额贸易则是针对经批准通过边境口岸的从事边境小额贸易经营的企业，但也只能在毗邻国家边境特定的区域范围、规定的贸易机构从事贸易活动。据此，推行“边贸+”协同治贫模式的核心要义在于用足、用好、用活中央、自治区有关边境优惠的政策，对接毗邻国（越南）相关的惠民政策，通过“边贸+”模式活跃边境市场，发展扶贫产业，延伸产业链，从而引导边境贫困人群参与边境贸易，提高其参与互市贸易的能力和水平，进而实现市场扶贫、边民增收、脱贫增效的目的。第一，体现主体性。“边贸+”协同治贫的目标对象是边境线常住贫困边民，边民是互市贸易的主体，必须充分发挥边民尤其是贫困边民的主体性作用，需在“边贸+”市场化治贫行动的各环节尽量促进贫困边民参与。第二，具有支持性。比如，为解决贫困边民参与边民互市贸易资金不足的难题，用好边民“每人每天8000元货物全免关税和环节税”等优惠政策，政府通过建立边境边贸小额信贷体制和机制，为贫困边民参与边民互市贸易提供了金融支撑。第三，强化组织性。比如，通过成立“边民互助组”等相关的专业协会，对“边贸+”运作模式所需生产原料、市场运作、市场营销等进行了有序组织，同时发挥了基层党组织在“边贸+”模式运作中的作用。

**（二）推行“边贸+”协同治贫模式的创新举措**

“边贸+”扶贫是边境地区市场化扶贫的生动实践，其前提条件在于“精准”、根本出路在于“协同”、实行办法在于“创新”，力求做到精准施策、协同治理、创新推动。一是创建“边贸+互助组”模式。边民互助组创建采取“1+n20+1”模式，即以1个党支部为引领、n个边民互助组为推力，每个边民互助组成员20人以上，每组需至少吸纳1名贫困边民，帮助贫困边民增进劳务性收入及经营性收入。比如，东兴镇河州村就组建了20多个边民互助组，其中66%的贫困边民参与其中。该村通过“抱团式”互助经营实现了每组每年参与边贸成交额3800多万元、利润72万元，实现了全村脱贫。二是创建“边贸+专业市场”模式。为用好、用活“两种资源、两个市场”，促进边贸发展，带动边民脱贫致富，东兴市围绕发展边贸、服务边贸，重点推进红木、农副产品、海产品、建材、跨境电商、边境旅游等十大类专业市场建设。比如，通过“边贸+红木市场”建设助推并形成的东兴红木文化中心、红木文化街、红木文化产业园等为贫困边民带来了更多的就业岗位；通过“边贸+旅游市场”建设助推并形成的“农家乐”、“渔家乐”、休闲产业等也加快实现了贫困边民自主扶贫和就地脱贫。三是创建“边贸+落地加工”模式。也就是通过“落地加工合法化”推进边境贸易发展，促进兴边富民益贫。一方面，对加工企业的发展而言，可以解决原材料进口问题，降低贸易风险，提升产品附加值；另一方面，对地方经济的发展而言，可以促进边境贸易、制造业加工、扶贫产业融合发展，激活边境市场，增加就业岗位，推进反贫困治理。四是创建“边贸+金融服务市场”模式。一方面通过创新结算的方式实现两国边民现场交易结算；另一方面通过推动银行与企业、互助组及边民的合作，指定金融机构出台相应的金融扶贫政策，促进边贸与金融扶贫良性发展。

**（三）推行“边贸+”协同治贫模式的价值思考**

“边贸+”协同治贫模式作为广西边境地区推进脱贫攻坚的创新举措，能有效激活边境市场、活跃边境经济、扩宽贫困边民的就业渠道，为边境地区的反贫困治理提供价值思考。

1. 推进边贸扶贫主体能力建设

在边境地区的反贫困治理中，边民和边贸企业始终是边贸治贫的主体，边贸治贫主体的参与度决定了边贸治贫的推进度，提高边贸治贫主体的参与度重在参与能力的建设。首先，要积极推进以“惠民、富民、安民、固边”为导向的沿边金融改革，解决贫困边民参与边境贸易的相关问题。比如，桂林银行针对跨境结算难的问题推行了“互市卡”，针对边民筹资难的问题推行了“互市贷”，针对落地加工企业融资难的问题推行了“惠边贷”。其次，要积极推进以干事、创业为导向的技能培训，始终把边境教育放在首位，提高贫困边民的市场意识、劳动技能，打造“边境工匠”。最后，要强化对边贸企业的政策引导，在用地、投资、税收、奖励等政策制定上向“边贸+扶贫”企业倾斜。

2. 推进边贸扶贫组织化建设

如果说良好的市场集群优势及开放的口岸经济为“边贸+”市场化扶贫模式创造了条件，运作模式及组织结构则为“边贸+”市场化扶贫的助推动力。比如，在“边贸+”市场化扶贫中，东兴市推行的“互助组”模式就是通过结构化运作，融基层党建、合作社、边贸企业、贫困边民为一体。

3. 推进边贸扶贫发展规划建设

要着眼于创新体制和机制，整合政策资源，做到先行、先试。比如，推行“边贸+落地加工”扶贫模式，就是依托现有口岸的边贸体系，通过推进落地加工合法化、通关便利化、落地加工企业优先化、贸工互动效益最大化等举措增强脱贫效用。

## 第三节　组织化协同治贫模式

马克思关于未来社会“自由人的联合体”思想表明，组织化是合作化的构建基础，主体性是治理性的立论条件。反贫困治理的核心问题是治贫主体性问题，要想解决治贫主体性问题，就必须将治贫主体组织起来，积极、稳妥地推进反贫困治理主体组织化是解决反贫困治理的核心问题的必由之路。组织化协同治贫模式是农村组织化治理的实践探索的产物，旨在走出反贫困治理“分散闭塞性”的困境。通过优化组织架构、整合组织力量、创建组织文化等强化扶贫开发联合体行动，形成扶贫开发合力，提升反贫困治理能力，实现由“外源驱动”到“内源驱动”的反贫困治理转变。据此，进入后脱贫时代，推进组织化协同治贫，既要发挥政府组织的主导作用，也要强化贫困人群的主体作用，更要发挥基层党组织的引领作用，既要致力于专业合作社、行业协会、市场中介等经济组织的建设，也要着眼于教育培训、文化发展、志愿者服务等社会组织的建设，更要强化基层党组织、群团服务、事务监管等组织机构的建设。

## 一、“党建+”扶贫模式

“党建+”扶贫模式是中国特色社会主义特有的扶贫模式。推行党建引领扶贫，旨在通过充分发挥党组织的政治优势和组织优势，凝聚反贫困治理力量，让脱贫攻坚插上“党建+”的翅膀。习近平总书记指出：“农村要发展，农民要致富，关键靠支部”“农村基层党组织是党在农村全部工作和战斗力的基础……抓好党建促扶贫，是贫困地区脱贫致富的重要经验”“越是进行脱贫攻坚战，越是要加强和改善党的领导”[①]。纵观我国的扶贫开发历程，尤其是党的十八大以来深入实施的精准扶贫，我们不得不承认这一事实：脱贫攻坚效果显著的地方往往也是基层党组织建设更加坚强、有力的地方。据此，在后脱贫时代，越是贫困地区就越需夯实党建引领基础，充分发挥基层党组织在反贫困治理中的战斗堡垒作用及基层党员在脱贫攻坚中的先锋模范作用。要创新“党建+”扶贫模式，强化组织优

① 中共中央党史和文献研究院.习近平扶贫论述摘编[M].北京：中央文献出版社，2018：31–39.

势，使“党建+”成为脱贫攻坚的亮丽名片，让脱贫攻坚在“党建+”的运作模式中更具风采。

### （一）项目制党建扶贫

“党建+”扶贫的根本任务在于“抓好党建促扶贫，聚焦扶贫抓党建”，在党建与反贫困治理的协同推进中发挥叠加优势，提升基层治理能力。基层党建为扶贫开发提供了组织依托，扶贫开发为基层党建提供了推进载体。推进项目制党建扶贫，要以推进农村基层组织建设为重点，以党建引领扶贫为主攻方向，以项目化、路径化、具体化为运作路径。在项目制运作中，既要注重对优秀项目致富带头人的选择和培养，更要注重对优秀党员创业发展的跟进扶持，善于把实干的致富带头人培养成党员，把优秀党员培养成致富带头人。

#### 1. 组织结构项目制

推进项目制管理的前提在于结构化运作。在贫困地区推行“党建+”扶贫模式、实施项目制扶贫，要以基层党建为统领，以扶贫创业开发为根基，以充分调动生产要素的全面参与为着力点，在推进反贫困治理的过程中实现基层的有效治理，在夯实基层治理的过程中促进反贫困治理。需立足地方实际、优化组织结构、创新组织形式，使基层党建、产业扶贫、基层治理、人才建设等同步发展、互促共进。同时，要优化“党支部+x+贫困户”的反贫困治理项目制结构。其中，“党支部”是核心，要在基层党组织建设上求突破；“x”是载体，要在扶贫产业发展、扶贫基地建设、合作社组建等方面做文章；“贫困户”是对象，要在让贫困户摆脱贫困上见实效。

#### 2. 目标定位项目制

“党建+”扶贫模式是有方向、有立场、有目标的反贫困治理模式，必须坚持农村基层党组织领导的核心地位不动摇，必须在脱贫攻坚一线强化组织优势、发挥好组织的作用，必须增强系统化、标准化运作意识，推进扶贫开发与基层党建融合发展。在反贫困治理中提升组织力，增强凝聚力，强化引领力，激发战斗力，使各项目标和任务达到项目制标准。

**（二）全面提升“第一书记”驻村工程**

“向党组织软弱涣散村和建档立卡贫困村‘全覆盖’选派驻村第一书记”既是新时代“因村派人”推进精准扶贫的重要举措，也是党和国家在推进农村现代治理的一种制度安排，同时也是培养后备干部及治国理政人才的基础性工程。进入后脱贫时代，应把精准选派“第一书记”及持续推进“驻村工程”作为推进乡村全面振兴的重要事项抓紧、抓实，推进乡村治理变革、优化治理结构始终离不开外部优势力量的嵌入。“第一书记”作为组织选派的优秀干部，国家在脱贫攻坚一线的“代理人”“引路者”，其重要的职责和使命在于抓党建促扶贫、融扶贫抓党建，着力解决贫困村软、散、弱、乱、穷、愚等突出问题，具体体现为增进政治信任、强化脱贫攻坚、夯实党建基础、提升治理能力等。基于此，“第一书记”必然承担着所在贫困村政治、经济、文化、社会、生态建设等多项职能。需建立、健全“第一书记”在“党建+”扶贫工作中的责任制及长效机制，全面提升“第一书记”驻村工程。

1. 优化“第一书记”作用机制

从现代治理视角看，人的现代化是治理现代化的根本，推进治理现代化，首先在于推进干部理念现代化和干部能力现代化。据此，发挥好“第一书记”的作用，一方面要着眼于提升“第一书记”的能力和素质。毛泽东曾经指出：“政治路线确定之后，干部就是决定的因素。”[①] 干部的素质、能力、品质、作风决定着事业的成败和兴衰。“第一书记”只有真心才能

① 毛泽东.毛泽东选集（第2卷）[M].北京：人民出版社，1991：526.

真干，只有真干方可增能。另一方面要着眼于体制、机制建设，如建立科学的考评机制。“第一书记”既要关注脱贫攻坚成效，也要关注组织和文化的建设、社会治理创新，既要破解现实发展的难题，更要着眼于可持续发展。

2. 夯实党建引领脱贫基础

派驻“第一书记”的本质在于向贫困村供给领导力资源，通过组织行为的嵌入提升农村基层党组织在反贫困治理中的战斗堡垒作用，促进党建引领扶贫。一要团结引领村“两委”建设，在推行“党建+”中强班子、理思路、兴文化、上产业、促发展。二要着眼于基层治理创新，培植内生动力，提高基层组织的乡村治理能力，拓展国家乡村治理的社会空间。

**（三）“党代表+扶贫”模式**

随着脱贫攻坚的有序推进及党代表任期制的推行，基层党代表在反贫困治理中的作用不断凸显。党的十八大提出要“落实和完善党的代表大会代表任期制”。党代表任期制，从本质上讲就是“党代表在党代会召开和闭幕期间履行代表职责，发挥代表作用，具有优化社会治理结构的特定价值”。在反贫困治理中，基层党代表在任期内通过当好党的政策“宣传员”、党风廉政建设的“监督员”、党员群众的“联络员”、社情民意的“调研员”，搭起脱贫攻坚“连心桥”，成为乡村治理的“润滑剂”，以更好地优化乡村治理主体，引导乡村治理行动，规范乡村治理行为，更好地联系党群，汇聚民众共识，形成变革力量。比如，贵州省遵义市通过“党代表+”模式及市、县、乡党代表三级联动，找问题、摆现状、出点子、谋发展、求突破，在息烽县石硐镇大洪片区建立片区联村扶贫党组织，推行“抱团攻坚”方略，实行“党代表结对”策略，创建“猕天大圣”品牌，成功探索出了“六权共享”扶贫模式。“六权共享”扶贫模式以党建引领农村“三变”（资源变资产、资金变股金、农民变股东）改革为切入点，以党代表三级联动为推力，以完善利益联结机制为突破口，搭建“共商、共建、共治、共享”平台；将扶贫产业园产业股权收益的20%用于村集体经济发展、村级公益事业支出，将剩余的80%按弱有所扶收益权、土地入股收益权、劳有所得收益权、老有所养收益权、社会治理收益权、环境保护收益权等进行二次分配。从而让党代表“动”起来，让群众沐浴党恩，让基层组织更具活力，让基层反贫困治理更具风采。

## 二、农民合作组织化建设

自组织理论认为，伴随外界序参量的输入，在非均衡状态的开放系统中，各系统间的非线性相互作用会产生协同动作。农民专业合作组织是具有非均衡性、非线性、协作性的自组织，需遵循自组织规律，遵照有序化路径，致力于建构足以与外界进行物质、能量和信息交换的开放空间，推动专业合作由“无序状态”到“有序状态”、从“外生式发展”到“内生式发展”的变化，在推动社会治理的变革中走向协同协作。农民专业合作组织具有天然的益贫效应，农民专业合作扶贫模式则是依靠基层自身力量、农民合作参与的内生式发展模式。它以“实现盈利、促进合作、互助共建”为目标，以“利益共享、风险共担、格局共建、合力共治”为发展机制，鼓励贫困农户、专业大户、科技能手、管理骨干等通过自觉入股、技术入股、土地入股、租赁经营等方式形成具有共同利益的集合体，实现反贫困治理。

### （一）“能人经济+”合作组织模式

“能人经济”的发展离不开“经济能人”的推动。“经济能人”需要在革命性锻造中成为治村“能人”，如何推进“能人经济”向现代治理转型考量着现代文明。进入新时代，伴随“能人回归”及“归雁经济”的盛行，农村经济能人在村级治理中的作用愈加凸显，“能人经济”及农民专业合作组织的融合发展成为必然。在后脱贫时代推进乡村振兴及反贫困治理，依然需要依靠“经济能人”的推动，着眼于“能人经济”的打造，探索“能人经济+”的合作组织实践模式。广西防城港市港口区光坡镇红沙村在海上养殖中催生的“万亩蚝排”“十里蚝街”“渔家乐”“海上党支部”等，体现了由“经济能人”推动到“能人经济”形成，再到村庄治理转型的实践逻辑。在村民邓强同志（全国优秀共产党员）的带动下，网箱养殖协会等农民专业合作组织相继组建，“公司+基地+贫困农户”“党建引领农户+科研示范推广”“产、供、销一体化”的发展格局有效形成。依托“能人经济+”合作组织模式，既带动了贫困农户，有效解决了贫困问题，也壮大了农村集体经济、推进了村庄治理。

**（二）专业合作社模式**

农民专业合作组织是贫困农村脱贫致富的重要载体，贫困群体通过利益关联、自助、互助等方式扩大特色产业，增进赋权机会，拓展增能空间，具有益贫功能和社会功能。在反贫困治理中推进以农民专业合作社为载体的合作组织发展，组织化生产经营，“产、购、销一体化”及生产要素组合有利于拓展生产空间、延伸产业链、应对“小生产 — 大市场”的矛盾、提高贫困农户的抗风险能力，能够促进贫困农户与市场的对接，从而更好地实现增产、促销与增收。创办农民专业合作社、助力精准扶贫，需着眼于造就新型农民、创新运营模式，在制度供给与秩序供给中强化益贫功能。

1. 新型职业农民培养计划

新型职业农民以农业为职业、以农村为舞台、以相应的职业技能为支撑，要“有文化、懂技术、会经营、懂管理、能创新”，既要有相应的生产技术，也要有新时代农民的职业素养，促进传统农民向职业化、专业化的现代农民转型。据此，培育新型职业农民，既要突出专业技能的“特性”，也要体现人文精神的“共性”。对于种植、养殖大户，专业合作社骨干等生产经营型农户，重在经营理念、素质、能力等人文精神的培养；对于专业人员、创业人员等专业技能型农户，重在技能攻关、创业引导等科学精神的培养；对于农业信息员、农产品经纪人等社会服务型新型职业农民，重在农业信息、职业发展等创新精神的培养。

2. 推进利益联接机制建设

农民专业合作社既是农村经济发展组织，也是社会团体，具有经济发展和社会治理的功能。推进后脱贫时代反贫困治理，要有效发挥乡村熟人社会和半熟人社会的优势，组建“农业龙头企业+合作社+贫困人群”的生产联盟。对于有劳动能力、有参社意愿及享有扶贫政策资金的贫困户，通过“捆绑式参与”推进共享增效扶贫；对于有劳动能力、有参社意愿，但不享有扶贫政策资金的贫困户，通过在合作社建立农民创业资金互助组推进互助共建扶贫；对于缺乏劳动能力又无扶贫资金投入的贫困户，则可以通过土地承包、流转等资产参股方式推进资产收益扶贫。

## 三、组织化治贫生动实践——广西恭城莲花镇“党支部+n产业党建”协同治贫模式

广西恭城瑶族自治县莲花镇位于县城南部，距县城14千米，距桂林市108千米，具有明显的区位交通优势，素有“月柿之乡”“柑橙之乡”之称。全镇共有23个行政村、1个居委会、114个自然屯，约有5.3万人；共有3个党总支、42个党支部、132个党小组，党员人数为1486人，其中

农村党员人数为1079人，占党员人数的72.6%。[①] 同时，通过在各行政村挂牌成立村级党校，在各自然屯组建党员电教中心促进党建引领与风尚引领、产业发展与生态发展深度融合。其优良的生态环境、独特的人文景观、明显的产业优势、良好的社会氛围、有力的组织保障为推进乡村治理奠定了坚实的基础。自2005年党中央提出“建设社会主义新农村”以来，该镇因红岩村等村落的成功打造、月柿产业的优化发展及基层组织建设的有声有色而远近闻名。近年来，莲花镇坚持“党支部+”的基层党建引领，积极将基层党建融入脱贫攻坚实践，以党建促扶贫，成功探索出了“党支部+n产业党建”的协同治贫模式，创建了“党建实体化”的产业发展品牌。

### （一）“党支部+合作社+贫困农户”模式

为延伸月柿产业链，发展村集体经济，发展商贸物流，促进乡村生态宜居旅游业的发展，实现全方位脱贫，莲花镇以镇党委为统领，由党总支统筹，由村党支部牵头抓总，成立了行政村专业合作社。同时，在各自然村专业合作社成立了党小组，引导贫困农户通过土地参股、提供劳务等方式加入专业合作社及专业协会，从而实现党总支部、党小组、合作社、专业协会与贫困农户的有效对接，促使村级治理一体化推进、反贫困治理协同化发展。

#### 1. 坚持支部引领、农旅结合

比如拥有“中国少数民族特色村寨”“全国农业旅游示范点”“中国村庄名片”“全国十大魅力乡村”“全国文明村”等诸多殊荣的红岩村，为推进乡村宜居旅游的健康、有序发展，村旅游协会党支部与农家乐旅游协会在农业生态保护，乡村旅游规范，基础设施维护，住宿、餐饮、提成等方面出台了相应的管理办法，推动党员带头规范经营，示范并引领建构秩序。近年来，红岩村每年接待游客60多万人，仅118户农户的422人一年

① 以上数据来源：http：//www.qqwwr.com/staticpages/20120302/qqwwr4f502749-1498786.shtml.

之内就实现了乡村旅游经济增收约1000万元，人均收入超过2万元，从而在短时间内促进了贫困农户持续增收、稳定脱贫。

2. 坚持乡贤精神培育与党建引领统一

莲花镇注重对乡贤文化的挖掘与提升，注重发挥新乡贤在价值导向、健康生活、干事创业、乡村治理、敦风化俗等方面的作用，注重乡贤精神培育与基层党组织建设融合，比如结合“身边好人”“道德模范”“十星级文明户”“和谐家庭”等评选活动开展乡贤推选。通过党建引领，党员、乡贤互动，内外亲缘联动吸引乡贤回归；通过搭建乡贤带动平台更好地推进“支部领航，实体护航”，提高扶贫质量，拓宽脱贫空间。

3. 坚持支部结对共建、群团互促发展

即创建“党建实体化”产业发展品牌，树立“基层党建一盘棋”思想，开展支部结对共建，推进党员和群众积极、广泛地参与。比如，蒲源村党支部针对返乡创业人员日趋增多的实际，依托经济能人成立了蒲源新农人果蔬合作社，并与红岩村旅游协会党支部合作共建，促进了贫困村土地流转，实现了种植、销售一体化；朗山村在党支部的支持下，以经济能人为主角、以土地流转为抓手、以贫困农户为从业主体，成立了朗山古民居生态专业合作社，在促进村集体经济发展的同时促进了贫困农户持续增收。

**（二）党组织“嵌入式”模式**

1. 实施“五亮、五提、五强化”

为推进“两学一做”学习教育常态化，发挥基层党组织在农村治理尤其是反贫困治理中的作用，莲花镇党委在全镇行政村支部，以及自然屯、专业合作社、专业协会党小组中推行了“五亮、五提、五强化”，即亮出党员模样，提升党员素养，强化党员形象。具体讲就是：其一，在脱贫攻坚一线“亮身份”，即通过要求党员“戴党徽，亮身份，走在前，作表率”提升党员的在党意识，强化党员的组织归属；其二，在党员家门前“亮牌子”，即党组织为每户党员制作“党员设岗定责公示牌”，并悬挂在其家门前，以提升党员的为党意识，强化党员的先锋引领作用；其三，在村委楼前“亮风采”，即通过制作党员风采展示墙，提升党员的风范意识，强化党员的荣辱观念；其四，在为民服务中“亮承诺”，即要求党员同志根据实际情况，结合自身实际，在反贫困治理中守住初心，在为民服务、解决难题上做出承诺，提升党员的责任意识，强化党员的使命和担当；其五，面向社会“亮业绩”，即通过对党员实行积分管理、民主评议、群众评议等，将党员的“业绩”在党务公开栏公布，提升党员的“有为”意识，强化党员的形象塑造。通过将“五亮、五提、五强化”嵌入反贫困治理，将党员嵌入脱贫攻坚、为民服务，充分发挥基层党组织的战斗堡垒作用及党员的先锋模范作用。

2. 推进基层组织的规范化、标准化建设

近年来，恭城瑶族自治县提出了“一带、两基、三化”的基层党建工作思路。“一带”指的是努力打造一支素质优良、清正廉洁、群众认可的村级党组织带头人队伍，“两基”指的是突出抓好基层党组织领导班子建设、基层自治组织建设，“三化”指的是着力推进组织实体化、农村社区化、党建信息化建设。推行“一带、两基、三化”旨在为推进农村基层治理尤其是反贫困治理提供组织支撑和人才保障。莲花镇党委以“一带、两基、三化”为契机，积极推进基层党组织、村“两委”班子，以及活动场所标准化、规范化即“两化”建设。其一，针对村级组织反贫困治理办法不多、执行力不足、发展不平衡等问题，通过“抓两头，促中间”推进星级基层党组织建设。经过“一村一策”“专员专管”后，门等村支部、竹山村支部创建为五星级组织，枧头村支部、莲花镇支部创建为四星级组织，笔山村支部、凤岩村支部、黄泥岗村支部、朗山村支部创建为三星级组织。其二，针对反贫困治理带动力不强、后劲不足等问题，按照“把党员培养成致富带头人，把致富带头人培养成党员，党员带领群众共同发展，党组织带领致富带头人不断进步”的思路，推进农村脱贫一线核心力量建设，促进基层党建工作与脱贫攻坚工作深度融合。

# 第十章　协同治理范式下反贫困治理推进体系构建

党的十九届四中全会聚焦“坚持和完善中国特色社会主义制度，推进国家治理体系和治理能力现代化”，并对此做出了重大的战略部署。反贫困治理现代化作为国家治理现代化的重要组成部分，国家治理现代化为反贫困治理现代化提供了方向和依据，反贫困治理现代化为国家治理现代化减轻了负担和压力。构建协同治理范式下反贫困治理推进体系，旨在完善反贫困治理体系、提升反贫困治理能力及推进反贫困治理现代化，进而助推国家治理现代化。推进新时代反贫困治理，应不局限于暂时性摆脱物质上的贫困、实现整体性脱贫。进入后脱贫时代，应协同推进国家治理现代化与反贫困治理现代化，着眼于构建系统完备、科学而规范、运行有效的反贫困治理体系，着力推进反贫困治理和治理能力现代化所需的运作体系、支撑体系、目标体系等的构建。

# 第一节　反贫困治理运作体系的构建

反贫困治理指在贫困领域的治理场域的构建、运作体系的形成、自我主体的生成。到2020年确保全部脱贫摘帽，只是实现在现行标准下农村贫困人口全部脱贫、贫困县全部摘帽，解决区域性整体贫困问题，并不意味着农村贫困问题的终结，更需构建持续脱贫、防止返贫的长效机制。据此，推进2020年后的反贫困治理，要融合城乡发展要素，站在城乡深度融合发展的高度，着眼于新时代反贫困治理运作体系的构建，将农村反贫困治理嵌入城乡治理。

## 一、立论：强化规划设计引领

反贫困治理规划设计是聚焦反贫困治理问题、优化反贫困治理策略的核心机制。推进反贫困治理需要建构扶贫开发理论与实践的立论条件。农村反贫困治理本质上就是通过规划一系列彼此联系、相互促进的政策网络实现的，要启用科学、有效的实施方案，因地制宜、因村施策地推进反贫困治理的变革。协同构建反贫困治理规划，旨在提升反贫困治理的协同力、规划力，激发扶贫行动的创新力、引领力，锻造治贫过程的组织力、向心力。

### （一）要吃透上级精神，强化引领带动

要根据党中央及上级部门反贫困治理的策略、扶贫开发的政策精神，

结合地方实际，把握治贫规律，编制农村贫困地区减贫益贫计划、脱贫致富规划。进入2020年后，要着眼于后脱贫时代反贫困治理规划设计。一方面要注重关键政策的引领和带动。强调关键政策的引领和带动，是基于“矛盾论”视角，体现“重点论”思想。推进后脱贫时代反贫困治理要正确理解并创造性地执行上级的政策，善于抓住事物发展的主要矛盾和矛盾的主要方面，以带动次要矛盾和矛盾的次要方面的问题的解决。当前，贫困地区面临着农村基础治理、乡村振兴战略等各项政策机遇的叠加，面对各项政策机遇的叠加，更需强化关键政策的引领和带动，狠抓关键政策的落实与推行，使相关政策生效。另一方面要对接重大战略的借力推行。依附理论认为，依附是一种天生的基本动机，推进事物的发展离不开一定的依附条件。但是，依附不等于依赖，依附始终要以独立自主为前提，以外部嵌入为条件，以治理变革为目标，促进自我形塑、协同发展。进入后脱贫时代，要强化有效的依附，避免无效的依附，要破除不合时宜的思想观念，摆脱思维和视野的贫困，要积极融入市场经济发展的大环境，改变单一性、弱质性的经济运行结构，以及封闭性、僵化型的空间治理结构，积极培育反贫困治理经济增长点，找准反贫困治理发力点，打牢脱贫致富战略支点。

**（二）要立足地方实际，科学规划实施**

推进后脱贫时代反贫困治理要科学地定位并规划，着眼于可持续发展，要以贫困地区、贫困人群的可持续生计为基本价值依据，以构建后脱贫时代常态化反贫困治理体系为目标，持续消除“客体性贫困”及“主体性贫困”。要强化制度供给，推进反贫困治理标准化建设，把贫困地区、贫困人群的可持续发展能力建设纳入常态化考核评估范畴，促进收入增加与能力增长同步；要强化赋权和增能，推进反贫困治理主体性建设，切实将贫困人群纳入反贫困治理主体范畴，最大限度地激发贫困农户的主体性，最大程度地促进他们的多元、有序参与。要合理规划反贫困治理程序，注重前期调研分析，着眼于规划方案编制、构建方案执行体系、强化执行方案评估、推进相关动态管理等。

**（三）要明确规划责任，强化方案权威**

反贫困治理规划是基于城乡深度融合发展的规划，既要突出因人、因地、因时制宜的规划效用，更要凸显科学、精细、精心的规划管理。一方面要构建责任体系，明晰责任主体，推进责任分解和落实，促进各级责任主体在实干中体现、在担当中作为。既要明确各级党政主体在反贫困治理中的责任，也要夯实社会治理主体在社会化治贫中的责任，还要落实贫困农户的自主脱贫责任。推进“政府 — 扶贫干部”的“单一责任制”模式向“政府 — 扶贫干部 — 贫困户”的“三向责任制”模式发展。要构建过程体系，明晰反贫困治理的过程，提高规划方案的透明度，消除扶贫工作的神秘感。既要让群众知晓“是什么”，又要让干部认知“做什么”，还要让社会感知“为什么”，通过分别让群众、干部及社会知晓、认知与感知，汇聚共识、形成合力。另一方面要确保反贫困治理规划相对稳定，确保反贫困治理规划的延续性和稳定性是有序推进反贫困治理的前提条件。“脱贫摘帽”并非单纯指在一定时期内使贫困发生率下降、贫困人群数量减少，更要确保贫困群体在后脱贫时代能持续、均衡地发展。据此，要着眼于实现短期反贫困治理目标与可持续脱贫、可持续发展的有效衔接，保障反贫困治理供给的均衡性及可持续性。比如，在脱贫攻坚期间，保持党政正职的稳定就是我国权威供给在扶贫领域的有效彰显，从而为农村反贫困治理确立“定盘星”、树立“主心骨”，以强化“攻坚心”。保持乡镇党政正职相对稳定，可以使“不脱贫不换人，不摘帽不调动，不见效不器用”这一准则更具权威性；保持结对帮扶干部相对稳定，可以使“不获全胜，决不收兵”的底气更足。

### （四）强化民主供给，促进多方协同

习近平总书记指出，扶贫开发“要更多面向特定人口、具体人口，实现精准脱贫，防止平均数掩盖大多数”，指出了在反贫困治理领域推进民主治理的重要性。一要强化民主力量生成，推进民主制度供给。在反贫困治理的整个规划和设计过程中，要开门搞决策，进一步规范程序民主，夯实实体民主，引导公众参与，运用专家评估，开展社会听证，避免长官意志。要践行协商民主，对于贫困对象的界定、扶贫标准的设定、扶贫方式的推行、扶贫考核等，则“众人的事情”必须由“众人商量”，避免规划方案形式化、数据化、主观化。同时，要强化政府、市场、社会、媒体的互动与建构，汇聚推进力量，强化第三方评估，做好方案终结。二要强化反贫困治理相关政策的协调。制定反贫困治理的规划方案，要搞好协调配套与系统集成，做到“上下同步、左右看齐、无缝衔接、适时变通”。要统筹资金配套政策，发挥财政转移支付资金在反贫困治理中的作用，统筹协调反贫困治理相关政策的推进。要聚焦关键点，强化协作性，促进反贫困治理政策向贫困地区、特困农户及带动力大的农业龙头企业倾斜。要充分考虑地方配套能力，分类实施资金配套政策，不搞“一刀切”。要加强相关政策的引领，遵循市场化原则，促进金融扶贫准入。要做好乡村项目落地的土地、人才等相关政策的协调，促进一定规模的投资项目或骨干技术项目在有条件的贫困地区落地，对带动性强、反贫困治理效果好的治贫项目给予大力支撑。

## 二、同构：协同构建组织结构

组织理论学派认为，任何公共治理都需要通过一定的组织加以实施，没有一定的组织架构及组织原则作为保证，任何治理目标都只能纸上谈

兵。据此，推进任何形式的公共治理，都要着力构建实现治理目标的主客观条件，在主观上强化价值认同，在客观上拥有足够的资源支撑及动能支持。推进后脱贫时代反贫困治理需建立、健全层级分明、权责明确的组织领导体制，科学设置组织机构，强化职能分工，明确岗位职责，为反贫困治理运作体系的构建提供强有力的组织保证和人才支撑。

### （一）合理设置组织机构

在推进制度变迁及组织变革的过程中，要立足规范，遵循原则，讲究规则，建构秩序，促进制度供给与秩序供给统一。进入后脱贫时代，首先，要进一步厘清反贫困治理组织机构的权责关系、行政隶属关系、机构性质及职能定位。建议对交叉而重复、长期未发挥作用且没有成立的必要，以及有岗无为的反贫困治理机构予以取消；对组织指挥中存在“小马拉大车”等问题的，要合理调高反贫困治理组织机构的行政级别，赋予其规划、组织、协调等反贫困治理职能。要优化反贫困治理的力量，有条件的地方可以考虑将反贫困治理组织的设置延伸到乡镇一级，加快解决基层反贫困治理专业化不足、专职化程度偏低等问题。其次，要着力解决组织机构雷同而交叉、职责同构等问题。十九届四中全会明确指出要“推进机构、职能、权限、程序、责任法定化，使政府机构设置更加科学、职能更加优化、权责更加协同”。这意味着推进后脱贫时代反贫困治理要遵照“一类事项原则上由一个部门统筹，一件事情原则上由一个部门负责”的办法，防止政出多门、政策效果抵消等问题，避免“领导小组徒挂”等现象。最后，要着力构建系统完备、科学、规范，运行高效的反贫困治理体系。治理组织的高效运作，往往以一体化组织架构、共识性目标愿景、统一性考评效用为前提。进入后脱贫时代，需着力构建组织结构与组织战略相匹配、组织能力与组织意愿相统一的反贫困治理体系。

### （二）交互同构协作关系

反贫困治理是一项系统的工程，不论是治理规划的组织实施，还是治理行动的组织安排，都涉及多元治理主体、多样治理环境、多方治理策略的协调。推进后脱贫时代反贫困治理需致力于推进多元公共治理的交互同构。一要强化与金融机构的交互同构。引导金融资本投向贫困区域，惠及更多的贫困农户，在反贫困治理中实现互利共赢是金融扶贫的内在要义。充分发挥金融机构及金融资本在反贫困治理中的作用，需创造条件与诸多金融机构尤其是惠农金融机构交互协同。在思想认识上，要摒弃“嫌贫爱富”的思想观念，面向特定区域、特殊人群、贫困片区、弱势群体大力发展普惠金融及特惠金融；在融资方略上，要均衡“利益”与“责任”的关系，遵循市场规律，积极推行“金融+”等反贫困治理模式，避免行政化倾向；在政策导向上，要全方位、宽领域、多层面地激活金融扶贫资源；在信用体系构建上，需着力构建金融治贫诚信体系，加强教育引导，规范社会行为。二要促进涉农部门的交互协同。对于涉农部门的项目经费划拨，既要看是否符合涉农职能部门的编制规划，更要看是否有助于反贫困治理，在源头上避免涉农财政资金的分散使用、涉农政策的分割执行；组织在选派扶贫干部上，要变“摊派式”选派为“直挑式”挑选，努力提高反贫困治理专职化程度及专业化水平。三要促成地域的交互协同。进入后脱贫时代，需进一步打破行政壁垒，尤其是在集中连片地区，更要强化交互协同治理，通过建立、健全毗邻区域的协调机制、对话协商机制及公共服务一体化体制，推进社会力量及市场主体参与反贫困治理。

### （三）积极培育反贫困治理专业化、专职化人才

推进反贫困治理，既要在政治上专一，也要钻研业务，更要精神专注，不局限于“专工”，要着眼于“专业”，不停留于“做事”，要聚焦“作为”。据此，进入后脱贫时代，需持续推进反贫困治理干部队伍建设，着

眼于精专型人才的培养，提升干部的专业精神、斗争精神、专业能力、斗争能力，开展专业化帮扶，避免路径依赖、经验依赖。要强化反贫困治理的思想价值引领，使党员干部在参与反贫困治理的过程中提升自我修为，强化自我认知，让“不获全胜，决不收兵”成为扶贫干部的信条。要着眼于反贫困治理岗位人员素养的提升，还要加强反贫困治理作风建设，坚持问题导向，逐级传导压力，聚焦关键环节，做到律己树人、防微杜渐，同时要落实主体责任，强化执纪监督，让明查暗访成为常态，以督查通报促进作风转变。

## 三、序化：有序推进过程管理

推进治理结构序化或有序推进过程管理是反贫困治理的重要工作。推进后脱贫时代反贫困治理要着眼于治理结构序化，促进宏观整体设计、中观推动执行、微观联合行动的系统化运行，要强化过程管理，在推进现代化治理转型中提升反贫困治理运作力，全面构建反贫困治理的内核动力场。

### （一）推进反贫困治理的组织功能再造

习近平总书记指出，“切实强化社会合力。扶贫开发是全党、全社会的共同责任，要动员和凝聚全社会力量广泛参与。要坚持专项扶贫、行业扶贫、社会扶贫等多方力量、多种举措有机结合和互为支撑的‘三位一体’大扶贫格局”[①]。这意味着，推进后脱贫时代反贫困治理，要以组织系统为重点，着眼于锻造强大的组织力，强化攻坚力，提升整合力，涵养战斗力。一要推进反贫困治理组织能力建设。反贫困治理离不开强有力的组

① 中共中央党史和文献研究院.习近平扶贫论述摘编[M].北京：中央文献出版社，2018：99.

织力建设，需要推进组织架构、组织文化、组织机制的生成，组织动员能力往往决定着反贫困治理的凝聚力、向心力、攻坚力。一方面要通过建立责任清单强化主体责任，推进精细化管理、目标管理，做到组织有力、攻坚给力、守土有责、尽职尽责。另一方面，要通过开展合作型反贫困治理，将组织优势转化为反贫困治理优势，做到组织化建设与反贫困治理目标融合、责任融合、项目融合、机制融合。同时要聚焦反贫困治理中的各种“痛点”，着力建构反贫困治理秩序，让农村反贫困治理治在“点”上、落到“实”处。二要推进反贫困治理整合能力建设。进入后脱贫时代，一方面需拓展反贫困治理主体，促进反贫困治理各类要素资源的集聚。要着眼于反贫困治理诱发机制的建设，依托社会组织、市场主体、科研院所及各大院校的信息和专业技术优势，推进智慧治贫；建立官方或半官方、社会组织参与反贫困治理的法人治理结构，变“单兵作战”为“多边参与”。

**（二）强化反贫困治理过程的协调与监控**

反贫困治理是在反贫困领域的公共治理，需要促进多方参与、整合多方资源、协调多方力量、强化多方监控，反贫困治理的行动力在很大程度上取决于推进部门的综合协调力与监控程度。在当今时代的反贫困治理领域，在由“管理”到“治理”，再到“善治”，由“划桨”到“掌舵”，再到“服务”的治理变迁中，政府必将完成由积极的参与者到理性的协调者和智慧的引导者的角色转变。进入后脱贫时代，更需强化部门协同与社会协作，需建立、健全反贫困治理部门统筹协调机制，建立反贫困治理联席会议制度，赋予反贫困治理执行部门相应的处置权或处置建议权，需协调落实税收减免、就业带动等反贫困治理相关政策，协调推进社会力量的参与，协调官方或半官方的反贫困治理合作组织、专业协会建设，协调搭建反贫困治理信息服务平台，产、学、研合作平台，等等。要加强对反贫困治理的监控与管理，确保监控渠道畅通，做好监控规范，加强动态监控，充分发挥各类监控主体的独立性和专业性优势，形成全方位、立体化的监控体系。

## （三）推进反贫困治理的价值文化建设

进入后脱贫时代，需加快促进贫困地区民主、法治、公平、正义、合作共治、富美、安乐等现代反贫困治理核心价值理念的形成。一要植入求实文化。“天下大事必作于细，古今事业必成于实”“道虽迩，不行不至；事虽小，不为不成”等名言警句，以及习近平总书记“空谈误国，实干兴邦”等重要阐述，讲的就是求实文化和务实精神。推进后脱贫时代反贫困治理需强化新时代思想的价值引领，使公平、正义、民惟邦本、法德并举等价值理念成为反贫困治理的“硬支撑”。二要挖掘乡贤文化。乡贤文化是中国传统文化的重要构成，乡贤是乡贤文化的构成因素。推进后脱贫时代反贫困治理要立足乡贤文化，培养“新乡贤”，要发挥民治、自治作用，使新时代乡贤文化成为反贫困治理的“硬支撑”，使“新乡贤”成为脱贫致富奔小康的“硬脊梁”。三要积极培育礼乐文化。我国的礼乐文化源远流长、意蕴深远。在反贫困治理中重塑礼乐文化，其根本要义在于增进对“仁”与“义”的自觉，使人修养身心、体悟天道、谦和有礼、威仪有序，引领反贫困治理新时尚。新时期反贫困治理将礼乐文化崇尚仁爱、将“小爱”变“大爱”、“天道无亲，常与善人”、“泛爱众，而亲仁”等核心思想作为价值追求；讲究和合，提倡主敬，以“礼”构建反贫困治理的社会秩序空间，以“乐”育化人的内在情怀，使治心、治事、治人统一。

## 第二节　反贫困治理支撑体系的构建

反贫困治理体现着多因素、多层次、多视角治理的运作逻辑，以及政治的、经济的、社会的、自然的、历史的等多维贫困的复杂性，因而，构建反贫困治理多维支撑体系具有必要性。构建反贫困治理支撑体系要以资源的协同供给为基础，以环境的协同塑造为保障，以反贫困治理对象主体能力的协同培育为条件。推进后脱贫时代反贫困治理需着力构建资源性、政策性、生态性、人文性等支撑体系，努力提高反贫困治理中资源、环境、人力等的供给水平。

### 一、反贫困治理资源的供给

反贫困治理资源的供给既包括政治方面的权威资源供给、政策资源供给、战略资源供给，也包括经济方面的财政资源供给、产业资本供给，既需要社会方面的信息资源供给、资本供给，也需要自然、人文方面的生态资源供给、民间资本供给，等等。协同提高反贫困治理的资源供给水平是加快实现贫困地区由“脱贫”向“致富”飞跃的基本要素。

#### （一）推进权威资源的有序供给

历史和现实一再证明，在所有的资源供给中，权威资源供给是本质性因素。如果没有权威资源的有效供给，供给体系或许难以维系；如果没有足够的权威资源供给，治理体系或许难以有效运转。经济、社会的发展必须伴随着政治的发展，社会治理需要权威建构，反贫困治理也不例外。据此，我们认为，党政权威资源的有序增进是有效推进反贫困治理的关键，治贫主体和目标群体对权威资源的高度认同是高效推进反贫困治理的重要条件。进入后脱贫时代，在反贫困治理中推进制度供给与秩序供给，需着眼于反贫困治理的权威建构，持续增进权威资源供给。一方面要提升反贫困治理的公信力。反贫困治理的公信力是政府公信力的重要构成，公信力与权威性始终连在一起。根据马克思主义观点，权威应是“民心所向的力量”；国内学者俞可平先生则从政治学的角度，认为“权威是一种使对象因信服而顺从的影响力”[①]。从中我们不难看出，权威资源存在于社会公众对权威建构的内心拥护和真诚信仰。据此，推进后脱贫时代反贫困治理，必须不做虚功、不玩虚招、不兴伪事、不慕华名，要一步一个脚印，以实际成效取信于民，提升反贫困治理的公信力，严防堕入“塔西佗陷阱”，杜绝“基础秩序焦虑”等现象。另一方面要推进反贫困治理供给改革，坚持把提高反贫困治理供给体系的质量作为主攻方向，在政策供给、要素供给、服务供给、产品供给等基础性供给上确保质量、强化效用。

**（二）推进信息资源的有效供给**

信息是反贫困治理的重要依据，反贫困治理的信息资源供给水平反映反贫困治理的水平。推进后脱贫时代反贫困治理需强化信息资源供给，构建信息化服务平台，有效借助信息技术手段，加快实现由“扶贫信息”公开向“信息扶贫”转型。一方面要确保反贫困治理信息公开渠道的畅通，促进治贫信息公开，提高信息资源供给水平。对于反贫困治理的有关政策、发展规划愿景、融资渠道平台、治贫方案及方略、预期效果、评估验收、责任部门及责任人等信息，要及时向社会公开，向目标群体及利益相

① 俞可平.权力与权威：新的解释[J].中国人民大学学报，2016（3）：40–49.

关者公开。另一方面要明确反贫困治理信息公开事项，对于目标群体确认、致贫原因、路径设计、贫困人口的“准入与退出”、贫困区域的“去与留”等，要让社会全面知晓。

**（三）盘活社会资源的有力供给**

进入后脱贫时代，社会力量始终作为反贫困治理的重要主体，需要有效整合社会力量，盘活社会资源，着力解决资金分散、政策分散、项目分散等“碎片化”问题。

**（四）提高财政资源的供给水平**

推进后脱贫时代反贫困治理需建立、健全科学的财政治贫体系、绩效考评体系，着眼于财政政策的有效供给，要规范财政扶贫资金的使用，优化收支结构，增强财政资源供给的实力，要依托独特的资源和地域优势，变“穷山恶水”为“金山银水”，培植特色产业，要善于立足资源优势，发挥比较优势，找准发展定位，发展优势产业，通过壮大县域经济提升核心竞争力，在增进反贫困治理资金供给中实现增量治贫、提质增效，还要提高财政投融资水平，尝试将股权、资本、基金等融入反贫困治理领域，通过有效的财政资源供给撬动金融资本及社会资源进入反贫困治理领域、向贫困地区集聚。

## 二、反贫困治理环境的塑造

反贫困治理总是在一定的环境及条件下开展的，同时也离不开一定的环境及条件的影响和制约。反贫困治理所涉及的环境既包括自然环境、人文环境，也包括社会环境、经济环境、政治环境。任何反贫困治理都是治理主体、治理客体、治理环境、治理技术相互作用的结果。推进后脱贫时代反贫困治理，既要有适应环境的能力，也要有塑造环境的能力，协同推进反贫困治理环境的塑造旨在促进环境塑造力的提升。

### （一）要善于塑造良好的政治生态环境

反贫困治理离不开良好的政治资源、政治生态环境及政策环境的支撑，要坚持正确的政策导向，强化政治责任，塑造良好的政策环境及政治生态环境。一要构建反贫困治理的政治及政策支撑体系。公共政策执行互适模型（mutual adaptation model）认为政策主体间、政策主客体间因存在立场、需求和观念的差异，需要彼此通过双向信息交流、相互调适的方式达成共识。在推进反贫困治理的过程中，要着眼于调适政策推行的支撑体系，解决“政策悬浮”问题。同时，反贫困治理政策体现的是在反贫困治理领域对社会价值进行权威性分配，必须坚持公平、正义、公开、公正的价值追求，促进民主参与，形成政策共识，维护政策稳定，确保反贫困治理政策推行的权威性。二要推进反贫困治理的政治生态治理。要着力解决反贫困治理领域存在的作风问题，坚持问题导向，聚焦重点，突破难点，压住痛点，狠抓主体责任，开展专项整治，形成强大震慑。探索推行“台账式监管”，确保反贫困治理资金被用在刀刃上。要拓宽信息来源及问题线索渠道，开展全域审计与巡视，推进清单治理。

### （二）要塑造良好的市场经济环境

反贫困治理受经济发展环境的制约和影响，推进反贫困治理需着眼于塑造良好的经济发展环境。进入后脱贫时代，在贫困地区，要着力塑造良好的市场化运作环境。市场化扶贫是反贫困治理的重要构成，要充分发挥市场主体在反贫困治理中的作用，积极引入市场机制，培育市场主体，尤其要培育有利于市场经济发展的制度环境，营造市场氛围，积极探索“市场化+”的反贫困治理模式，在反贫困治理领域积极推进“放管服”改革。同时，在市场经济条件下，不能把贫困农户排除在市场主体之外，要善于引导贫困农户融入市场，增强其市场意识，提高市场化运作能力；在培育新型农民的过程中将贫困农户引向市场，通过市场彰显奋斗的力量、实现劳动创造的价值。

### （三）要塑造良好的社会文化环境

社会生态学理论认为，社会是一个生态系统，社会生态环境中的价值理念、思想观念、社会政治结构、经济体制等各层次要素对社会主体的社会化具有最直接、最深远的影响。反贫困治理体现为在一定的社会生态环境中的公共治理，塑造良好的社会生态环境能够为反贫困治理提供外部协作条件及动力支撑。一要营造良好的反贫困治理舆论氛围。人心是最大的政治，舆论是强有力的武器。推进后脱贫时代反贫困治理要始终坚持正确的舆论导向，增强舆论引导力，汇聚脱贫攻坚力。毛泽东同志曾经指出："善于把党的政策变为群众的行动，善于使我们的每一个运动、每一个斗争，不但领导干部懂得，而且广大的群众都能懂得、都能掌握，这是一项马克思列宁主义的领导艺术。"[①] 据此，推进反贫困治理需要强化舆论宣传，把反贫困治理行动内化为广大干部和群众的自觉行动。要注重社会宣传，善于发动群众，依靠群众力量，突出地域特色，组织群众结合反贫困治理开展农村文艺活动的自编与自演；要发挥组织的优势，充分挖掘并打造先进典型。二要着眼于"村社营造"，激发内生动力。"村社营造"既是反贫困治理的地域性概念，也是脱贫攻坚的系统工程，集"造人""造文""造景""造产"为一体，旨在强化"生命共同体"意识，促进"新生活风尚"运动的形成。推进新时代反贫困治理，既要强化产业支撑、造就村社"新民"，又要推进人文化成，注重环境育人。三要塑造文化环境，强化精神脱贫。反贫困治理有赖于文化力量的供给及文化环境的改造，良好的乡村文化环境能够为反贫困治理提供持久性力量。要充分发挥"乡

① 毛泽东.毛泽东选集（第4卷）[M].北京：人民出版社，1991：1319-1320.

贤”、“寨老”、文化能人等在乡村治理中的作用，强化自治、礼治的功能，破除陈规陋习，培育良好的民风、习俗；要依托新时代讲习所、新时代文明实践中心等实践平台，健全乡村文化，重塑文明新风；要夯实文化扶贫基础，改造贫困亚文化。著名经济学家威廉·阿瑟·刘易斯指出：“贫困是一种生活方式，贫困文化一旦形成，必然倾向于永存，贫困的生活状态会在代际或周边关系中自然传递。”① 据此，推进后脱贫时代反贫困治理要将改造贫困亚文化摆在重要的议程。

## 三、反贫困治理对象的培育

反贫困治理离不开目标群体的配合参与，离不开反贫困治理对象主体性条件建构、公共精神培育、可行能力建设等主体能力的生成。

### （一）强化对反贫困治理对象公共精神的培育

公共治理存在于公共领域，公共领域治理孕育公民的公共精神。反贫困治理是公共治理的重要构成，需要对公民进行公共意识、社会责任、民主秩序等主体性条件建构的价值认定。推进后脱贫时代反贫困治理需深入探究乡村公共精神的培育路径，重构乡村公共精神，解决精神贫困问题。一方面要用好新时代乡村讲习所，把村民组织起来，使他们的思想和力量凝聚起来，转播好声音，壮大正能量。围绕反贫困治理、乡村振兴、乡风文明等推进讲习队伍的多样化、讲习活动的常态化、讲习工作的制度化、讲习阵地的便民化建设。通过“讲”上级精神、乡村治理、致富技能、社会风尚，“习”感恩与奋进、突破与推进、发展本领、文明新风等，汇聚农村反贫困治理的强大力量。另一方面要不断建构反贫困治理对象的主体

① 赵迎芳.当代中国文化扶贫存在的问题与对策[J].理论学刊，2017（5）：113-120.

性条件。人的主体性条件是人的内在规定性存在，需要在参与变革社会的实践中被不断强化，从而达到提升自己、改造社会的目的。参与反贫困治理既体现为变革社会的实践，也体现为变革自我的过程。据此，在反贫困治理中推进主体性条件的建构及主体性作用的发挥要着眼于改善贫困地区价值观念的生成环境，培育贫困人群的独立人格、主体意识和主体性文化，要在引导其参与变革的过程中强化其主体性。进入后脱贫时代，教育治贫始终是反贫困治理的关键，需推进公民教育持续化、常态化发展，通过推进公民公共精神培育，建构主体性条件，切实解决反贫困治理对象长期存在的“愚、穷、弱、私”等问题。

### （二）推进反贫困治理对象参与能力建设

反贫困治理所表现的并非单一的主体治理，而是多元主体并存的治理，要求各治理主体有序参与、相互配合、精诚协作。进入后脱贫时代，推进反贫困治理需要最大程度地推动有序参与、强化有效集成，最大层面地赋予反贫困治理对象权能表达空间及发展平台。一方面要推进“乡贤”回归，打造乡村振兴生力军。针对农村青壮年的“弃农”思想、劳动力流失等问题，迫切需要强化乡村治理制度性供给，推进体制、机制创新，引导青壮年居家创业及“乡贤”回归，培养乡村治理“领头雁”人才，培育新型职业农民，推进生产规模化、农业标准化、农民组织化。另一方面要强化“志智双扶”。古人云：“志不强者智不达”，指出了“志气”与“智慧”的辩证关系、“人穷”与“志短”的内在联系，只要有志气，智慧就会被不断激发。推进后脱贫时代反贫困治理应逐渐由“治事”转向“治人”，根本在于根除“人穷志短”等顽症、解决“置身事外”等问题、促进“人化”与“化人”的统一。

### （三）增强反贫困治理对象的内生动能

贫困，从本质上讲集中体现为人的内生动能不足。增强反贫困治理对象的内生动能，需要打开反贫困治理对象的权能空间，赋予其发展的选择，通过制度化手段、法治化途径、务实化举措、政策性导向赋予反贫困治理对象各项平等权利，激发其主体性，强化其能动性。无论时代发生多大的变化，无论生活格局发生多大的变化，都始终要确保贫困人群拥有维护自我发展的能力，拥有促进自我发展的交易权和支配权。习近平总书记指出："幸福不会从天降，好日子是干出来的。脱贫致富终究要靠贫困群众用自己的辛勤劳动来实现。"① 推进后脱贫时代反贫困治理，首先，要积极培育具有强烈的市场意识的新型职业农民，增进反贫困治理对象善于发现市场、运用市场思维、创造市场机会的能力。其次，要提高反贫困治理对象的实践能力，着眼于构建功能互补、协同协作的能力支撑体系，提高贫困人群的抗风险能力及民主治理水平。最后，要树立先进典型，强化榜样力量的示范和带动作用，通过培养造就一批"新乡绅"，强化"能人治村"，让"相对贫困"及"转型性贫困"人群实现由"脱贫"向"致富"飞跃，做有指引，学有榜样，赶有目标，干有方向。

① 中共中央党史和文献研究院.十八大以来重要文献选编（下）[M].北京：中央文献出版社，2018：50.

# 第三节　反贫困治理目标体系的构建

反贫困治理体现为治理过程与治理结果的统一、治理目的与治理目标的统一。进入后脱贫时代，反贫困治理目标体系更需被重塑并优化，需在内容维度、治理维度及效能维度上保障供给、持续发力。目标定位具体体现为三个层面：一是确标，即反贫困治理目标、方向及标准的确立；二是寻标，即反贫困治理对象、方略及策略的寻找；三是兑标，即反贫困治理目标的兑现。重塑内容目标重在“确标”，重塑治理目标重在“寻标”，重塑效能目标重在“兑标”。构建反贫困治理目标体系，确标是前提、是基础，寻标是根本、是关键，兑标是核心、是要义。据此，要坚持需求导向，强化目标定位，丰富资源供给，回应群众需求，推进反贫困治理的持续化发展。后脱贫时代反贫困治理目标体系构建的三个维度如图所示：

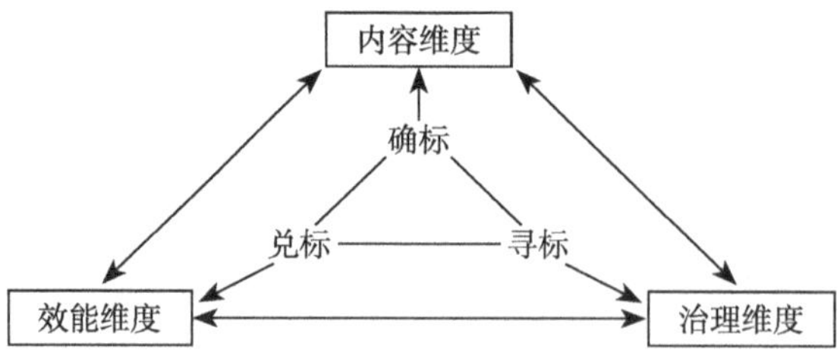

## 一、确标：重塑内容目标

“确标”是反贫困治理的首要环节，就是确立反贫困治理的目标方向、标准体系和精准策略，让反贫困治理的进行有动力和方向。进入后脱贫时代，“绝对贫困”基本被消除，“相对贫困”将在一定程度上长期存在，反贫困治理目标体系的构建会发生新的改变。重塑反贫困治理的内容目标将逐步由以经济发展为目标向以多重治理为目标转变，由收入支撑的脱贫攻坚目标向非收入支撑的反贫困治理目标转变，由消除物质性、区域性、群体性等的直观性贫困向消除制度性、文化性、精神性等的更深层次性的贫困转变。在拓展外延、提升内涵中将社会治理体系、权能提升体系、社会保障体系、乡村公共服务体系、可持续发展体系等纳入反贫困治理目标体系范畴。

### （一）反贫困治理多维目标体系的确立

推进后脱贫时代反贫困治理应顺应时代潮流，适应我国社会主要矛盾的变化，始终坚持以人民为中心，紧紧依靠人民、为了人民，全力构建以人的全面发展为导向、与乡村振兴全面对接的反贫困治理目标体系。构建这一目标体系，不仅要消除贫困人群的物质贫困、权利贫困、能力贫困及动机贫困，还要着眼于消除反贫困治理对象在思想观念、文化修养、教育状况、精神与志气、可行能力等方面的贫困状态，推进反贫困治理全面、协调、可持续地开展。据此，确立反贫困治理多维目标体系，既要发展收入性目标体系，也要发展非收入性目标体系。从收入性发展目标体系视角，已不局限于“两不愁、三保障”，即收入、教育、健康、住房这四个维度的硬性指标安排，而着眼于高质量的经济、社会发展的目标追求；从非收入性发展目标体系视角，需着眼于涵盖贫困人群的思想观念、价值理念、道德修养、文化素养、受教育权利、心理素质、精神面貌、自我发展、自我形塑等要素的目标体系构建；从反贫困场域目标构建视角，需充分体现“公资源”的有效供给、“私资源”的充分调动、“共资源”的积极培育、组织力的要素构成及基层治理的有效彰显。

### （二）反贫困治理目标责任制的确立

根据“委托 — 代理”理论，由于委托人与代理人存在非对称的信息博弈，二者在效用目标上存在差异。推进反贫困治理要坚持以目标为导向，强化目标管理，确立目标责任，推进目标制度体系的构建，以“约束反贫困治理主体在反贫困治理场域的行动边界”[①]。据此，要建立反贫困治理目标监管体系、考核指标体系，分级、分类构建目标，分区、分片落实责任，强化综合考量，实行分门别类，开展分级评估，做好分类考核；要建立反贫困治理目标导向机制，通过推进反贫困治理标准化、制度化、法治化发展实现后脱贫时代反贫困治理体系和治理能力的现代化。同时，要强化运用实绩目标考核结果，发挥“指挥棒”的作用，明晰治理场域，强化治理职责，细化治理规则。推进反贫困治理绝非一朝一夕所为，绝非空喊口号即成，需要以求真的态度下踏实的功夫，使贫困地区、目标群体得到实实在在的改变。要坚持“凭实绩树形象、凭业绩用干部”的导向，着力解决考核内容不全、方式单一、效用不体现等问题。要立足长远、聚焦重点、着眼全面、务求实效，坚决制止“预考自考”“模拟演练”等虚假作风，严厉追责投机取巧、弄虚作假等浮夸行为。

## 二、寻标：重塑治理目标

“寻标”是实施反贫困治理需要把握的关键，就是要精准识别反贫困

① 刘建. 主体性视角下后脱贫时代的贫困治理[J]. 华南农业大学学报（社会科学版），2019（5）：17–25.

治理对象，找出最需要帮助的人群，科学设置推进方案，找准反贫困治理的症结及反贫困策略。进入后脱贫时代，反贫困治理并非一直作为集中性、突击性的目标和任务，而将转变为一项常规性、持续性、治理性的工作，反贫困治理的工作重心将由单一的“减贫”转向“防贫”（防止返贫）、由“脱贫”向“致富”迈进。据此，要聚焦目标对象，建立新的识别标准；要推进动态管理，建立稳定脱贫的长效机制，推进反贫困治理与基层社会治理等目标体系深度融合。

**（一）建立新标准，开展目标人群识别**

反贫困治理具有动态性和发展性。进入后脱贫时代，贫困的定义将由“收入型贫困”转为“发展性贫困”和“权能型贫困”。后脱贫时代的反贫困治理，要以贫困人群的治理需求为导向，积极回应反贫困治理对象的正当性、合理性需求。特别需要关注三类人群：一类是目前依靠援助暂时摆脱了贫困，但因可行能力严重不足，依靠自身力量根本不可能持续脱贫的“能力匮乏型人群”；一类是因供子女上学、生病、灾难、疫情、农业经营不善而一度致贫的“暂时贫困人群”；一类是在精准识别摸底评分中临近贫困线却未被纳入扶贫范畴的“可能贫困人群”。当前，需要加快建立长效脱贫机制，巩固反贫困治理成果，加大人文关怀，重点关注脱贫质量不高的贫困户、患病户、无劳动力户，确保这三类人群脱贫不返贫，遇病、遇灾不返贫。对于“能力匮乏型人群”，要健全社会保障，强化对接机制，引导劳动力就业，着眼于就地安置；对于“暂时贫困人群”，要建立、健全社会扶贫联动机制，加大“能力扶贫”力度，通过构建多元支撑体系，让暂时处于贫困状态的人群摆脱贫困；对于“可能贫困人群”，要着眼于柔性扶贫，强化动态管理及制度供给。目前，在我国还存在相当一部分仍然徘徊在贫困线上，脱贫质量却不高的“可能贫困人群”，需对“可能贫困人群”再次进行精准识别，赋予权能，精准发力。

### （二）突出标准化，建立反贫困治理长效机制

标准化建设既是推进现代反贫困治理的重要机制，也是提升反贫困治理效能的内在要求。后脱贫时代反贫困治理应重在标准化治理。2018年5月，由国家标准委、国务院扶贫办、国家认监委联合印发的《关于开展标准化工作助推精准扶贫的指导意见》指出，要“推动建立多元化精准扶贫标准体系”，从而为加快推进标准化反贫困治理指明了方向。当前，要加快推进各地区、各部门、各领域、各行业、各层级关于反贫困治理的标准化研制，突出国家标准，立足行业标准，反映地方标准，构建科学化、制度化、法制化的后脱贫时代反贫困治理标准体系。一方面要建立、健全反贫困治理的法律、法规体系，在中央层面考虑出台《中国农村反贫困法》，以界定反贫困治理的目标、标准、原则，明确反贫困治理的责任、权利、机制，疏通反贫困治理的道路等；在地方省级层面要有针对性地出台有关反贫困治理的法律、法规，加快推进反贫困治理的法治化发展。另一方面要完善反贫困治理政策体系，着力改变“财政、政策运用有余，其他政策运用不足”的状况，综合发挥财政、金融、税收、土地、产业、人事、社会保障等政策在反贫困治理中的作用。

## 三、兑标：重塑效能目标

“兑标”是反贫困治理的核心要义，就是要向贫困地区、贫困群众、社会公众，向人民兑现反贫困治理的庄严承诺。反贫困治理效能是反贫困治理的目标指向及价值依归。推进反贫困治理旨在增进民生福祉、回应群众期盼、满足大众需求，让反贫困治理成果更多、更公平地惠及贫困地区和贫困人群，促使治理行动转化为治理效能。

### （一）能够积极回应社会大众的需求

治政之要在于安民，安民之道在于察其疾苦。群众的满意度是开展反贫困治理的硬性考核评估指标。推进后脱贫时代反贫困治理要始终坚持“以人民为中心”的治理导向，积极回应社会与公众的需求，着力提升群众尤其是贫困群众的满意度，让人民放心，让社会满意，让贫困群众拥有更多的获得感和幸福感。其一，体现人民中心论。推进新时代反贫困治理，要体现共治、共建、共享的工具理性和价值理性，强化“以人民为中心”的价值导向，坚持公平、正义、公开、公正、赋权、增能、共治、共享原则，做到“看真贫、扶真贫、真扶贫”，消除贫困差距，着眼于共同富裕。特别要解决目标群体的“权利贫困”问题，改变其在治理中的“失语”状态，让目标群体既是受益主体，也是治理主体。其二，强化动态管理。反贫困治理中的动态管理所体现的既是纠正反贫困治理偏差的客观需要，也是对群众反映的热点问题的积极回应，更是化解群众内部矛盾、推进有效的社会治理的必然选择。当前，要强化对反贫困治理的综合考量，着眼于构建科学、规范、公平、民主、公开、公正的贫困准入及退出机制。要积极探索反贫困治理的群众评议机制、沟通和交流机制，提高社会公众的反贫困治理知晓率。

### （二）能促进社会公信力的有效生成

社会公信力一般指公共部门在推进公共事务治理的过程中所具有的为社会大众所认同的影响力。反贫困治理关涉社会系统的运行，关涉社会治理的成效，关注社会各界的回应与评价，反贫困治理应当致力于社会公信力的有效生成。其一，建构多元利益联结的互信关系。反贫困治理牵涉诸多的利益联结，各利益联结主体协同协作的基础在于社会公信度。也就是要着力在基层党政主体与反贫困治理对象、金融组织、企业、合作社，贫困农户与金融部门，贫困人群与企业、合作社间建构良好的信用关系，构建公共权威，促进利益关联，强化信息供给，消除信息不对称，实现由传统式“熟人信任”向现代型“契约信用”的转变。其二，拥有第三方评估组织公信力。第三方评估组织公信力来自其主体的独立性、评估的专业性及效用的权威性。在反贫困治理评估活动中，第三方评估组织具有评估设计、评估活动开展的独立价值，评估主体与反贫困治理主体及对象不存在任何利害关系。要建立第三方评估资料获取、审核、审查等保障机制，凸显第三方评估能力建设的职业状态和专业水准，体现第三方评估结果效用的公信权威。

### （三）能充分体现反贫困治理的效能

反贫困治理效能是反贫困治理体系和能力现代化的体现，体现为反贫困治理能力和治理效果的有机统一，也是反贫困治理体制和机制在反贫困治理中的运行的体现。进入后脱贫时代，需深入探寻优化反贫困治理效能的运行机理。其一，反贫困治理的有效性运作。反贫困治理的有效性运作是对社会及公众满意度的积极回应，反贫困治理效能体现着人民群众对治贫工作的真诚拥护和信仰。开展反贫困治理工作，要着眼于建立问题清单、任务清单、责任清单、时限清单及绩效清单，推进治理方法和策略有效、治理责任到位、治理目标兑现，通过结构化、有效性运作提升反贫困治理的效能，让公众满意。其二，反贫困治理的现代化体现。反贫困治理的现代化是反贫困治理效能的终极体现，既包括“物”的现代化，也涵盖“人”的现代化，既涉及内生型治理体系的现代化，也涉及外生型治理体系的现代化。推进后脱贫时代反贫困治理要适应治理方式民主化、治理手段法治化、治理能力现代化的治理变迁。一方面要造就现代化反贫困治理主体，将反贫困治理的对象融入反贫困治理主体，涵养斗争精神，体现专业素养，着眼于能力的现代性。另一方面要营造现代化反贫困治理环境，使反贫困治理技术的革新贯串于反贫困治理环境优化的过程中，推进多方协同，强化技术支撑，铸就现代化环境。

# 第十一章　协同治理范式下反贫困治理评估体系构建

反贫困治理效能评估是反贫困治理体系的重要构成，也是高效推进反贫困治理的有效手段，反贫困治理评估体系的构建应着眼于多维度的指标体系的构建。科学评估反贫困治理效能，既要全面对接反贫困治理的目标体系，又要理性地审视反贫困治理的方式和方略，既要立足当前，更要着眼长远，既要彰显效率、效益、效果，又要凸显共建、共治、共享。基于影响反贫困治理成效的要素的多样性及内在作用机理的复杂性的存在，构建反贫困治理评估体系要坚持思想性与引领性、科学性与规范性、全面性与重点性、系统性与可操作性统一的原则，要强调多维反贫困治理效能，注重“政府 — 市场 — 社会”整体功能的发挥，建立、健全反贫困治理效果评估指标体系、第三方评估体系、责任考核评估体系。

## 第一节 反贫困治理效能评估指标体系

进入后脱贫时代，开展反贫困治理，更需着眼于建立多因素综合效能评估的指标体系。综观反贫困治理效能评估指标体系的构建方法，有的从成本、收益视角着眼成本效益分析，有的从目标实现角度开展成效系数分析，有的从分级、分类角度推进聚类层次分析，有的从宏观角度运用综合评价分析，等等。根据社会行动理论，任何社会活动及行为都是行为主体、目标客体、行为技术和行为环境相互作用的结果。据此，反贫困治理作为政府主导的社会行动，其治理效能指标体系的构建需聚焦行为主体、目标客体、行为技术及行为环境四要素。后脱贫时代反贫困治理效能评估指标体系的构建要体现创新、协调、绿色、开放、共享的发展理念，推进一级、二级、三级指标模式优化升级。一级指标即目标层，要围绕“五位一体”的总体布局展开；二级指标即准则层，要凸显具体类别，突出党的十八大、十九大以来反贫困治理、乡村振兴等政策的落实情况；三级指标即指标层，要细化到具体事项。同时，要坚持主观性与客观性统一、定性与定量结合，强调现代技术运用，关注内外环境及内生动力的优化，进一步丰富指标内容，优化指标结构，既要聚焦评估“点”，也要着眼评估“面”。

## 一、政治效用指标

政治效用是衡量反贫困治理成效指向性的指标。推进后脱贫时代反贫困治理更需强化政治性、政策性、法治性、民主性考量，需着眼于乡村治理的重构。反贫困治理的政治效用指的是反贫困治理中所彰显出来的对民主治理提升、权利意识增强、乡村政治稳定、政策效应形成、依法治贫建构及社会主义核心价值观深入践行等政治价值的考量。构建反贫困治理政治效用指标体系既要反映贫困群众的参与状况，强化其权利保障，满足其表达诉求，也要反映治理主体的政治素养，强化责任落实，增强其斗争本领，既要凸显政策效应，具有反贫困治理的组织支撑力、运作力，形成反贫困治理的强大组织动员，又要体现依法治贫，使贫困群众具有法治信仰。同时，还要时刻警惕在此过程中一系列问题的出现。据此，构建反贫困治理政治效用指标体系要围绕乡村治理重构，推进政治信任建设，壮大民主治理，扩充社会资本，形成政治共识与权威认同，着眼于实现反贫困治理与乡村善理的双重目标方略，如下表所示：

政治效用指标体系构成表

| 一级指标 | 二级指标 | 三级指标 | 状态 | 类型 | 形式 |
|---|---|---|---|---|---|
| 政治效用指标 | 民主治理情况 | 贫困人群的权利保障、表达诉求的满足等 | 有／无 | 定性 | 文本 |
| | | 协商议事情况、“四议两公开”制度的实施 | 有／无 | 定性、定量 | 文本、数据 |
| | 政治状况 | 公信力、组织力、攻坚力、战斗力 | 强／弱 | 定性 | 文本 |
| | | 政治稳定、团结协作、责任落实、四个意识、四个自信、两个维护 | 好／差 | 定性 | 文本 |

续表

| 一级指标 | 二级指标 | 三级指标 | 状态 | 类型 | 形式 |
|---|---|---|---|---|---|
| 政治效用指标 | 政策效用 | 政策执行力、运作力、创新力等情况 | 强 / 弱 | 定性 | 文本 |
| | | 政策与制度跟进评估、动员机制形成 | 是 / 否 | 定性、定量 | 文本、数据 |
| | | 反贫困治理供给侧结构性改革等情况 | 好 / 差 | 定性、定量 | 文本、数据 |
| | 依法治贫状况 | 反贫困治理法规及实施体系、法治信仰 | 有 / 无 | 定性、定量 | 文本、数据 |
| | | 反贫困治理职责及激励体系、主体权能 | 有 / 无 | 定性、定量 | 文本、数据 |

## 二、经济效用指标

经济效用是衡量反贫困治理成效的根本性指标。组织化推进、市场化发展、社会化供给是推进现代治理的必然选择。构建反贫困治理经济效用指标体系要体现共同富裕准则，从市场供给、社会供给及自我供给层面加以考量，强化经济适应性因素。在后脱贫时代，影响反贫困治理经济效用的适应性因素涵盖现代农业发展、市场化建构、组织化建设、品牌化发展、标准化推进、信息化平台打造等核心要素。构建反贫困治理经济效用适应性评价指标体系，既要关注第一产业的发展，也要着眼于与第二、第三产业融合发展，既要全面反映反贫困治理地区生产增收能力的提高、生活条件的改善等情况，也要看农业产业化水平，有无支柱产业、品牌化发展，是否开展过新型职业农民培育及经济能人带动等，既要反映市场化发展水平、市场主体培育、市场机制建立、市场环境打造等状况，也要看乡村经济建设中组织化发展程度，有无经济合作组织、资金互助组织、专业协会、专业合作社、信息化服务平台等。通过确立主导产业、特色优势产业等指标，看反贫困治理的可持续性、新兴业态的发展及产业融合主体的培育状况，看是否产生收益、收益程度、益贫状况；通过确立市场主体、农业龙头企业、专业合作组织、一村一品等指标，看市场环境及组织化、品牌化、标准化的发展程度。如下表所示：

经济效用指标体系构成表

| 一级指标 | 二级指标 | 三级指标 | 状态 | 类型 | 形式 |
|---|---|---|---|---|---|
| 经济效用指标 | 收入水平 | 人均可支配收入、人均消费支出等 | （ ）元 | 定量 | 数据 |
| | | 非农产业产值比重、非农从业人口比重等 | （ ）% | 定量 | 数据 |
| | | 三次产业产值比重、恩格尔系数等 | （ ） | 定量 | 文本、数据 |
| | “三农”发展状况 | 农业产业化程度、有无支柱产业等 | 强／弱<br>有／无 | 定性、定量 | 文本、数据 |
| | | 新型农民培育、经济能人、创业人员数 | （ ）人 | 定性、定量 | 文本、数据 |
| | | 村集体经济、乡村旅游等服务业收入 | （ ）元 | 定量 | 数据 |
| | | 富民产业培育、集约化发展等 | 强／弱 | 定性、定量 | 文本、数据 |
| | 市场化发展状况 | 市场主体培育、市场机制、市场环境 | 好／差 | 定性、定量 | 文本、数据 |
| | | 农业龙头企业、“公司+基地+农户”等模式 | 有／无 | 定性、定量 | 文本、数据 |

续表

| 一级指标 | 二级指标 | 三级指标 | 状态 | 类型 | 形式 |
| --- | --- | --- | --- | --- | --- |
| 经济效用指标 | 组织化发展状况 | 规模化发展、合作经济、互助资金组织 | 有／无 | 定性、定量 | 文本、数据 |
| | | 专业合作组织、专业协会、“党建+产业” | 有／无 | 定性、定量 | 文本、数据 |
| | 品牌化、标准化发展状况 | 一县一业、一乡一特、一村一品等 | 有／无 | 定性、定量 | 文本、数据 |
| | | 财政、金融、土地等要素供给 | （ ） | 定性、定量 | 文本、数据 |
| | | “互联网+特色产业”、信息化服务平台 | 有／无 | 定性、定量 | 文本、数据 |

## 三、文化效用指标

文化效用是衡量反贫困治理成效本原性的指标。反贫困治理体现着较强的价值介入、人文关怀、精神引领及观念革新，具有政治性、时代性、地域性、地理性、人文性、民族性、资源性等特性。推进后脱贫时代反贫困治理要从提高反贫困治理地区人文发展水平的视角去寻找文化扶贫、教育治贫、精神扶贫的路径，坚持正确的价值导向，做好反贫困治理对象的心理调试工作，着力建构引领社会风尚、体现时代特征、迎合大众需求的文化效用指标体系。要反映社会主义核心价值观的践行、乡村传统美德的传承、法治思维及法治信仰的形成等情况，看是否唱响“共产党好、社会主义好、伟大祖国好”的时代主旋律；要反映反贫困治理对象的精神面貌，看其是否存在一系列的短视习性；要反映贫困地区的文化治理情况，看是否植入了先进文化、破除了陈规陋习、进行过乡村文化资源挖掘；要反映乡村文化建设及村屯文艺的发展，看是否组建了乡村文艺队、文化服务队，是否拥有文艺带头人、文化传承人；要反映乡村精神文化生活，看人均文教、娱乐支出在家庭总支出中的比重及消费水平，文化娱乐设施和娱乐活动的匹配；等等。总之，要围绕便民满意度、需求满意度、质量满意度，使反贫困治理文化效用指标体系的构建更具科学性、客观性、可比性，更有系统性、针对性、可行性。如下表所示：

文化效用指标体系构成表

| 一级指标 | 二级指标 | 三级指标 | 状态 | 类型 | 形式 |
|---|---|---|---|---|---|
| 文化效用指标 | 社会主义核心价值观践行情况 | 唱响主旋律、主流价值观形成等 | 好 / 差 | 定性 | 文本 |
| | | 新时代文明实践中心、讲习所作用的发挥 | 好 / 差 | 定性、定量 | 文本、数据 |
| | | 社会治安、公序良俗、美德风尚等 | 好 / 差 | 定性、定量 | 文本、数据 |
| | 教育治贫情况 | 整体文化状况、受教育水平等 | （　）% | 定性、定量 | 文本、数据 |
| | | 精神状况，心理状况，生产、生活习性 | 好 / 差 | 定性 | 文本 |
| | 贫困文化治理状况 | 现代性文化与地方性文化的融合度 | 好 / 差 | 定性、定量 | 文本、数据 |
| | | 农耕文化资源的挖掘、先进文化的植入等 | 好 / 差 | 定性、定量 | 文本、数据 |
| | | 移风易俗，德治、法治 | 好 / 差 | 定性、定量 | 文本、数据 |
| | 文化建设、文艺发展状况 | 村级公共服务标准化建设等 | 好 / 差 | 定性、定量 | 文本、数据 |

续表

| 一级指标 | 二级指标 | 三级指标 | 状态 | 类型 | 形式 |
|---|---|---|---|---|---|
| 文化效用指标 | 文化建设、文艺发展状况 | 乡村文化服务队、文化传承人等 | 有 / 无 | 定性、定量 | 文本、数据 |
| | | 文艺村、文艺户、农村文化信息化 | 有 / 无 | 定性、定量 | 文本、数据 |
| | | 乡村文艺队、文艺带头人等 | 有 / 无 | 定性、定量 | 文本、数据 |
| | | 乡村文化创新成果、文艺精品力作 | （ ）项 | 定量 | 文本、数据 |
| | | 人均文教、娱乐活动及服务支出比重 | （ ）% | 定性、定量 | 文本、数据 |

## 四、社会效用指标

社会效用是衡量反贫困治理成效外源性的指标。推进后脱贫时代反贫困治理要积极推进对社会风气、民生保障、基础设施建设、社群满意度、社会协同度等社会效用的评估，推进农村社会建设。社会建设概念虽然看似抽象，但社会效用指标相对具体。建构反贫困治理社会效用指标体系，需坚持综合性、代表性、可操作性原则，看社会功能的发挥程度。具体讲，就是要反映社会文明新风的树立情况，看其能否引领社会文明风尚，营造向善、向上的社会氛围，促进乡村社会良好的创业风气形成；要反映民生建设与社会保障状况，看能否做到养老保险、医疗保险参保率及新农合参合率全覆盖，看“一户至少一人就业”的根本计划能否落实、人居环境是否普遍改善，等等；要充分反映反贫困治理地区的基础设施建设及公共服务供给状况，看互联网、通信、交通、入户道路硬化等生产性、生活性、服务性公共产品能否有效供给；要反映社会公众的满意度，看能否积极、有效地回应社会大众的需求，社会协同力是否有效形成；要反映反贫困治理第三方评估状况，看第三方评估主体是否能独立开展评估工作、是否具有公信力，评估结果有何效用等。据此，反贫困治理社会效用指标体系构建既要反映社会价值，也要反映规范，重在体现社会的良性运行，社会秩序的构建，现代治理效能的彰显，共建、共治、共享格局的形成。如下表所示：

社会效用指标体系构成表

| 一级指标 | 二级指标 | 三级指标 | 状态 | 类型 | 形式 |
| --- | --- | --- | --- | --- | --- |
| 社会效用指标 | 社会氛围状况 | 正确的舆论导向、创业风气形成等 | 是 / 否 | 定性 | 文本 |
| | | 不良社会风气改变、法治信仰形成等 | 是 / 否 | 定性 | 文本 |
| | 民生及社会保障状况 | 参保（合）率、就业率、互联网入户率 | （ ）% | 定性、定量 | 文本、数据 |
| | | 居住环境水平、村级卫生所标准等 | （ ） | 定性、定量 | 文本、数据 |
| | 基础设施、公共服务状况 | 交通畅通率、网络通信覆盖率等 | （ ）% | 定性、定量 | 文本、数据 |
| | | 公共产品（生产、生活、服务）供给水平 | 高 / 低 | 定性、定量 | 文本、数据 |
| | 社会及群众满意度 | 生活质量、社会和谐、邻里关系状况 | 好 / 差 | 定性、定量 | 文本、数据 |
| | | 贫困发生率，公益事业、公共安全情况 | 好 / 差 | 定性、定量 | 文本、数据 |

续表

| 一级指标 | 二级指标 | 三级指标 | 状态 | 类型 | 形式 |
|---|---|---|---|---|---|
| 社会效用指标 | 社会协同力塑造状况 | 治理主体供给、社会制度供给 | 好/差 | 定性、定量 | 文本、数据 |
| | | 社会利益关系协调、互助组建设等 | 好/差 | 定性、定量 | 文本、数据 |
| | 第三方评估状况 | 公信力、权威性、独立性、专业化等 | 高/低 | 定性 | 文本 |
| | | 调查研究、资料获取等保障机制 | 有/无 | 定性、定量 | 文本、数据 |
| | | 评估结果效用 | 好/差 | 定性、定量 | 文本、数据 |

## 五、生态效用指标

生态效用是衡量反贫困治理内源性的指标。推进后脱贫时代反贫困治理要聚焦生态环境，以生态文明建设为核心，以生态治理为手段，以生态文化培育为内涵，以乡村宜居为着力点，构建生态制度，将生态制度优势转化为生态治理效能。构建反贫困治理生态效用指标体系要从生态环境治理、生态经济发展、生态文化培育、生态社会构建、生态宜居环境打造、生态制度建设等维度考量。要看是否开展有效的生态环境治理，是否对山、水、林、田、湖、草进行合理利用、统一保护、有效修复，是否着力构建森林覆盖率、沼气入户率、清洁能源使用率、生态事故发生率、生活污水达标处理率、生活垃圾无害化处理率等治理性指标体系。要看是否实施生态价值转换策略；是否将生态价值转化为经济价值、社会价值、文化价值；是否将生态优势转化为经济发展优势，着力构建乡村生态经济发展、生态文化建设、生态价值观形成、乡村旅游及生态服务业发展等具体的指标体系。要看是否建立、健全生态文明制度体系，实施最严格的生态环境保护制度及资源高效利用、生态补偿等制度，促进人与自然和谐共生；是否着力构建生态治理责任、生态发展规划、生态审计、村规民约等约束性指标体系。要看是否着眼于生态宜居环境打造、绿色村庄建设，是否具有自觉的生态环境意识及良好的生态环境保护氛围，是否着力构建村屯绿化、美化、亮化、净化、硬化等直观性指标体系。如下表所示：

生态效用指标体系构成表

| 一级指标 | 二级指标 | 三级指标 | 状态 | 类型 | 形式 |
|---|---|---|---|---|---|
| 生态效用指标 | 生态环境治理状况 | 森林覆盖率、沼气入户率、清洁能源使用率 | （　）% | 定量 | 文本、数据 |
| | | 生态事故发生率、农田保护达标率等 | （　）% | 定量 | 文本、数据 |
| | | 进行生活垃圾分类治理、设保洁员等 | 是 / 否 | 定性 | 文本、数据 |
| | | 村民自觉保护生态意识、水土保持等 | 好 / 差 | 定性 | 文本 |
| | 生态文明制度建设状况 | 生态补偿、生态责任落实是否到位 | 是 / 否 | 定性、定量 | 文本、数据 |
| | | 生态发展规划、生态审计、管理条例 | 有 / 无 | 定性、定量 | 文本、数据 |
| | 生态价值转换状况 | 乡村旅游、农家乐、农业观光等 | 有 / 无 | 定性、定量 | 文本、数据 |
| | | 生态经济发展、有无生态循环农业等 | （　）有 / 无 | 定性、定量 | 文本、数据 |
| | | 生态文化建设、生态价值观形成等 | 好 / 差 | 定性、定量 | 文本、数据 |

续表

| 一级指标 | 二级指标 | 三级指标 | 状态 | 类型 | 形式 |
| --- | --- | --- | --- | --- | --- |
| 生态效用指标 | 生态价值转换状况 | 优秀农耕文化遗产传承与保护等 | 好/差 | 定性、定量 | 文本、数据 |
| | 生态宜居环境打造状况 | 村屯绿化、美化、亮化，村容整洁度 | （ ）% | 定性、定量 | 文本、数据 |
| | | “厕所革命”、污水处理等 | 好/差 | 定性、定量 | 文本、数据 |

## 六、能力效用指标

能力效用是衡量反贫困治理成效内生性的指标。进入后脱贫时代，推进反贫困治理要以目标群体主体能力的建设为中心，以提高反贫困治理地区的持续脱贫能力、自我发展能力等为长期指标。需要从主体性条件建构、主体能力建设视角着力构建自我发展、自我形塑的能力效用体系，以及多元主体力量供给的能力支撑体系。基于此，构建反贫困治理能力效用指标体系，要聚焦反贫困治理对象可行能力的形成。一要从动态性和可持续性发展的视角真实、全面、有效地反映反贫困治理目标群体的主体能力建设状况、主体性条件建构状况及精神状态，要看反贫困治理区域及贫困人群是否具有“造血”功能，是否具有产生持续收益的能力，是否具有主体意识、主体价值、主体地位、主体能力；二要从权能重塑及功能再造的视角充分反映反贫困治理的内源动力与外源发展状况，看推进反贫困治理的动力机制及动力源是否明晰，组织导向功能与乡村居民组织功能是否有效发挥，有无防灾、救灾、村社再造、自我管理、自我教育、自我服务的能力；三要从可行能力发展、区域治理的视角充分反映赋权与增能的状况，既要看反贫困治理区域的可持续发展能力、支柱产业及行业的组织化发展程度，也要看目标群体有无先进典型、榜样示范及自我形塑能力。如下表所示：

能力效用指标体系构成表

| 一级指标 | 二级指标 | 三级指标 | 状态 | 类型 | 形式 |
| --- | --- | --- | --- | --- | --- |
| 能力效用指标 | 主体性条件建构状况 | 贫困对象配合力、主体意识 | 强／弱 | 定性 | 文本 |
| | | 贫困对象精神状态、自我责任意识等 | 好／差<br>强／弱 | 定性 | 文本 |
| | | 相关不良思想是否存在 | 是／否 | 定性 | 文本 |
| | 权能结构功能状况 | 组织导向功能、乡村居民组织功能 | 强／弱 | 定性 | 文本 |
| | | 防灾、救灾、村社再造能力等 | 强／弱 | 定性 | 文本 |
| | | 自我管理、自我教育、自我服务能力 | 强／弱 | 定性 | 文本 |
| | 内源动力状况 | 反贫困治理动力机制、动力源 | 有／无 | 定性、定量 | 文本、数据 |
| | | “志+智+制”立体化治贫能力 | 强／弱 | 定性 | 文本 |
| | 治理区域发展能力状况 | 脱贫致富支柱产业、主导产业等 | 有／无 | 定性、定量 | 文本、数据 |
| | | 行业组织化程度、可持续发展能力等 | 强／弱 | 定性、定量 | 文本、数据 |
| | 目标群体可行能力状况 | 权利赋予、能力建设、榜样示范带动 | 有／无 | 定性、定量 | 文本、数据 |
| | | 自力更生意愿、自我形塑能力等 | 强／弱 | 定性 | 文本 |

总而言之，反贫困治理能力效用评估指标体系涉及的指标要素繁多、内在作用机理复杂。构建反贫困治理能力效用评估指标体系，要客观反映后脱贫时代反贫困治理的内涵和价值导向，以“人民对美好生活的向往”为主攻方向，体现以“物”为中心向以“人”为中心的治理转变。既要纵向反映历年反贫困治理效能的演变状况，也要横向比较其他地区反贫困治理的效能状况；既要有“赋权”的指标，也要有“增能”的指标；既要构建目标层、准类层、指标层等层次结构体系，也要构建定性、定量、发展状态、形式表达、价值权重分析等研判矩阵体系。推进反贫困治理能力效用指标体系构建，要突出重点、着眼全面、立足规范，做到过程可操作、定性有准则、量化有标度、结果可运用。

## 第二节　反贫困治理第三方评估体系

2015年5月,《民政部关于探索建立社会组织第三方评估机制的指导意见》指出:“建立社会组织第三方评估机制，是完善社会组织综合监管体系的重要内容，是社会组织评估的发展方向。”为第三方评估的发展定位明确了方向。第三方评估作为绩效管理的重要形式、现代治理的重要构成，由专家、学者、专业机构、中介组织、社会公众、利益相关者等组成，通过建立系统评估体系，按一定的程序对社会公共事务的独立性、客观性、专业性、科学性、公正性及权威性进行评估。目前，我国的第三方评估主要以高校、科研院所等组建的研究团队为主体。在反贫困治理中推行第三方评估既可弥补政府自身评估的不足，也体现着进一步完善反贫困治理绩效评估体系的内在必然性。进入后脱贫时代，我国的反贫困治理将进入新的发展层面，需与乡村振兴等重大战略深度融合，与乡村社会治理等理念变革有机衔接，努力构建反贫困治理体系和治理能力现代化的治理框架。推进后脱贫时代反贫困治理需将独立于政府及部门的第三方组织和社会力量纳入评估主体范畴，发挥好第三方评估的独立性、专业性、权威性优势，使考核评估结果更加符合客观实际、更具科学性和公信力。

## 一、运行机理与构成

在反贫困治理效能评估中引入第三方构建运行机制是具有理论依据的。基于委托代理理论中的“经济人”假设，需要加强制度设计，通过契约机理促使“委托 — 代理”的利益最大化或实现双方的“帕累托最优”；基于公共治理理论中的“社会人”假设，需发挥社会组织专业化评估优势，促进社会多元参与，推进政府简政放权，构建多方参与的治理体系，使评估过程更有透明度、评估结果更具公信力；基于360°绩效评估理论“多视角”的假设分析，也需构建多维评估体系，推进全方位、多维度考评。据此，构建反贫困治理第三方评估体系，需要厘清其运行机理及评估构成，通过独立性运行模式开展评估方案设计、评估信息采集、评估资料处理、评估结果确认。

### （一）评估主体的构成

反贫困治理第三方评估主体作为独立于反贫困治理主体及评估对象的专业化组织，与治理主体或作为评估对象的“第一方”及作为服务对象的“第二方”没有直接的利益关联，测评须秉持客观、中立、理性、公正的原则，必须满足独立性、专业性指标条件。综观反贫困治理实践，第三方评估力量主要来自四方面：第一类是由专家、学者组成的专业性评估组织。这一类评估组织主要存在于高校及科研单位，不少高校及科研单位依托其专业性及学术性优势内设科研所、研究所（中心）等职能机构，如云南财经大学的国土资源与持续发展研究所（云南财经大学精准扶贫与发展研究院）近年来就通过公开招投标承担着国家精准扶贫第三方评估工作。第二类是从事商业化运作的专业咨询评估机构。这一类评估组织主要存在于经有关部门批准取得资质，开展市场化、商业化运作的评估公司。第三类是社会公众。反贫困治理的政策对象不仅包括建档立卡、直接受益的贫困人群，也涵盖被普遍关注、间接受益的社会大众，社会公众对反贫困治理的成效具有话语权。第四类是社会能人代表。社会能人代表在一定领域具有专业性、权威性、责任感、使命感、正义感，有必要将其纳入第三方评估的主体范畴。以上四类中，第一类、第二类的专业性更强，第三类、第四类的关注更直接。推进反贫困治理第三方评估，需凸显专家主体构成，集合社会力量，使评估主体更显专业性、更具代表性。[①] 开展第三方评估还要科学、合理地选择评估主体。

### （二）评估对象的界定

反贫困治理第三方评估主要是针对反贫困治理“第一方”（反贫困治理主体）及“第二方”（目标群体）所开展的全方位、多维度评估。据此，第三方评估的对象主要聚焦三个层面：一方面要对承担反贫困治理的政府职能部门的责任体系构建、规划组织实施、政策体制供给、反贫困治理状况等展开评估，另一方面要对贫困地区经济、社会的发展状况及治理效果展开评估，同时还要对建档立卡的贫困人群及利益相关者的赋权和增能情况展开评估。

① 孟志华，李晓冬. 精准扶贫绩效的第三方评估：理论溯源、作用机制与优化路径[J]. 当代经济管理，2018（3）：46-52.

### （三）评估类型与内容靶向

推进反贫困治理第三方评估，评估委托方与受托方需要就评估类型及内容展开洽谈，并签订评估协议，明确职责权限，规范评估过程，确保评估工作独立、有效地开展。综观反贫困治理第三方评估，既有针对政策需求的评估，也有针对项目进展的评估，既有针对治理过程的评估，也有针对治理效果的评估。需要根据评估类型细分评估内容，确立指标体系，开展最优化抽样、专业化取材。第一，开展源头评估。要因地制宜、区别对待、全面考量反贫困治理政策的落地情况，要看各项举措是否回应了社会公众关切的问题。第二，注重过程评估。要对反贫困治理过程性内容进行全面梳理，从精细处着眼，从过程入手，推进精细化管理与评估。第三，着眼结果评估。评估结果要客观、科学、全面、系统、深远、持久，既要体现经济、社会价值，也要体现生态、文化价值，还要反映政治价值，不应仅在乎短期效用的形成，更要在乎长效机制的生成。反贫困治理运行机理的构成如图所示：

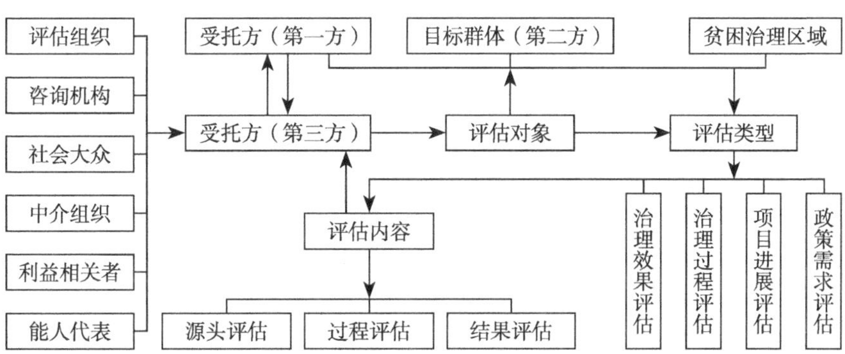

## 二、方法、技术与路径

评估的本质就是借助一定的方法、技术与工具了解过去、认知现在、对比将来，对政策的制定过程、实施效果进行全面衡量，以提高运作能力。反贫困治理第三方评估作为一种中立性、专业性的社会评估监督形式及创新政府管理的重要方式，要求科学、合理地运用专业化技术、现代化手段强化定性、定量分析，优化评估路径，推进精准评估。

### （一）方法、技术、手段专业化

反贫困治理第三方专业化评估，首先在于其评估方法、评估技术和评估手段的专业化、技能化，其专业化水准、行业技能及工作质量在一定程度上反映其是否具备从事该行业的资质和条件。开展反贫困治理第三方评估，要着眼于提高专业技能水平，将专业化方法、技术和手段贯串于评估方案设计、调查研究分析、信息数据资料处理等过程。比如，开展抽样调查要强化抽样设计，以专业化手段选取样本，进行随机性抽样调查。结合评估实际，既要推进分层抽样，也要着眼于整群抽样，还要做好系统抽样，分清轻重缓急，避免人为操纵、顾此失彼，确保样本的代表性。开展问卷设计，要做到全面、客观、随机，突出针对性、地域性及专业性，根据不同的目标群体、不同的评估内容分类设计不同的调研问卷，结构化地开展问卷分析评估。对于基层干部，可围绕地方反贫困治理状况、内生动能、发展建议等开展问卷设计；对于目标人群，可围绕政策满意度、现实需求、对项目推进工作的认同度等开展问卷设计。开展信息采集，要强化动态管理，善于运用专业设备和技能，使采集到的信息更加真实、系统、全面。尤其是进入后脱贫时代，有必要通过建立伙伴关系培育专业型信息采集机构（组织），信息采集机构（组织）可以是营利机构，也可以是非营利机构。开展反贫困治理结果分析既要强化统计数据分析，又要着眼于反复论证判断，做到定量分析与定性分析结合。

### （二）评估工作路径优化

第三方评估是助推反贫困治理的“优化器”，能凭借其独立的地位及业务专长弥补反贫困治理组织“自导、自演、自评”的缺陷。但是，第三方评估在我国推行的时间不长，尤其是将其引入反贫困治理领域尚是全新课题，需要在评估实践中创新机制、优化路径。

1. 从法治化维度推进第三方评估法治化进程

法律是国家之重器，良法是善治之前提。当前，我国对第三方评估的立法尚处于滞后状态，由于缺乏相应的法律保障，在评估设计、评估流程、信息资料采集及评估运用中，行政化、随意化、形式化等现象时有发生，信息不对称的情况仍然存在。为科学、有效、客观、公正、公开、透明、独立、规范地开展第三方评估，推进反贫困治理第三方评估法治化建设显得尤为重要、更为迫切。需要借助法律手段、法规措施对第三方评估的“权利边界”及反贫困治理主体尤其是政府主体的“权力边界”予以保障与规范。一方面要抓紧制定并出台有关反贫困治理第三方评估的法律、法规及地方规范性文件，赋予第三方评估相应的法律地位及法律保障，维护其运行秩序，做到评估运作有法可依、有章可循；另一方面要建立、健全监督部门、社会公众、大众传媒对反贫困治理第三方评估机构及有关部门的法律监控机制，避免第三方评估机构与反贫困治理主体存在利益关联。同时，还要建立、健全关于第三方评估结果效用的法律机制，以及财政资金、公益基金的规范机制，确保评估过程、评估结果、评估运用的权威性、公正性、规范性。

2. 从能力建设维度优化第三方评估主体结构构成[①]

虽然第三方评估机构是由多位专家、学者组成的专业组织及科研机

---

① 闫妍．精准扶贫绩效第三方评估研究：技术特征、实施困境与路径优化[J]. 四川行政学院学报，2018（1）：22-26.

构，社会公众、利益相关者也参与其中，但是，伴随反贫困治理的深入推进，对评估技术及评估结果的专业化、精准度要求也越来越高。为提升评估质量、着眼于客观、公正，需要进一步优化反贫困治理第三方评估主体的结构。一方面要建立、健全反贫困治理第三方评估多方参与的联动机制，充分发挥多元评估主体的优势，强化资格认证、行业监管并开展信用评级等工作；另一方面要加大力度推进反贫困治理第三方评估机构建设及科研投入，开展评估技术研究，加强评估人员能力素质培训，提升评估专业化水平，着力打造“专家+行家”的专业化评估队伍。

3. 从评估效用维度建立信息采集及评估结果运用机制

全面、准确的信息是开展科学、有效的评估的先决条件，评估结果的效用是开展评估工作的出发点和落脚点。为消除第三方评估中信息不对称的现象，发挥评估结果的公正性和权威性，需建立、健全评估信息采集、评估信息公开、评估反馈、评估效用的体制和机制，建立专业型信息采集组织（中心），推进评估信息公开，强化评估效用，促进评估结果与治理成效、干部运用等相关联。反贫困治理第三方评估技术路径示意图如下：

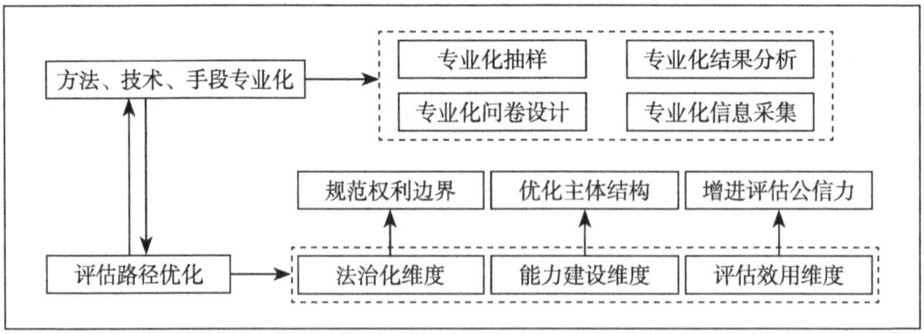

## 三、运作流程与规范

推进反贫困治理第三方评估体现的是授权式的“委托 — 代理”关系，而非雇佣式的“管家关系”，需强化规范流程管理，着眼于流程再造。综观第三方评估实践，其基本流程可以概括为“评估方案制定 — 评估协议签订 — 组织评估开展 — 评估报告撰写 — 回访跟踪调查 — 评估结果运用”六大环节。其中，“评估方案制定”及“评估协议签订”环节需要双方对评估内容、评估目的、评估对象、评估权限、保障条件等事项予以明确；“组织评估开展”“评估报告撰写”及“回访跟踪调查”环节主要相对受托方而言，在信息资料采集及评估分析中要确保独立性、强化专业性、具有保障性；“评估结果运用”环节是评估工作的落脚点，要确保评估结果的权威性。简言之，委托方与受托方在进行过评估内容洽谈、评估协议签订、评估权责明确之后，受托方需要在一定的时空范围内开展走访调研、信息采集、信息处理、评估论证等评估活动的组织工作，以规范性文本的形式明确双方的职责权限、设置评估流程、规范评估过程。

### （一）规范运作程序，着眼流程再造

#### 1. 加强规范管理，推进评估过程规范化

要立足程序规范，按照“方案设计 — 实地调研 — 判断分析 — 数据统计 — 判断复核 — 报告撰写”[①] 的运作程序开展核实工作，确保调研数据全面、真实、准确。要着眼于标准规范，指标设计与目标评估要紧密关联，定量指标和定性指标权重要相得益彰，贫困性质与反贫困治理要综合评定，确保评估科学、客观、可靠；要做到规范录入，运用信息技术手段做好信息数据归类，规范数据编码，将采集到的信息资料科学、规范地录

---

① 江书军. 精准扶贫绩效第三方评估：运行机理与优化路径 —— 以河南省为例[J]. 河南理工大学学报（社会科学版），2018（4）：28-33.

入评估系统。

2. 加强流程管理，推进评估业务流程化

在评估指标体系及方法的设定上，要根据评估对象的实际情况、反贫困治理的导向、政策目标的要求，坚持定量指标与定性指标统一，灵活运用评估技术，采用科学的评估方法，使评估结论更具建设性；在评估管理平台的搭建上，要着眼于实现对评估运作中人力和财物的系统调配、对评估进程的准确把控及对有关问题的及时处置，健全评估体系，提高评估效率；在评估对象的选取上，既要看反贫困治理目标群体、相关利益者、社会大众的评价，也要看基层干部、非贫困人群、社会组织等群体对反贫困治理的态度，多渠道、宽领域、多视角地采集评估信息。

**（二）把握评估准则、建立制度规范**

反贫困治理第三方评估是基于“委托 — 代理”契约关系的评估，契约关系评估工作以制度规范建设为前提。据此，对委托方而言，要建立评估准入制度，加强对第三方评估资质和条件的审核，明确评估组织（机构）及评估从业人员的资质标准，建立评估机构数据库、专家库，提高第三方评估准入门槛。对受托方来说，要建立评估组织制度，严格遵照评估标准和程序，有组织、有纪律地开展评估；要建立评估调研制度，评估素材不应局限于委托方的资料供给，需要在广泛的调研中开展信息采集，获取第一手资料，防止信息失真；要建立评估保密制度，推进评估资料信息的安全管理，避免评估资料、评估分析、评估结果效用等信息泄露；要建立评估回访调研制度，做好评估回访跟踪调查工作，不为评估而评估，动态调整评估事项，及时修正评估结果。反贫困治理第三方评估基本流程示意图如下：

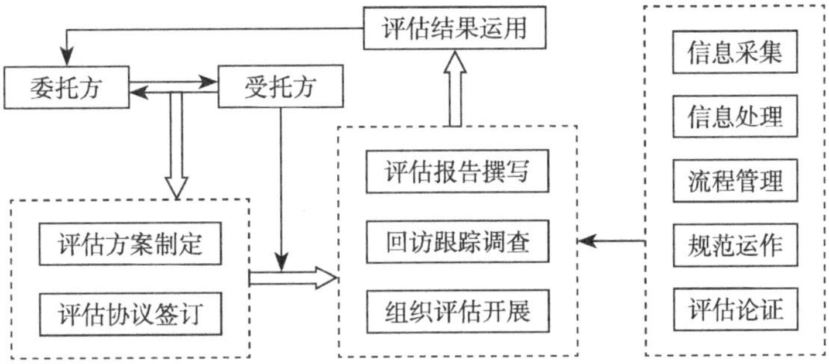


## 第三节　反贫困治理责任考核评估体系

我国的反贫困治理伴随着政府治理责任考评体系的构建而不断推进，责任考核评估体系的构建反映着多重逻辑的治理变迁。就理论逻辑而言，表现为马克思主义反贫困理论，现代治理理论中国化、本土化研究不断推进；就历史逻辑而言，中华人民共和国成立以来的政府绩效考评，尤其是改革开放以来的政府责任机制建设为责任考核评估体系的构建提供了有益的探索；就现实逻辑而言，对于反贫困治理责任考评实践中衍生出的相关问题，需要就现行责任考核体制、机制做回应性调整①。进入后脱贫时代，中国农村贫困将集中体现为转型性贫困、次生贫困、相对贫困；中国乡村治理将聚焦全域治理，着眼于善治，提升反贫困治理的效能。既要进一步完善反贫困治理的总体框架、内容指标体系、考核保障体系，也要强化治

① 倪良新，江观伙. 新中国（中华人民共和国）成立70年扶贫考核评估的发展脉络与演进逻辑[J]. 安徽行政学院学报，2019（5）：5-10.

贫政策方案评估、价值规范评估、综合审计评估及考核评估的运用。

## 一、政策方案评估

科学评估政策是反贫困治理的重要构成。改革开放以来，伴随我国的扶贫方式由救济式扶贫向开发式扶贫、参与式扶贫、攻坚式扶贫，最后到精准扶贫的转变，反贫困治理政策也经历了“救济型 — 温饱型 — 小康型”的治理变迁。每个发展阶段的扶贫开发政策指向都聚焦解决一定环境和条件下反贫困治理现行发展状况的矛盾和问题，促进扶贫与开发有机结合、精准治贫与整合治理同步推进。

### （一）着眼于政策方案制定与执行的科学性分析

政策制定与执行是一个系统的工程，政策评估需着眼于政策制定与执行的科学、系统的分析。开展反贫困治理政策评估工作，要聚焦“政策制定 — 政策执行 — 政策监控 — 政策终结”等程序，反映“问题界定 — 目标确立 — 方案设置 — 效果预测 — 方案抉择”等环节，开展过程评估、效果评估、风险评估、流程评估、效益评估等。要看政策制定与执行的主攻方向、治理目标、核心内容、指标体系是否清晰而明确，是否树立了“全国一盘棋”思想，是否存在替换性执行、选择性执行、象征性执行、附加性执行等现象；要看行动举措和推进措施是否被落实到位，是否存在政策多变、政出多门、监控不力等问题。

### （二）着眼于政策方案制定与执行的公平性、效率、效益分析

公平性、效率、效益是社会公共政策的基本原则，也是公共政策制定与执行的核心价值取向。公平性反映价值分配的合理性、权利的保障性、机会的均等性，效率体现投入与产出的最佳状态，效益包括政策实施后所产生的经济效益、社会效益、政治效益。开展反贫困治理政策评估，既要

从国家战略、地域规划、区域发展、贫困人群可持续发展等视角开展公平性价值分析，也要从反贫困治理的成效、政策执行等视角开展效率价值分析，还要从政治建设、经济建设、文化建设、社会建设、生态建设“五位一体”等视角开展效益分析。要看政策预期与现实约束之间是否存在差距、是否着眼于可持续发展、是否存在“强供给引导、弱需求引致”现象及政策执行偏差等问题；要看是“输血式”扶贫还是“造血式”治贫、是否体现多元参与、是否注重“先富带动后富”及着眼于共同富裕；还要看贫困区域及治理对象的可行能力建设状况，创业氛围、就业需求及主导产业的有效带动是否形成。

### （三）着眼于反贫困治理政策体系构建分析

2020年以后，我国的反贫困治理需要集中体现为“巩固、调整、充实、提高、善治”的总体思路[①]，既需加强对“消除绝对贫困人口”成效的巩固，防止贫困人群返贫，又需着眼于对反贫困治理指标体系的动态调整，既要夯实低收入群体、一线劳动者收入增长的保障机制，又要着眼于提高反贫困治理地区、贫困人群的综合发展水准，实现反贫困中的良好治理即为“善治”。据此，进入后脱贫时代，要积极回应反贫困治理的多方关切，注重政策效益的叠加。要发挥现有体制、机制的优势，保持反贫困治理政策的相对稳定，凸显反贫困治理政策的持续性评估；要聚焦可行能力建设，强化政策保障，凸显反贫困治理中赋权和增能的政策评估；等等。

① 周绍杰，杨骅骝，张君忆. 中国2020年后扶贫新战略——扶贫成就、主要目标、总体思路与政策建议[J]. 中国行政管理，2019（11）：6-11.

## 二、价值规范评估

社会学及公共管理学理论认为，影响人类行为的因素往往表现在以下两方面：价值与规范。价值是可取性、有效性的定量化存在，以及积极性、效用性的定性化彰显；规范是规章制度及规则标准。重构价值与规范是推进现代治理变革的前提和基础。推进后脱贫时代反贫困治理需要强化组织制度供给，着眼于价值塑造及规范建构、价值选择与操作规范评估。

### （一）要体现“以人民为中心”的价值选择

人民群众始终是反贫困治理政策方案制定和价值选择的“原动力”和“度量尺”。推进反贫困治理、开展评估工作，要从满足人民的根本利益、发展人民的需求出发，“把人民群众的实践主体地位和价值主体地位统一起来”[①]。开展反贫困治理考核评估工作要体现人民群众的价值选择。无论时代如何发展，人民始终是“推力”，永远是“考官”。一方面要坚持“依靠人民创造历史伟业”的思想，把人民作为推进反贫困治理的主体力量及乡村治理的动力源泉；另一方面要从满足人民日益增长的美好生活需要出发，把人民群众是否满意作为评判、检验反贫困治理成效的重要尺度，把满意度纳入考核评价的全过程。

### （二）夯实功能齐全的反贫困治理组织保障体系

2020年后，我国的后脱贫时代反贫困治理要着眼于高质量治贫，高质量治贫要以强有力的组织体系及完备的制度体系为保障。第一，要看是否建有完善的反贫困治理组织保障体系，党的政治优势和组织优势能否充分发挥，能否进行强有力的政治动员和社会动员。既要保证已有的组织供给、政治供给及制度供给，通过强有力的组织、政治、权威、体制、政

① 郝儒杰. 精准扶贫政策的时代内涵、理论品质及价值特色[J]. 理论导刊，2019（5）：34-38.

策、法规供给，保障反贫困治理有序、有效、平稳地推进，又要开掘新的组织供给、政治供给及制度供给。通过党委统筹、书记主抓、机制引领、社会参与形成反贫困治理的强大合力。第二，要看是否建立、健全完善的督导考核、激励评估机制，职责分工是否明确。通过全域式全方位、多层级、立体式督查、考核、问责与激励，构建反贫困治理“保障网”。

### （三）建构点面结合的反贫困治理责任体系

开展反贫困治理评估，要看是否把可靠度、可信度放在突出位置，是否把责任体系构建放在重要位置，是否夯实党政主体在反贫困治理中的政治责任和领导责任。通过实施最严格的考评责任机制，层层压实责任，级级传导压力，推动反贫困治理主体的责任落实由“虚”向“实”转变、考核评估由“软任务”向“硬指标”转变。党的十八大以来，以习近平同志为核心的党中央在构建反贫困治理责任体系中既坚持两点论，也突出重点论，既着眼全面，也善抓关键。一方面通过构建“五级书记抓扶贫”反贫困治理责任体系发挥党的政治优势和社会主义集中力量办大事的制度优势，形成主体责任“面”；另一方面通过压实“一线总指挥”治贫责任，保持贫困县党政正职稳定，做到“不脱贫不调整，不摘帽不调离”，从而强化主体责任“点”。

## 三、综合审计评估

我国的反贫困治理创造了世界减贫史上的“中国奇迹”。到2020年实现现行贫困线下脱贫摘帽的目标，这只是代表数量型绝对贫困现象将被消除，并不意味着不存在贫困现象，而意味着群众对高质量综合生活水准的更大的需求。据此，开展反贫困治理评估，需从单一评估指标构建向综合审计评估推进，从消除农村返贫、致贫因素及其弱质性评估入手，将规范流程、治贫时限、成本效益等要素纳入反贫困治理综合评估体系当中。

### （一）加强反贫困治理政策跟踪审计评估

反贫困治理政策跟踪审计是审计部门的重要职责，需发挥部门优势，强化治贫审计新职责。需把握重点、吃透政策、依法审计，客观、公正、辩证地反映反贫困治理政策落实中存在的问题，提出建设性建议和意见。既要关注资金监管、项目推进的审计，也要关注政策落实流程、政策牵涉类型的审计；既要加强政策合规性审计，也要加强政策绩效性、精准性审计；既要着眼于宏观发展项目审计，也要着眼于微观民生项目审计。加快实现反贫困治理政策审计由单纯的资金审计向政策落实情况审计转变，由合规性、真实性审计向绩效性、精准性审计转变，由单纯的经济扶贫政策审计向教育、科技、健康、文化等多种扶贫政策类型审计转变，等等。① 根据公共政策跟踪审计有关形式、事实、价值的“三维模式”②，就“形式”维度而言，需要跟踪审计反贫困治理政策的贯彻落实情况，看有无相关政策配套，规划方案是否科学、完备等，就“事实”维度而言，需要关注政策的实际运作情况，看有无违规操作等，就“价值”维度而言，需要关注政策绩效及政策目标的兑现程度，看是否符合可持续发展的目标要求。

### （二）强化反贫困治理资金绩效审计评估

开展反贫困治理资金绩效审计评估，旨在推进反贫困治理真实化、透明化管理，需夯实基础、建立机制，加强对反贫困治理财政资金、专项资金、社会资金的执行情况的跟踪督查、审计评估。要抓好立项审计，审计并评估反贫困治理资金的归集和拨付情况，检查有无专户、专账管理，专户核算资金有无未封闭运行的情况，看是否存在滞留、截留、挪用反贫困

---

① 朱智鸿．扶贫政策跟踪审计探析[J].中国注册会计师，2017（10）：75-79.

② 剧杰，庄碧琛．扶贫政策跟踪审计实践总结与思考——基于2016—2018年审计结果公告的分析[J].会计之友，2019（24）：119-123.

治理资金等问题。要抓好流程审计，审计并评估反贫困治理资金获取及使用情况，检查实际支出与计划支出、规划用途与实际用途的差异，看是否存在失职、渎职、虚设项目、套取资金、签订虚假协议等问题。要抓好专项审计，审计并评估反贫困治理专项资金的使用情况，真实、全面、准确地核对项目编报预决算，看是否存在偷工减料、高估冒算等现象。要抓好效益审计，审计并评估反贫困治理资金分配使用的法规性、合理性、公平性、公正性情况，看是否存在责任不力、监管疏忽、违规操作等问题及侵害群众利益等行为。要审计并评估反贫困治理资金使用绩效，检查项目资金投入后是否产生了经济效益与社会效益、产生的是短期效益还是长期效益，是否违背了自然生态规律，群众能否真正得到实惠……

## 四、考核评估的运用

考核评估的运用是确保考评机制作用的发挥、考评组织体系的有效推进的重要环节。考评只是一种手段，重在结果运用，终极目标就是有效运用考评结果，强化责任担当，促进问题整改，推进工作的落实及相关政策的有效执行。这就要求在反贫困治理中，必须把考核评估工作作为优化资源配置、建构绩效目标及辅助管理决策的有力抓手，把考核结果运用作为绩效管理的关键环节。只有有效运用考评结果，有力推进奖优罚劣，及时总结经验和教训，才能适时调整并优化政策，激发发展的动力和活力，推动工作有效落实。进入后脱贫时代，开展反贫困治理考核评估，要进一步完善绩效目标设定、组织过程管理、绩效考核评估、评估结果反馈、评估结果运用、新绩效目标设定等环节，要推行一体化循环管理，推进考评结果运用方式多元化、深度化发展，确保在反贫困治理绩效管理目标框架下实现绩效管理目标与考评结果运用的有机统一。一要将考评结果与反贫困治理预算结合起来。要充分发挥考评的约束作用，始终把考评结果作为反贫困治理预算安排的重要依据，实现考评与预算挂钩、资源最优配置。二要将考评结果与反贫困治理效能结合起来。考评的目的之一在于提升治理效能。要坚持问题及结果导向，全面分析考评结果，系统总结反贫困治理中存在的问题，理顺关系，优化结构，提升效能。三要将考评结果与反贫困治理中的人才队伍建设结合起来。推进后脱贫时代反贫困治理要牢固树立“凭实干展现能力，凭实绩使用干部”的工作导向，将考评结果作为干部考核、选拔任用、职务升迁及奖励惩戒的重要依据，用好考评绩效杠杆，充分调动广大干部和群众的积极性、主动性及创造性精神，通过科学考评促进反贫困治理多元主体人格力量的形成，促使农村反贫困治理深入推进。

# 参考文献

[1] [德]马克思.资本论（第1卷）[M].北京：人民出版社，2004.

[2] [德]马克思，恩格斯.马克思恩格斯文集（第2卷）[M].北京：人民出版社，2009.

[3] [德]马克思，恩格斯.马克思恩格斯选集（第4卷）[M].北京：人民出版社，1995.

[4] [德]马克思，恩格斯.马克思恩格斯选集（第3卷）[M].北京：人民出版社，1995.

[5] [德]马克思，恩格斯.马克思恩格斯全集（第2卷）[M].北京：人民出版社，2005.

[6] 毛泽东.毛泽东选集（第2卷）[M].北京：人民出版社，1991.

[7] 毛泽东.毛泽东选集（第4卷）[M].北京：人民出版社，1991.

[8] 邓小平.邓小平文选（第3卷）[M].北京：人民出版社，1993.

[9] 习近平.习近平谈治国理政[M].北京：外文出版社，2016.

[10] 习近平.习近平谈治国理政（第2卷）[M].北京：外文出版社，2017.

[11] 习近平.摆脱贫困[M].福州：福建人民出版社，2014.

[12] 中共中央党史和文献研究院.习近平扶贫论述摘编[M].北京：中央文献出版社，2018.

[13]中共中央文献研究室.十八大以来重要文献选编（上）[M].北京：中央文献出版社，2014.

[14]中共中央文献研究室.十八大以来重要文献选编（中）[M].北京：中央文献出版社，2016.

[15]中共中央党史和文献研究院.十八大以来重要文献选编（下）[M].北京：中央文献出版社，2018.

[16]马庆钰.治理时代的中国社会组织[M].北京：国家行政学院出版社，2014.

[17]汪霞.嵌入与协同——公共政策执行动力源研究[M].北京：中国社会科学出版社，2015.

[18]俞可平.治理与善治[M].北京：社会科学文献出版社，2000.

[19]何增科.公民社会与第三部门[M].北京：社会科学文献出版社，2000.

[20]王名.中国民间组织30年——走向公民社会[M].北京：社会科学文献出版社，2008.

[21]仝志辉，等.农村民间组织与中国农村发展：来自个案的经验[M].北京：社会科学文献出版社，2005.

[22][美]斯蒂芬·戈德史密斯，[美]威廉·D.埃格斯.网络化治理：公共部门的新形态[M].孙迎春，译.北京：北京大学出版社，2008.

[23][印]阿马蒂亚·森.以自由看待发展[M].任赜，于真，译.北京：中国人民大学出版社，2002.

[24][印]阿马蒂亚·森.贫困与饥荒[M].王宇，王文玉，译.北京：商务印书馆，2001.

[25]文建龙.权利贫困论[M].合肥：安徽人民出版社，2010.

[26][德]尤尔根·哈贝马斯.包容他者[M].曹卫东，译.上海：上海人

民出版社，2002.

[27]程冠军.精准脱贫中国方案[M].北京：中央编译出版社，2017.

[28]杨秋宝. 2020：中国消除农村贫困——全面建成小康社会的精准扶贫、脱贫攻坚研究[M].北京：北京人民出版社，2018.

[29]张丽君，吴本健，王飞，马博.中国少数民族地区扶贫进展报告（2017）[M].北京：中国经济出版社，2018.

[30]黄承伟，张琦，等.连片特困地区区域发展与扶贫攻坚县、村级实施规划的编制方法[M].北京：经济日报出版社，2016.

[31]凌经球，赵禹骅，蓝波，罗继红，李海英.西部优先发展论——实施新一轮西部大开发战略跟踪研究[M].南宁：广西人民出版社，2014.

[32]谭英俊，杨平璋，金辉.西部贫困地区县级政府扶贫开发政策执行力提升研究[M].北京：中央党校出版社，2019.

[33]汪三贵，杨龙，张伟宾，王瑜，等.扶贫开发与区域发展——我国特困地区的贫困与扶贫策略研究[M].北京：经济科学出版社，2017.

[34]李培林，魏后凯，吴国宝.中国扶贫开发报告·2017[M].北京：社会科学文献出版社，2017.

[35]樊明，等.扶贫政策：政府导向或市场导向？[M].北京：社会科学文献出版社，2018.

[36]孙铮.新时期扶贫攻坚之路[M].北京：中国财政经济出版社，2017.

[37]王灵桂，侯波.精准扶贫：理论、路径与和田思考[M].北京：中国社会科学出版社，2018.

[38]向德平，张大维.连片特困地区贫困特征与减贫需求分析——基于武陵山片区8县149个村的调查[M].北京：经济日报出版社，2016.

[39]张丽君，吴本健，王润球，张春敏，等.中国少数民族地区精准

扶贫案例集[M].北京：中国经济出版社，2018.

[40]李余，蒋永穆.中国连片特困地区扶贫开发机制研究[M].北京：经济管理出版社，2016.

[41]张琦，万君，史志乐，陈伟伟，等.脱贫攻坚保障：完善创新贫困考核与退出机制[M].北京：经济日报出版社，2017.

# 后　记

贫困与反贫困是当今社会普遍关注的议题，也是全面建成小康社会、推进国家现代治理的紧迫课题。推进新时代反贫困治理，消除绝对贫困，解决相对贫困、突发性贫困及转型性贫困问题，既是现代化进程中各级政府的一项重要职能和使命，也是推进国家现代治理、激发现代性元素、推进现代性扩张的内在要求。改革开放40多年来，中国始终把坚决打赢脱贫攻坚战的反贫困治理融入国家治理的生动实践、置于推动中国特色社会主义伟大事业发展的历史脉络中，实现了反贫困治理中的“人间奇迹”，创造了人类减贫史上的“中国奇迹”。中国共产党领导中国人民在推动中国特色社会主义事业发展的过程中，挑战了一个又一个的“不可能”，变一个个“不可能”为“可能”，创造了一个又一个的“世界奇迹”，让国民更加自信。但“奇迹”发生的背后，是强大的国家制度优势在彰显、高效的国家治理效能在发挥、鲜明的创造精神与奋斗精神在体现。习近平总书记指出，“幸福不会从天而降，梦想不会自动成真。实现我们的奋斗目标，开创我们的美好未来，必须紧紧依靠人民、始终为了人民，必须依靠辛勤劳动、诚实劳动、创造性劳动”“梦在前方，路在脚下”。历史车轮滚滚向前，时代潮流浩浩荡荡。奇迹是干出来的，幸福是奋斗出来的，拼搏创造了奇迹，奋斗成就了幸福。历史即将进入后脱贫时代，推进后脱贫时代反贫困治理，始终要弘扬新时代斗争精神、强化斗争意识、增强斗争本领、提升斗争能力，以伟大的斗争精神开启新一轮反贫困治理的新征程，始终要发挥党的政治优势、组织优势及国家制度优势，以强大的制度优势提升国家治理效能，需要着眼于建构国家意志、基层政治、市场要素、社情民意等融合发展的新时代反贫困治理结构，协同推进国家反贫困治理。

本书基于协同治理的视角，着眼于后脱贫时代反贫困研究，就协同治理、反贫困治理理论与实践，协同治理范式下反贫困治理理念变革、策略转向、运作模式、推进体系、评估体系等进行了一些粗浅的思考和探讨，提出了一些粗浅的建议，希望能对推进我国现代反贫困治理的理论与实践研究有所裨益。同时，也借助本书的出版，使更多读者关注新时代反贫困治理，推动更多的专家、学者参与后脱贫时代反贫困治理研究，向着习近平总书记提出的“共建一个没有贫困、共同发展的人类命运共同体”的目标迈进。反贫困治理永远在路上，反贫困治理的研究始终在进行。

本书的撰写得到了相关部门的大力支持，也得到了诸多专家、学者及广大同人的关心和厚爱。尤其是谭英俊教授一直以来对本人的学术研究及本著作的撰写给予了悉心的指导和细心的帮助，在此表示由衷的感谢！由于本书涉及面广、需要研究的内容多，无论是在理论架构上，还是在现实依据上，或是在方法、工具运用上，都会存在一些问题和不足。也由于本人研究水平及学识有限，加上时间仓促，书中一些疏漏之处在所难免，敬请各位专家、读者不吝批评和指正。

中共防城港市委党校　杨平璋

2019年12月29日于广西防城港